JN318289

蕎麦の事典

新島　繁

講談社学術文庫

序

『蕎麦事典』なるものは、故・植原路郎氏によるものが二冊、拙著によるものが一冊、過去に刊行されているが、諸般の事情もあって、現在入手できるものは、昭和四十七年に刊行された植原路郎著『蕎麦辞典』（東京堂出版）の復刻版のみである。しかも、これらの辞典がそばに関するあらゆる分野の項目を網羅しているかとなると、不十分といわざるをえない。

本書は、昨今のそばに対する関心の高まりを考慮して、日本のそばに関する歴史・文化・習俗から、原材料、品書き、製粉の技術、そば打ちの技術、汁の技術、調理技術、道具、食器、方言、諺、隠語、文献、人名、職制、栄養に至るまで、そばに関するあらゆる項目を収めるように努めた。結果として、従来のものより約二倍近くの一一五五項目を収録することとなった。また、私が永年研究を続けてきた日本麵食史の分野の項目に関しては、必要と思われる江戸時代の記述を文献から数多く引用するとともに、読者諸兄の研究にも役立つように出典を明記した。さらに、巻末には、そばの文献以外で主要なものに関する簡単な文献解題の頁を参考までに設けた。

そば切りは、日本独自の食文化であるが、ソバそのものは世界の多くの国々で栽培され、食されている。本書では、こうした世界のソバに関する項目については採録しなかったが、機会があれば補充したいと思う。

目次

凡例

●本事典の項目の語句は、すべて五十音順に配列した。巻末の付録「蕎麦関連文献解題」の書名も五十音順に配列した。
●項目の語句の表記は、最初に平仮名で表記（外来語はカタカナで表記）し、次に【　】内に漢字で表記できるものは、原則として漢字で表記した。ただし、本の書名やソバの品種名などは、正式の名称の表記を用いた。
●「ソバ」「そば」「蕎麦」の表記の使用区分に関しては次の通りである。
植物あるいは実の段階は「ソバ」、製粉して粉になったもの、あるいは一般に食されるめん状になったものは「そば」、固有名詞に類するものおよび古典に準拠したものは「蕎麦」を原則として用いた。
●同じ項目の語句の意味が複数ある場合には、区分を明らかにするために①、②の番号を行頭に付けた。
●本の書名は『　』で表記した。
●本が数冊に及ぶ場合に付けられている巻、編の文字は原則として省略し、単に漢数字、あるいは上・中・下で表記した。
●本や文献、錦絵の刊行年は、年号に刊あるいは版を付けて表記した。序で表記されているものは、序に記された年号を表記した。
●略語、略符号は次の通り。
〔略　語〕
隠は、そばの隠語を示す。そば屋の通し言葉も含む。その場合は、隠の後に「通し言葉」と表記している。

諺は、そばの諺を示す。
俗は、そばの俗語を示す。

〔略符号〕
cm（センチメートル）　度C（摂氏温度）　g（グラム）　kg（キログラム）　t（トン）
ℓ（リットル）　mℓ（ミリリットル）　m（メートル）　mm（ミリメートル）　%（パーセント）

●年号は、元号で表記し、さらに元号の次に（　）内に西暦年号を付した。
●難解な漢字の読み方のルビは、必要な限り付した。
●項目の解説文中のカタカナで表記されている呼び名は、地方での言い方を示す。
●項目の解説の文末に、（　）内に地名が表記されているものは、その地方での意味を表している。
●地名の後に〝現・〟と表記されているのは、現在の住所表示を表す。原本刊行後に市町村の合併があった地域は、文庫化にあたり、新しい市町村名を記した。
●引用文は「　」内で示し、歴史的仮名遣いが主であるが、平凡社刊の東洋文庫本など現代仮名遣いのものもある。また、引用文の後に（　）内に示されたものは、出典（引用文献名）を示す。
●各項目の解説の最後に参照記号として、→や＝の記号があるものは、関連項目の参照を意味する。
　→は、関連項目を示す。
　＝は、同じ意味の項目を示す。
また、参照記号の後に、関連項目が複数ある場合は、五十音順に配列した。
●使用材料の分量や割合は、一応の目安を表示した。
●解説文の理解を助けるために、各項目に関連した写真や図版を必要に応じて配した。
●文庫化にあたり、そば店や業界団体、伝統行事などに関する「現在」の情報は、原則として平成十一年の原本刊行当時のままとした。

参考文献・資料

●『麵類百科事典』新島繁・柴田茂久監修（食品出版社刊）
●『新撰蕎麦事典』新島繁編（食品出版社刊）
●『蕎麦辞典』植原路郎著（東京堂出版刊）
●『蕎麦歳時記』新島繁著（秋山書店刊）※『そば歳時記』として文庫化（中央公論社刊）
●『近世蕎麦随筆集成』新島繁著（秋山書店刊）
●『麵類用語辞典』新島繁著（『日本そば新聞』平成五年五月〜八年八月連載）
●『そばの基本技術』㈳日本麵類業団体連合会監修（柴田書店刊）

校閲協力（原本刊行時）
鵜飼良平（上野藪蕎麦主人）
氏原暉男（信州大学名誉教授・国際協力事業団専門家）
鈴木啓之（無窮庵増音主人）

蕎麦の事典

あ

あいのり【相乗り】
種類の違うそばの盛り合わせ。一つのせいろに二種類以上の異なるそばを盛り合わせること。また、そばとうどんを半分ずつ盛り分けるときにもいう。↓ごしきそば、さんしょくそば

あおい【葵】
隠そばの女房言葉。ソバの実の三稜はミカド（三角）とミカド（帝）に通じるので京都の御所では忌み言葉とされた。そこでソバの葉とアオイの葉が似ているところから、そばのことをアオイといった。

あおきり【青切り】
江戸後期にまとめられた『小堀屋秘伝書』に記載されているめんの一種。「極上あを粉にてもみ、色かげんひでん」とある。あを粉がなにを指しているか、そばかうどんかについては明らかではない。↓こぼりやひでんしょ

あおさきり【石蓴切り】
アオサをさらしな粉に練り込んだ変わりそば。アオサは緑藻類アオサ科の海藻。干潮線の岩場などに着生し、鮮緑色で青海苔の代用として使われる。そば粉一kgに対し、アオサないしは青海苔の粉末を約六〇gの割合で作る。口当たりはざらつくが、緑色の香り高いそばができる。

あきじまい【秋仕舞い】
十月末に稲刈りが一応すんだときの慰労宴をいう。酒、甘酒、餅、そば、豆腐などを料理し、関係者を招いて大いに馳走する。（青森県三戸《さんのへ》郡五戸《ごのへ》町）
新潟県北魚沼郡堀之内町（現・魚沼市）

では、同じく収穫を祝うアキゴト（秋事）の日に、そばをよく打った。そばは山芋つなぎ。

あきしん【秋新】

秋に収穫される新ソバ（秋ソバ）の意。秋ソバは風味、色調がすぐれているために喜ばれ、秋に穫れる新ソバ、つまり「秋新」として毎年その収穫が待たれる。↓あきそば、そば

あきそば【秋ソバ】

ソバの種類は収穫時期によって、夏ソバと秋ソバに大別されている。秋ソバの播種は七月上旬（北海道）から九月上旬（九州）、収穫は九月中旬（北海道）から十一月中旬（九州）となる。秋ソバは晩《おそ》まきする場合に結実が良好で、早まきすると茎葉が伸びすぎて結実が著しく阻害される特徴がある。夏ソバに比べ、秋ソバは風味が良く、色調もすぐれている。↓あきしん、そば

あくぬき【灰汁抜き】

ソバを果皮（殻）ごとの挽きぐるみではなく、果皮を取り除いたのち精製すること。挽き抜きともいう。「文政八年（一八二五）書上《かきあげ》」にある浅草正直《しょうじき》そば七代目勘左衛門の答申によれば、寛保三年（一七四三）から「あく抜きそば」を始めたと記されている。文化五年（一八〇八）序『江戸職人歌合』十五番「そばや」には、「そばさへも最中の月は名に高き東向庵の秋の夜の空」とあり、さし絵に描かれている置き行灯に「あくぬき」と書かれている。また、同じ置き行灯に書かれている「田毎《たごと》の月」は更科そばを連想させる。東向庵は天明（一七八一～八九）ごろから江戸で有名なそば店。↓ひきぬき

あげざる【揚げ笊】

ゆで釜からそばを引き上げるためのざる。ざるの材料としては、柳か細い竹が用いられる。大きさは釜の大きさに合わせて、直径一尺六寸五分（約五〇㎝）と一尺五寸五分（約四七㎝）の二種類の寸法がある。水きれがよく、また、釜に入れたときに釜底まできれいにすくえるものがよい。最近は、使いやすく衛生的ということで、柄付きのステンレス製に代わりつつある。

→よこざる

あげそば【揚げ蕎麦】

生のそばを揚げたもの。打ちたてのそばを、揚げやすい形に成形し、生地が乾燥しないうちに、中温（約一六〇度C）の油で、きつね色になるように揚げる。めん状に切ったものを丸めて形を整えたり、幅広のきしめん状、あるいは、そばの生地を三

●あく抜き「あくぬき」「田毎の月」と書かれている置き看板（『江戸職人歌合』より）

●揚げざる

角に切るなどして揚げることもある。軽く塩を振って突出しに、あんかけで焼きそば風になど、そば店での応用範囲は広い。

あげだまそば【揚げ玉蕎麦】
天ぷらの揚げ玉（天かす）を具にした種物。＝たぬき

あさくさのり【浅草海苔】
江戸時代、隅田川下流の浅草付近で採取されたことからこの名がつく。紅藻類ウシケノリ科アマノリ属の海藻。現在では養殖が主体となっており、日本各地で採れている。そばと海苔の組み合わせでは、かけそばの上に海苔を上置きした「花巻きそば」がよく知られる。↓はなまき

あさひそば【朝日蕎麦】
江戸小舟町二丁目新道にあった大和屋の名目。器に工夫を凝らし、そばも吟味し念を入れて作るので好評だった。『蕎麦全書』上によると、錫《すず》の茶碗にそばを盛り、秋田杉の曲物を蓋にして、つまみはガラス玉でできている。汁次《しるつぎ》、辛味入れ、湯桶《ゆとう》はすべて黒塗り。杉箸を紙に包み、その上に薬味に寄せる恋歌を書き、なかに朝日蕎麦と名づけた趣旨の歌も記した。出前用の重箱は春慶塗りの桐箱で、上蓋には青漆で書物箱に書くように朝日蕎麦と名を入れた。

あし【足】
そばのつなぎ具合を指す。粘着が少なく切れやすいそばを「あしがない」などという。

あずきばっと【小豆法度】
小豆餡に幅広のそばかうどんを入れたもの。（青森県三戸《さんのへ》郡五戸《ごのへ》町）
青森・岩手県では、次の堅雪渡りの童唄が歌われる。
「堅雪かーんこ　白雪かっこ　しんこの寺

さ　小豆バットはねた　はーねた小豆コすみとって　豆コころころ　豆コころころ」

あずきはらませ【小豆はらませ】

飛騨地方に伝わるそば餅のひとつ。そばがきで塩味の小豆餡を包んでゆでたもの。

→そばもち

あつもり【熱盛り】

一般に水洗いした冷たい状態（もり）で食べるのがそばの醍醐味とされるが、これをもう一度、温めて出すものをいう。熱い湯に通して出すことから「湯通《ゆどお》し」ともいう。寒い冬場などに好まれる。そば店の通し言葉では、普通のもりは「寒《かん》」、これに対して熱もりは「土用《とよう》」といった。

「かへさせ給へとあつ盛のそばを強ひ」の古川柳は、平敦盛とそばのあつ盛、返させ給えという呼び戻し文句とお代わりをそれぞれかけて詠んだもの。堺市にある老舗「ちくま」は創業元禄八年（一六九五）といい、そばのせいろひと筋。熱もりは湯通ししたそばを盛り、辛めの熱いつゆを生卵で薄めて好みの味としている。

あつもりそば【敦盛蕎麦】

神戸市須磨《すま》公園の敦盛塚前にあるそば店。その由来は明らかではないが、『蕎麦全書』下の諸国名のある蕎麦の項には「播

●熱もり

州舞子浜敦盛そば」とある。宝暦四年（一七五四）大坂刊行の『この手かしは』に、「冬は一しほ」の前句に対して「敦盛を蕎麦切にして流行《はや》る茶屋　乙人《おつじん》」とあり、熱もりにかけた句が詠まれ、味はともかく名物として知られていた。江戸時代にはこの店の呼び込みの「蕎麦売り口上」が著名だった。なお、この店の看板商品である敦盛そばは熱もりではなく、かけそばである。

あなごなんばん【穴子南蛮】

　アナゴを蒲焼きにして、かけそばの上に置いた種物。たんざく形に切ったネギを添える。アナゴは七月ごろが旬とされ、ウナギに似た体形。調理する場合、まず熱湯をかけたのち、すぐに水で冷やし、包丁で皮のぬめりをとる。脂肪が多いので味はやや濃いめにつけると、そばとよく合う。江戸末期にはすでに作られており、嘉永元年（一八四八）版『酒飯手引草《しゆはんてびきぐさ》』をみると、江戸馬喰《ばくろう》町一丁目角の伊勢屋藤七が「あなご南蛮」を売り出している。

あぶらずまし【油澄し】

　普茶《ふちや》料理のねぎ飯、ねぎそばに限って用いられるもの。胡麻油をよく煮返し、冷ましたのちに、たまりと味噌のよくすったものを入れて煮る。これをこしておき、出す前に温め、ねぎ飯やねぎそばにかける（『料理早指南』三）。普茶料理は卓袱《しつぽく》料理の精進仕立ての場合をいう。宇治黄檗山《おうばくざん》万福寺が著名で、別名黄檗料理ともいう。

あぶりみそ【炙り味噌】

　『蕎麦全書』中に、常に用いるそばの役味（薬味）としてあげられている六品のうちの一つ。胡桃《くるみ》を細かに刻み、味噌のなかに入れてあぶって作る。ちなみに他の五品は生蘿蔔《らふく》汁（ダイコンの絞り汁）、生葱《ねぎ》、乾《ほし》松魚《かつお》、橘皮《きつぴ》（陳皮《ちんぴ》）、蕃椒《ばんしょう》（トウガラシの異称）となっている。

あまかわ【甘皮】

ソバの胚乳部を包んだ薄い皮。種皮ともいい、ソバの果皮（殻）を取り除いたすぐ下にある。新ソバのときは緑色をしており、製粉したそば粉もうっすらとした緑色を帯びる。たんぱく質に富み、香りが高くそばをつなぐ力が強いので、そば打ちには重要な部分。そばの風味は甘皮と胚芽からくるともいわれる。↓げんそば

あまじる【甘汁】

辛汁に対する言葉で、東京を中心とする関東（江戸流）での用語。かけ用・種物用の味の薄い汁の総称。かけ汁ともいう。辛汁を基本にして作る場合は、辛汁を二番だしで約二倍にのばして作る場合が多いが、甘汁用のだし（さば節を使うことが多い）を合わせて作る場合は、かえし一に対してだし一〇を目安に混ぜ合わせて作る。↓かけじる

あらい【洗い】

そばを水で洗うこと。「水洗い」ともいう。ゆで上がったそばを洗い桶の冷たい水をかけて荒熱をとり、手早く冷やす（面《つら》水《みず》）。次に揚げざるに入れたまま洗い桶のなかでそばをよく洗う。左手でざるを持っ

●穴子南ばん

てゆすり、右手はめんの中に入れて手早くかつ充分に洗い、ぬる（ぬめり）を洗い落とす。頃合いをみて洗い桶から引き上げ、再び元桶の冷たい水をかける（化粧水）。水をきった後、元桶の冷たい水を入れた横びつにそばを入れてさらす。↓けしょうみず、つらみず

あらいおけ【洗い桶】
揚げざるを平らにして充分に入るほどの大きさの桶。そば洗いの基本作業を行なうための水を貯めておく容器。この中でそばをざるに入れたままよく洗い、ぬめりを落とす。

あらぶし【荒節】
原料魚を煮てからいぶし、乾燥したままの節。「鬼節」ともいう。この状態で、節の表面は燻煙に含まれるタールなどがこびりついている。この表面を削り落として「裸節」にしてからカビつけをほどこしたものを「枯節《かれぶし》」と呼ぶ。↓かれぶし

あらめ【荒布】
褐藻類コンブ科のアラメ属の海藻。そばを食べすぎて腹痛が起きたとき、これを煎じて飲むとよいとされている。寛延二年（一七四九）序の多田義俊著『南嶺子《なんれいし》』にみえる。

あられそば【霰蕎麦】
バカガイの貝柱（小柱）をかけそばの上に散らした種物。そばの上に海苔を敷き、その上にさらに貝柱を散らし、上から熱いかけ汁をかける。貝柱をあられ（霰）に見立てたもの。江戸時代後期から新しい種物として登場した。あられそばを卵とじにしたのが「あられとじ」である。文政八年（一八二五）版『今様職人尽歌合』下に「風鈴のひゞきにつれてちる花は　あられ

蕎麦ともみえておかしや」とある。

あられとじ【霰とじ】

あられそばを卵とじにした種物。→あられそば

あわせそば【合わせ蕎麦】

＝ちゅうやそば

あわびきり【鮑切り】

アワビをおろしがねでよくすりおろし、そば粉に練り込んで作る変わりそば。アワビは、そば粉の重量の一割ほどを混ぜ込む。

あわゆきそば【淡雪蕎麦】

卵の白身を泡立ててかけそばの上にかけ、もみ海苔を散らして、春の淡雪の感じを出した種物。食べていくうちにも卵白の泡が消えていくので、淡雪という。幕末（文久ごろ）からあった東京のそば屋の種物の一つ。本来は、新海苔の出回る二、三

●洗い

●あられそば

月の品書き。

あん【庵】

そば店の屋号に庵号が用いられたのは江戸時代中期から。初見は、寛延三年（一七五〇）ごろの洒落本『烟花《えんか》漫筆《まんぴつ》』に出てくる大坂道頓堀のそば店「寂称庵」。天明七年（一七八七）版の名店案内書『七十五日』には、めん類店六五店が紹介されているが、そのなかに、東向庵（鎌倉河岸）、東翁庵（本所）、紫紅庵（目黒）、雪窓庵（茅場町）の四店がそろって庵号を名乗っている。そもそも、そば店が庵号を名乗るようになったのは、江戸浅草の称往院という寺に由来するといわれる。称往院は浄土宗の檀家を持たない念仏道場で、その院内に「道光庵《どうこうあん》」という支院があった。そこの庵主は信州出身でそば打ちの名手であり、参詣者に手打ちそばを振る舞ったところ、大変喜ばれた。次第に道光庵のそばとして評判となり、寛延ごろ（一七四八〜五一）には寺かそば店かけじめがつかないほどになった。この「そば切り寺」道光庵の名声にあやかろうと、当時のそば店は競って屋号に庵を付けるのが流行し、先にあげた四店はその先駆けで、文化（一八〇四〜一八）のころにはその極に達した。今に残る庵号の筆頭には、長寿庵をはじめ、蓮玉庵、宝盛庵、一茶庵、松月庵、萬盛庵、大村庵などがある。↓どうこうあん

あんかけ【餡掛け】

葛粉や片栗粉を水にとき、これに調理しただし汁を加えて温め、とろみをつけた餡をかけたもの。めん類の場合はかけ汁を使う。文政九年（一八二六）版『浪花洛陽《なにわらくよう》振《ぶり》』によると、大坂では、あんかけそばを「かつらめん」または「あんかけ」ともい

い、あんかけをすべて「のっぺい」と称した。

あんどん【行灯】

看板の一種で、とくに夜間の営業を強調する。「掛け行灯」、「置き行灯」の二種類がある。掛け行灯は軒先にかける「軒行灯」で、そば店では丸い提灯《ちょうちん》型よりも額型が普通。置き行灯には裾開きの四角形の台に行灯を乗せたものに風情がある。

い

いかき【笊籬・筲】

竹で編んだざる。安永四年（一七七五）版の越谷吾山著『物類称呼』四には、「畿内及奥州にて、いかき、江戸にて、ざる」とある。

●淡雪そば

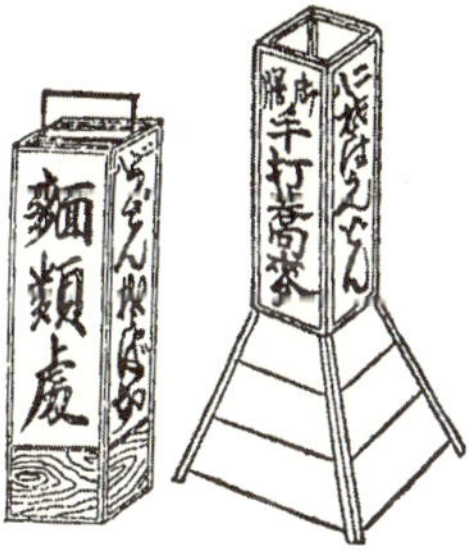

●行灯　江戸時代の掛け行灯と置き行灯（『守貞漫稿』より）

いかきり【烏賊切り】
　イカのすり身をそば粉に練り込んだ変わりそば。イカの身をよくたたき、重量の二分の一程度のみりんと酒を合わせて煮切った汁を加える。すり鉢でよくおろし、裏ごししたものをそば粉に練り込む。すり身の量は粉の重量の五分の一ほどが目安。

いかけ【鋳掛】
　隠二人以上の注文の品を一緒に出すときのめん類店の通し言葉。文化（一八〇四〜一八）末年、大坂に夫婦連れで土瓶の焼きつぎに歩いた鋳掛屋があって評判になり、三代目中村歌右衛門がこれをモデルに所作事を演じたことから、夫婦一緒に歩くことを鋳掛といった。

いかだ【筏】
　隠これが軟らかいため、包丁で切ってあっても、ゆで上げたときにめん同士がほぐれず、いかだのようにくっついた状態をいう。

いしうす【石臼】
　石で作られる上臼と下臼のすり合わせによって穀物などを挽く道具。昔は石臼による粉挽き（製粉）が普通で、各家庭でこれを用いた。石は主に花崗岩《かこうがん》が選ばれる。現在は能率のよいロール製粉が主流だが、高級そば粉の製粉などでは石臼製粉も行なわれている。製粉時に生じる熱はそば粉の風味を落とすため、高速回転製粉であるロール製粉に比べ、石臼製粉ではその心配が少ない。↓ロールせいふん

いしうすせいふん【石臼製粉】
　石臼でソバなどの穀物を挽いて粉にすること。↓いしうす

いしうすづか【石臼塚】
　水力による石臼製粉の全盛から機械製粉

に移って、臼は無用の長物と化した。この石臼の多年の労苦を供養しようと、東京都中野区中野坂上にある宝仙寺で昭和二年（一九二七）、石臼を集めて石臼塚が建てられた。同寺五十世住職・元豊山派管長富田《とみた》斅純《こうじゅん》大僧正が長野県の北信地方から集めたもの。

いしうすびき【石臼挽き】

石臼製粉のこと。また、石臼で製粉した粉のことを指す場合もある。↓いしうす

いずしそば【出石蕎麦】

「皿そば」ともいわれる兵庫県出石《いずし》町（現・豊岡市）の名物そば。出石焼の平皿にそばをもり、つゆをかけてすすり込む。五皿が一人前。出石は但馬《たじま》（兵庫県）の小京都として栄えた出石藩の城下町。宝永三年（一七〇六）信州上田から入封した仙石政明が信州からそばを伝えたとも、沢庵和尚が里人に授けたとも伝わっている。↓さらそば

いずもそば【出雲蕎麦】

出雲そばは島根県出雲大社を中心として発展した「割子そば」で代表される。雲州松江の第七代藩主・松平治郷《まつだいらはるさと》不昧《ふまい》も、二杯目のそばの味を激賞したそば好きで、「食い汁は少し辛目につくって少なくかけ、十分かき回したあと、よく噛みしめて食うが

●石臼

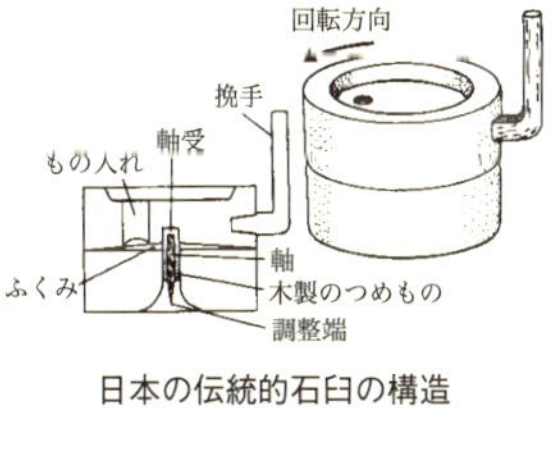

日本の伝統的石臼の構造

よい」といったとか。出雲そばにはこの割子そばのほかに釜揚げそば、ぬくめそばがよく知られる。↓かまあげそば、わりごそば

いそきり【磯切り】

海苔をさらしな粉に練り込んだ変わりそば。「海苔切り」の別称。浅草海苔をよくあぶり、粉末にしてふるい出したものをさらしな粉に練り込む。浅草海苔の粉末はそば粉の五％ほど。つながりにくく難しい変わりそばとされる。

いそゆきそば【磯雪蕎麦】

冷たいそばに卵を落とし、よくかき混ぜ、受け皿と蓋のついた専用のせいろ（曲げわっぱ）に盛る。海苔をあしらって、もり汁を添える。「淡雪そば」と同じく、近年は見かけなくなったが、卵が貴重だったころの品書きの一つ。↓あわゆきそば

いた【板】

隠①板前または板元の略。料理人。②板かまぼこの略。「イタ」または「イタツケ」とも。

③そばが切られていないめん帯の状態のこと。

いたそば【板蕎麦】

山形市を中心とする山形県の内陸部では、「へぎ」の大箱に二〜三人前のそばを盛ったものを「板そば」と呼ぶ。日本海側の庄内地方の温海《あつみ》温泉あたりでは、同様の箱型の入れ物を「そね」と呼び、そばが盛られたものも「そね」という。新潟県小千谷の「へぎそば」も「へぎ」にそばを盛ったものだが、そばのつなぎの材料（布海《ふの》苔《り》）と盛り方が違う。↓そね、へぎそば

いたまえ【板前】

そば打ち、うどん打ちの職。機械打ちに

なってからは、「運転」ともいう。

いちそば にこたつ さんそべり

【一蕎麦 二炬燵 三そべり】

　奥信濃（長野県）では山ゴボウ（オヤマボクチ）の葉を干した綿状のものをつなぎに用いる手打ちそばの伝統が受け継がれており、炬燵に入って辛味ダイコンの絞り汁で食べる新そばの味わいは、また格別である。「そべり」は寝入るの方言で、初冬における農閑期のくつろいだ暮らしを表したもの。

いちはち にのし さんほうちょう

【一鉢 二延し 三包丁】

　手打ちそばの作業の要諦を語呂よく表した言葉。まず一番大事なのが最初の木鉢の工程、水まわし、もみ方で、ここでそばの良否がほぼ決まってしまう。次にのし方、最後が包丁による切り方であり、この過程

●出雲そば　出雲そばを代表する割子そば。三段で一人前が一般的

●板そば

をふんで修業する。「一こね 二延ばし 三包丁」「包丁三日、延し三月、木鉢三年」「揉み方三年 切り方三月」などともいう。

いちばんこ【一番粉】

玄ソバから果皮（殻）を取り去った丸抜き、あるいは挽き割りの状態のものを軽く粗挽きする。すると種実の胚乳の中心部が砕けてくる。これからふるい出される粉が一番粉で、内層粉ともいう。色は白くでんぷん質が主体で、そばらしい色や風味はないが、特有のほのかな甘味と香りがある。たんぱく質が少ないので、そばを打つときはつながりにくく、そのため湯ごねで打つことが多い。「さらしな粉」「御膳粉」ともいわれるが、厳密な意味では製粉方法が異なる。→ごぜんこ、さらしなこ、ロールせいふん

いちばんだし【一番出し】

湯にかつお節（昆布を入れることもある）を入れて沸騰させてだしをとるが、一度出しただしがらで再度だしをとる場合がある。最初のだしを「一番だし」といい、二度目にとったものを、「二番だし」という。そば店の場合は、かつお節は厚削りなので長時間煮出すようにしてだしをとる。そばの「辛汁」（つけ汁）は、「かえし」を一番だしでのばしたものであり、かけそばや種物に使う「甘汁」は、「辛汁」を二番だしで二〜三倍にのばしたものが多い。日本料理店の場合は、昆布とかつお節の合わせだしで、かつお節も薄削りなので、昆布を入れて沸騰させ、昆布を取り出してからかつお節を入れ、すぐ火をとめてだしをとる。

いちやそば【一夜蕎麦】
　そばは打ってからひと晩おいて食べるのがおいしいということから、言われる言葉。（香川県綾歌郡綾南町小野〔現・綾川町〕）

いっきゅうなごりそば【一休名残蕎麦】
　江戸川（神田川の別称、現・文京区関口）に架けられた関口橋の橋畔にあった名物そば店。『拾遺続江戸砂子』享保二十年（一七三五）版巻三に、「名残橋　新町より音羽町へわたす。中むかし、此所に一休名残の蕎麦といふ看板を出せし者あり。いつとなく此名を呼て橋の名となれり。今は其家絶ゆ」とある。

いっぱいとうじ【一杯湯じ】
　めん類をゆがくときに使うざる。→とうじかご

いなかそば【田舎蕎麦】
　太めの黒っぽい色をした野趣のあるそばの総称。ソバの果皮（殻）を付けたままで製粉するため粉の色が黒くなる。この挽きぐるみの田舎そばに対して、さらしな粉を使った白いさらしなそばが対照的。江戸の有名店を紹介している嘉永六年（一八五三）版の『江戸細撰記』のなかで「両国田舎」とある。川柳に「かけだよと角力あぶれの田舎蕎麦」とうたわれている。→さらしなそば、ひきぐるみ

いなりそば【稲荷蕎麦】
　「きつねそば」のこと。江戸では稲荷は町の守り本尊とされ、ほとんどの町に稲荷を祀っていた。油揚げを上置きするところから「油揚げそば」ともいう。＝きつねそば

いびきりもち【いびきり餅】
　そばがきを囲炉裏の熱灰に埋めて蒸し焼

きにしたもの。そばもちの一種。（青森、岩手）

いぶきそば【伊吹蕎麦】

伊吹山（滋賀、岐阜両県にまたがる。標高一三七七m）の山麓（滋賀県坂田郡伊吹町〔現・米原市〕）はそばの名所といわれた。日本のソバの発祥とも伝えられているほど。この一帯は、薬草と灸に用いるモグサで名高く、「伊吹おろし」といって、大変寒い風が吹くことでも知られる。蕉門十哲の一人森川許六《もりかわきょりく》の『風俗文選』に「伊吹蕎麦天下に隠れなければ、からみ大根または此山を極上とさだむ」とある。冷たい伊吹おろしのなかで育った「ねずみダイコン」（辛味ダイコン）のおろしでそばを食べる趣向をいったもの。

いもつなぎ【芋繋ぎ】

すりおろしたジネンジョ（自然薯）を水でとき、これをこね水としてそば粉を練り上げる。ジネンジョの分量は、そば粉の一割で、これに四倍の水を加える。大和イモ（ツクネイモ）や銀杏イモも芋つなぎとして使われる。

いもやきもち【芋焼き餅】

そば粉とサトイモの子を練り合わせて焼き上げたもの。（長野県木曽郡）「それを割ると蕎麦粉の香と共に、ホクホクするような白い里芋の子があらわれる。大根おろしはこれを食うになくてはならないものだ」（島崎藤村著『夜明け前』十一章）→そばもち

いやざいらい【祖谷在来】

四国は徳島県西部の祖谷地方で栽培されている在来種のソバ。粒は小粒で、丸みの強い形状をしている。

いやそば【祖谷ソバ】
祖谷は四国の最深部、日本の秘境の一つにあげられている。源平屋島の合戦で敗れた平国盛の一族郎党の平家落人が逃れ住んだ山間の地。徳島県池田町（現・三好市）から祖谷川に沿って走る祖谷街道を南に二〇km入ったところで、四国山脈の霊峰・剱山のふもと、東祖谷山村、西祖谷山村（ともに現・三好市）の両村が祖谷地区となる。ソバ、アワ、ヒエ、キビが常食だった。徳島県を代表する民謡「祖谷の粉挽き唄」を歌いながら石臼でそば粉を挽いた。「祖谷そば」は独得の淡白で素朴な味が賞される。またそば米もつくられる。↓そばごめ

いろもの【色物】
変わりそばのなかでも、とくに色が鮮やかに出て、見ても楽しめるものをいう。ことに、色の白いさらしな粉に、種々の混ぜものをしてそばに作ると、並そば粉を用いたものと比べ、色が強調された変わりそばとなる。茶そば（緑）、卵切り（黄）、胡麻（黒）などは色物の代表。さらしな粉とは、挽き抜きで精製した最高級そば粉の意。↓かわりそば、さらしな

いわしそば【鰯蕎麦】
千葉県九十九里浜近在の郷土そば。イワシの内臓を除き、骨を抜いてから熱湯に浸して脂をとったのち、よくすりつぶす。水を加えてどろどろにのばしたところへ、そば粉とヤマイモのすりおろしを加えてそばに打つ。脂の強いのと牛臭いのが欠点だが、味はよく、調理の工夫次第では万人に喜ばれる。薬味にはおろしショウガ、粉ザンショウが合う。味の最もよい時期は秋である。茨城県常陸太田《ひたちおおた》市にも同様のそばがある。

う

うえした【上下】

めん類店の職制の一つ。そばを打ち、それが済むと釜前の役もこなす人をいう。↓かままえ

うけだれ【受け垂れ】

めん類のつけ汁のこと。（岩手県）

うこんきり【鬱金切り】

ウコンの粉末をさらしな粉に練り込んだ変わりそば。そば粉の一～二％の割合でウコンの粉末を混ぜて打つ。黄色い色物のそばができる。『小堀屋秘伝書』にも「黄《き》切《ぎり》」として「うこん粉にて、色かげん秘伝あり」と記されている。ウコンは、ショウガ科の多年草で、ターメリックとも呼ばれ、その濃黄色の根を香辛料として用いる。カレー粉の主原料としてよく知られる。

うすずみ【薄墨】

隠女房言葉でそばがきのこと。その色合いから出た表現と思われる。宝永八年（一七一一）版『女重宝記大成』に「そばかいもちは、うすすみ」とある。

うすば【臼場】

そば店で、玄ソバから果皮（殻）を取った抜き実を石臼で手挽きし、そば粉を作る場所をいう。江戸時代、神田川と妙正寺川の合流地域に「くるまや」とも呼ばれる水車場が発達、ソバの抜き実（抜き）を作ることから「抜き屋」ともいった。三多摩、甲斐（山梨県）方面から馬の背で運ばれてきた玄ソバは、ここで果皮を脱して抜きとなり、市中のそば店に卸された。抜きで売られたのは、当時の包装が叺《かます》や俵だったこ

と、貯蔵がきくということから。一般のそば店は自家製粉したが、大店《おおだな》となると職人部屋から派遣される臼屋と称する屈強の者が所要量のそば粉を挽きに来る。粉のほこりを避けるため特別の部屋を設けて臼場とした。電力の普及とともに自然消滅した。→うすや

うすや【臼屋】

石臼でそば粉を挽く専門の職人。江戸から明治にかけては、そばは抜きの形で「抜き屋」から仕入れ、各店で石臼で製粉された。一般のそば店では店の者によって製粉されたが、大店では職人部屋から派遣される職人に挽かせるのが普通であった。→うすば

うずらそば【鶉蕎麦】

大正十四年（一九二五）開店の美々卯の初代薩摩平太郎が考案し、創業当初から売り出したもの。もり汁にウズラの卵二個をつける。そばはせいろに乗せた「熱もり」。当時、高級料亭でしか使っていなかった高価なウズラの卵を、大衆的なそばにセットしたことで注目を集めた。昭和初期の普通のそばは、うどんは七〜八銭だったが、この「うずらそば」は一五銭で売られた。鶏卵ではもり汁の味を薄めてしまうことから、ウズラの卵に着眼したもの。昭和三十二年（一九五七）六月商標登録。

うちいりそば【討入蕎麦】

忠臣蔵の赤穂浪士大石良雄らが討入りの前に食べたといわれるそば。元禄十五年（一七〇二）十二月十五日に吉良義央《きらよしなか》を討って首尾よく本懐をとげたが、その前夜、そば屋楠屋十兵衛またはうどん屋久兵衛の二階で勢揃いし、縁起を祝って手打ちそばやうどんを食べたという。これにちなんで

十四日の義士祭にはそば供養を行なうしきたりになっている。しかし、そば屋に集まったというのは虚説で、集合場所は本所林町五丁目の堀部安兵衛宅、本所三ツ目横町の杉野十平次宅、本所二ツ目相生町三丁目の前原伊助・神崎与五郎宅の三ヵ所が正しい。両国矢ノ倉米沢町にある堀部弥兵衛宅で饗応を受けたあと、吉田忠左衛門、同沢右衛門、原惣右衛門ら六〜七人はまだ時間が早いため、両国橋向川岸町の茶屋亀田屋に立ち寄り、そば切りなど申しつけ、ゆるゆると休息した。そして八ツ時（午前二時）前に安兵衛宅へ集まった、と『寺坂信行筆記』にある。

うちこ【打ち粉】

そば玉をめん棒でのばすときに使う粉。めん棒や打ち台に生地がつかないようにする。機械打ちでもロールからめん帯が巻き上げられるときに使われる。そば打ちでは、「端粉《はなこ》」と称する玄ソバを挽いたとき最初に出てくる粒子の粗い粉を使う場合が多い。また、打ち粉に共粉（友粉）を使うこともある。共粉とは、さらしなそばにはさらしな粉、うどんには小麦粉をというように同じ種類の粉を使うときに用いられる言葉。↓はなこ

うちぞめ【打ち初め】

正月二日、めん類を打って神仏に供えること。（長野県木曽郡開田村〔現・木曽町〕、神奈川県津久井郡相模湖町内郷〔現・相模原市〕）

栃木県鹿沼市上南摩《なんま》町では、十一月六日、地神様に秋の新そばを打って供えることをいう。そばは、そば粉九、小麦粉一の割合で、ヤマイモと卵をつなぎにし、水を使わないで打つ。

うちばん【打ち板】

手打ちで、のしの作業のときに用いるための大きな木製の台。正確にのすには表面に凹凸がないことが大事で、柱、檜、桜など、ゆがみを生じにくい材質が使われる。「打ち台」「のし台」ともいう。青森県三戸《さんのへ》郡五戸《ごのへ》町では「うちいた」と呼ぶ。＝めんだい

●打ち入りそば　赤穂義士に関する錦絵や図版は多い。「誠忠義士銘々伝　隅野十平次藤原次房」（芳虎画）

うちぼう【打ち棒】

めん棒のこと。また、のし棒のことをこう呼ぶこともある。↓のしぼう、めんぼう

うちわそば【団扇蕎麦】

＝うちわやき

うちわもち【団扇餅】

そばがきを固めて串に刺して焼いたそば焼き餅。（秋田県北部）

岩手県の「うちわやき」と同様のもの。

●うちわもち　岩手県二戸郡安代町（現・八幡平市）に伝わる郷土料理の一つ

↓うちわやき

うちわやき【団扇焼き】
そばがきを縦一三cm、横一二cm、厚さ一・五cmの団扇型に固めたものを串に刺して焼いたもの。「うちわそば」ともいう。(岩手県大迫《おおはさま》町〔現・花巻市〕) ↓そばもち

うどんいっしゃく そばはっすん
【饂飩一尺 蕎麦八寸】
諺手打ちの原則で、一番食べやすいとされている長さを表した言葉。機械打ちの場合も準用すべきである。↓そばはっすん

うどんさんぼん そばろっぽん
【饂飩三本 蕎麦六本】
諺うどんは太いから一度に三本ぐらいずつ、そばは細いから六本ぐらいずつ口に運ぶのがちょうどいい、という。

うどんそば ばけものおおえやま
【饂飩《うどん》蕎麦《そば》 化物大江山】
安永五年(一七七六)刊の黄表紙。黄表紙の先駆、恋川春町の作・画。上下二冊十丁。酒顚童子《しゅてんどうじ》の部下茨木童子が羅生門で渡辺綱のために片腕を切り落とされ、綱のおばに化けて唐櫃に納められたその腕を奪い返す伝説と、源頼光が四天王を従えて丹波国大江山の酒顚童子を退治する史談をふまえて擬人化し、そばうどんを主人公とする合戦談に仕立てた異類合戦物の一つ。頼光はそば粉に、四天王はそれぞれ陳皮、大根、鰹節、唐辛子に擬している。

うどんそばより かかあのそば
【饂飩蕎麦より 嬶のそば】
諺女房のそばにいるのが、一番気楽でよいとの戯言。(高知県)

うなぎそば【鰻蕎麦】

蒲焼きにしたウナギをかけそばに乗せた種物。薬味にはサンショウを用いたり、色どりにサンショウの葉を添える。

うにきり【海胆切り】

さらしな粉に生ウニを練り込んだ変わりそば。そば粉の重量の三〇～四〇％のウニを入れる。味と香りがよく、わずかながら黄色味をおびる。

うばく【烏麦】

ソバの別名。

うばこ【上端粉】

①製粉のとき最後に残った粗粉で、動物の飼料にする。

②ふるいの上に残された粉、上端粉《うわばこ》の約言。（信濃）

越前ではソバノオバといって、これを粉に混ぜないとうまくないという。

うまかたそば【馬方蕎麦】

江戸時代、四谷御門外にあったそば店・太田屋定五郎の俗称。四谷付近は近在から出てくる小荷駄馬でにぎわい、馬子たちが行き帰りに食べて店の名が広まった。挽きぐるみの黒っぽいそばだったが、よそのものに比べて量が多かったので評判をとった。寛永十八年（一六四一）の創業という

●『うどんそば化物大江山』（表紙）

が、嘉永元年（一八四八）版『酒飯手引草《しゅはんてびきぐさ》』の掲載を最後に幕末ごろ消え去った。

うわおき【上置き】
そば、うどんの種物で、めんの上に乗せる具（種）をいう。天ぷらが代表的なもので、ナメコから納豆までいろいろな上置きが考えられてきた。

うんきそば【運気蕎麦】
年越しそばの別名。「運そば」「福そば」ともいう。＝としこしそば

うんそば【運蕎麦】
「運気そば」ともいう。＝としこしそば

え

えきそば【駅蕎麦】
駅そばの元祖は函館本線の長万部《おしゃまんべ》駅または森駅とされているが、一般に広く知られるようになったのは信越線軽井沢駅で明治三十年（一八九七）代に始めてから（信越線の開通は明治二十七年・一八九四）。昭和二十一年（一九四六）五月、四国土讃線の阿波池田駅（徳島県）で「祖谷《いや》そば」の立ち食いを始めたのが、第二次大戦後のはしりであろう。

えちぜんおろしそば【越前卸し蕎麦】
越前（福井県）に伝わるそばの食べ方の一つ。そば汁にダイコンのおろし汁を加えた汁を大きな陶製の鉢に入れ、各自好みの量の汁をそばにかけて食べる。そばはやや深めの鉢皿が昔からのもので、熱もりの場合もある。おろしそばは現代でも福井の郷土そばとして知られ、そば店でも一般的には汁を猪口に入れて提供している。↓えちぜんそば

えちぜんそば【越前蕎麦】

越前（福井県）は昔からのそばどころ。福井県の郷土そばを指す言葉。食べ方としては「おろしそば」が有名で、福井や武生《たけふ》で今もみられる。同じ福井県でも小浜《おばま》では「からみそば」という。そば汁はダイコンのおろし汁に醬油を加えたり、かけ汁を混ぜたりする。食べ方ももりと冷やがけの両方がある。↓えちぜんおろしそば、おろしそば

えどかいもののひとりあんない【江戸買物独案内】

文政七年（一八二四）の刊行。上下巻と飲食之部の三冊からなり、飲食之部では料理、茶漬、蕎麦、鰻蒲焼、鮓、餅しるこにわかれている。このなかで「御膳蕎麦所」として紹介されているそば店は次の一八店である。

麹町四丁目・瓢箪屋佐右衛門、上野仁王門前町・無極庵河内屋瀬平、浅草西仲町・松桂庵嘉右衛門、深川熊井町・翁屋源右衛門、神田旅籠町一丁目・加賀屋利兵衛、元飯田町堀留・止銘庵、中橋上槇町・明月堂、本町二丁目・松月堂、浅草大川橋前・まきや（薪屋）久兵衛、ふきや町かし・小泉ことぶき庵、下谷御成道東叡山新黒門町・小倉亀屋平兵衛、飯田

●『江戸買物独案内』「飲食之部・御膳蕎麦所」の項より

町仲坂稲荷下裏・礒浪東玉庵清次郎、神田鍛冶町一丁目・武蔵野与兵衛、日本橋坂本町河岸・寝覚雪窓庵文吉、浅草茅町二丁目・うらしま弥八、御蔵前天王町・梅園五兵衛、芝三田有馬様前・まつや定吉、麻布永坂高いなりまへ・更科布屋太兵衛

えどこうきからめいじのめんるいてん
【江戸後期から明治の麺類店】

一八〇〇年代に入った文化、文政時代、江戸の商業活動は最盛期を迎える。元禄以前までのうどん優位が逆転し、そば切りが圧倒的な普及をみせるのもこの時期である。座敷をしつらえた高級店も続出、江戸っ子とそばは切っても切れないもの、となった。この最盛期に生きた山崎頴山《やまざきえいざん》が安政二年（一八五五）正月に八十歳で著した『蕎麦道中記』（雙六蕎麦愚案戯書）に紹介された一一の名店をまず掲げる。

武曲庵、松月庵、大橋庵、藪蕎麦、滝蕎麦、御神楽、利久庵、鴨南蛮、栄久《えく》庵、瓢簞、更科

このなかの藪蕎麦は深川の藪中庵か団子坂下の蔦屋、更科は永坂更科、鴨南蛮は馬喰町一丁目の伊勢屋藤七である。ほかに嘉永元年（一八四八）版の『酒飯手引草《しゆはんてびきぐさ》』には、そば店一二〇軒が記載されているが、玉石混淆のきらいがある。

次に大正十一年（一九二二）発行で、嘉永二年（一八四九）生まれの高砂屋浦舟（鹿島萬兵衛）著『江戸の夕栄』に登場する幕末から明治にかけての有名店を列記すると次のようになる。

〈手打ちそば〉上野・無極庵、深川・やぶ、松井町・滝そば、本郷・蘭めん、入谷・松下亭、谷中・やぶ、浅草・道好、

麻布・更科、深川・石中庵、冬木・米市、橋場・鷗花、池の端・蓮玉庵、七軒丁・らん麵、芝口・出世、霊岸島・三橋亭、馬喰一・鴨南ばん、向島・柳中庵、小梅・植木、押上・らんめん、二軒町・松風、中通・いず本

〈二八そば〉浪花丁・大村、回向院前・田舎、久松丁・十一や、蔵前・浅田、通一丁目・東橋庵、茅場丁・砂場、南伝馬町・大村、猿若丁・らんめん、深川・あぶみや、霊岸・太打

同じ幕末の記述で斎藤月岑《さいとうげっしん》の日記がある。文政十三年（一八三〇）から明治八年（一八七五）にかけてのもので、当時の有名そば店食べある記が織り込まれている。上記『江戸の夕栄』に出てこなかった店名を次に記す。

信楽《しがらき》そば、やぶ（千駄木）、狸蕎麦（広尾）、清月庵（雉子町）、亀工庵（浅草・奥山）、ちとせ（芝口）、田中そば（法恩寺）、藪そば（石川河岸）、田中庵（本所）、正銘庵（もちの木坂）、大こくや（馬喰町）、倉田屋（四日市）、鳥笑庵（深川八幡宮）、神楽坂そば（牛込岩戸町）、更科そば（肴町）、砂場そば（九段）、草月庵（浅草寺中）、宝珠庵（浅草寺入口）、まきや（浅草）、千寿庵（今川橋）、更科（南鍛冶町・新右衛門町）、源氏庵（弓町）、藪蕎麦（三崎）、むさしの（根岸）、大新（牛込原町）、大こく庵

●江戸後期から明治の麵類店
大坂の「やっこそば」のチラシ

（紺屋町）、梅林（霊南坂上）、地久庵（神保町）、娘そば（伝通院大門前）、らんめん（外神田）、松月（芝山内）、笹屋（横山丁）、松風亭（芝山内）

一方、大坂方面はどうだったか。文化十一年（一八一四）版の砭泉老人《へんせんろうじん》著『大坂繁花風土記』をみると、そばの名家として次の店が列記してある。

玉屋（生玉塩町通）、やっこ・上田屋伊八（追手せんなんすじ）、たば清・青海（心斎橋八まんすじ）、ふきよせ（大宝寺町中橋）、大七（北新地かな屋ろうじ）、しらが（しらが町観音前）、はぶたへ（堀江大ろうじ）、みの屋（太左衛門橋）、いが屋（谷町）、とらや（高麗橋）、河甚（すじかい橋）、河嘉《かわか》（堂島桜橋筋）

天保六年（一八三五）改正補刻版『国花万葉記』には、そば・寂処、生駒（道頓堀）、うどんそば・砂場（新町西口）とある。その後の『浪華百事談』には、錦蕎麦、八ッ橋、田葉清《たばせい》蕎麦、突的、玉屋、鎰屋《かぎや》の店名があがっているが、明治十五年（一八八二）刊行の『浪華《なにわ》の魁《さきがけ》』を調べると幕末からのめん類所で登載されているのは、八ッ橋（南区内安堂寺町三丁目）としらがそば（西区新町南通四丁目）の二店だけである。

明治二十八年（一八九五）に脱稿した『浪華百事談』に、大手筋錦蕎麦（大手蕎麦とも）、内安堂寺町三丁目めん類店八ッ橋（餅とネギを煮たカチンが名物）、心斎橋八幡筋田葉清の蕎麦（安政ごろ廃業）、八幡筋めん類店突的（天保ころ営業、維新前に廃業。小田巻き蒸しが名物）、谷町筋めん類玉屋、天王寺めん類店鎰屋があげら

れた。→そばどうちゅうき

えどしょきのそば【江戸初期の蕎麦】

寛永二十年（一六四三）版の料理専門書『料理物語』第十七、後段《ごだん》之部に「蕎麦きり」の製法が次のように記されている。

めしのとりゆにてこね候て吉《よし》。又はぬる湯にても、又とうふ（豆腐）をすり水にこね申事もあり。玉をちいさうしてよし。ゆでゝ湯すくなくはあしく候。にへ候てから、いかき（笊）にてすくひ、ぬるゆの中へいれ、さらりとあらひ、さていかきに入、にへゆをかけ、ふたをしてさめぬやうに、又水けのなきやうにして出してよし。汁はうどん同前、其上大こんの汁くはへ吉。はながつは、おろしあさつきの類、又からし、わさびもくはへよし。

また、元禄二年（一六八九）刊『合類日用料理抄』巻二、蕎麦切の方（法）にもつなぎに小麦粉を使うとは書いていない。したがって、江戸初期のそば切りは「生《き》そば」だった。

えどしょきのめんるい【江戸初期の麺類】

寛永二十年（一六四三）版の『料理物語』に紹介された江戸時代初期のめん類を記述を追って概略を記す。

〔うどん〕塩加減は夏は塩一升に水三升、冬は五升。この塩水加減でよくこね、臼によくつかせ、割れ目のないようにきれいに丸めて、ひつ（櫃）に入れ、布をしめしてふたをし、風を引かぬようにしておく。薬味は胡椒、梅。

〔切麦《きりむぎ》〕塩加減、打ち方けうどんと同じ。冷やむぎ、あつむぎ（むしむぎ、ぬるむぎ）の別があるが、主として冷やして食べられ、うどんより細く切るのが特徴。薬味はからし、たで、柚。

〔葛素麵《くずそうめん》〕まず葛（吉野葛）を水にとき、めしのとり湯ほどに温めたのち、桶に移して冷まし小麦粉と混ぜてよくこねる。この加減は、引き上げて落としてみて糸状になって切れない程度がよい。これを漏斗《じょうご》を通してめん線にし、熱湯でよくゆでたあと、冷水でよくもみ洗えば真っ白に仕上がる。

〔薯蕷麵《しょよめん》〕山芋を細かくおろし、もち米の粉六分、うるち米の粉四分の割合で山芋とともによくこねて玉にする。あとはうどん、切麦の打ち方と同じ。

〔水繊《すいせん》〕葛粉を水にといておく。水せん鍋に熱さ加減のよきころに水にといた葛粉を入れ、湯の上に置くと色が変わってかたまってくる。これを鍋のままでさらに湯のなかに入れ、煮え上がったころに引き上げて水のなかで冷やす。これを切って食べる。

〔蕎麦切り〕めしのとり湯またはぬる湯でこねる。一方、豆腐をすり水でこねる場合もある。玉は小さ目にまとめ、ゆで湯の少ないのはよくない。ゆで上がったらいかき（笊）ですくい、ぬる湯のなかへ入れてさらりと洗う。再び笊に入れて煮え湯をかけ、蓋をして冷めぬように、水気のないようにして出す。薬味ははながつお、おろし、あさつき、からし、わさび。

〔麦切り〕大麦切りの略で、大麦粉をめんにしたもの。打ち方は切麦のそれと同じだが、短く切る。そば切りのように食べる。

〔入麵《にゅうめん》〕そうめんを短く切ってゆで上げる。にゅうめんは〝煮麵〟の意味からきたもの。具には小菜、ネギ、茄子を用いる。薬味は胡椒、山椒の粉。

これらのめんを好みの薬味で食べたわけだが、汁には「煮貫《にぬき》」「垂味噌《たれみそ》」が用いられた。煮貫は味噌五合に水一升五合と鰹二ふしを入れて煎じたあと、袋に入れてこしたもの。垂味噌は味噌一升に水三升五合を加え煮詰めて三升になったころ、袋に入れてたらしたもの。三回ほど繰り返してこす。

なお薯蕷麺には「薯蕷うどん」「薯蕷ひぼかわ」（延宝二年・一六七四版『江戸料理集』）があり、ほかに「薯蕷切り」もある。また入麺で焼海苔を扇型に上置きしたものを「翁にゅうめん」という。淡白で夏向きのそうめんである。↓えどしょきのそば

えどじる【江戸汁】

ごく辛い江戸下町好みのそばのつけ汁をいう。吉原のおいらん「几帳《きちょう》」が好んだところから「几帳汁」ともいう。作り方は明らかでないが、考証家の三田村鳶魚《みたむらえんぎょ》によれば、醤油一合とみりん一合を一合に煎じ詰めたもの、という。

「いでや手蕎麦のあばれ（暴れ食いの略。むやみに食うこと）、大のみ、早ぐい勝手しらず、各々居ながれ、江戸汁のよさ、山葵《わさび》の目をとをり、唐がらしの紅《くれない》くゝる気味どふもいはれず」（貞享三年・一六八六版『好色三代男』二）

「京町の三浦（四郎左衛門）に几帳とて、やん事なき全盛の女郎有けり、そば切を好みて多く喰けり。……客よりの付届けは、小袖の外皆そば切と成ける。それのみか甘汁は愚痴也と、江戸汁のみこのみ、其外人

あつめしくわせける程に、出る時半分はすみのつるがやの払となりにけり」（正徳ごろ・一七一一～一六版『吉原徒然草』二）

えどちゅうきのめんるいてん
【江戸中期の麺類店】

元禄十六年（一七〇三）から寛政四年（一七九二）までの江戸中期は、そば店の一大発展期となった。それまでのけんどん屋の域を脱して、各店が自店のそばに独自の名目をつけて売り出したことが特筆される。寛延四年（一七五一）に脱稿をみた日《にっ》新舎友蕎子《しんしゃゆうきょうし》著『蕎麦全書』のなかで紹介されている名目つきの店名を次にかかげる。各目の由来、所在は同書を参照されたい。なお、同書は江戸におけるそば作りの技法やそば店の実態を活写した貴重な文献である。

芳野蕎麦（吉川屋）、玉垣蕎麦（玉屋）、朝日蕎麦（大和屋）、雪巻蕎麦（楠屋）、錦そば（福山）、哥仙そば（堺屋）、さらしなそば（甲州屋）、にしきそば・重箱けんどん（福山）、百世《ももよ》（越前屋）、豊年そば・富士見ぶっかけ（駿河屋）、しっぽくそば・三色そば・五色そば（近江屋）、長生そば（海老屋）、おだ巻そば（桔梗屋）、更級そば（斧屋）、麻絹そば（伏見屋）、相生二六そば（富岡屋）、正直そば（伊勢屋）、十千代そば（松屋）、道光庵そば、籠そば（志村屋）、蒸そば（伊勢屋・会津屋）、松嶋そば（山口屋）、千とせそば（常陸屋）、白菊そば（会津屋）、芳野蕎麦（上総屋・常陸屋）、桃園そば（大菊屋）、重そば（袋屋）、獅子そば（牡丹屋）、ざるそば（伊勢屋）、御膳そば（大和屋・出雲屋）、翁そば（万屋）、爺がそば（雑司谷藪の内）、戸隠二六そば（亀屋）、信濃そば（信濃屋）、神楽そば（堺屋・市野屋）、相生そば（相生屋）、釣瓶そば（若松屋）、二六そば（若松屋・甲州屋）、彦六そば（仙台屋）、しらいと（叶屋）、源氏若菜そば（若菜屋）、すきやけんどん（松室）、寝覚そば（木曽屋・大津屋）、大坂砂場そば（大和屋）、玉あられ・玉すだれ（丸屋）、まさ木（三河屋）、あさぎぬ（伏見屋）

『蕎麦全書』の出た寛延ごろ（一七四八〜五一）から二〇〜三〇年くだった安永〜天明ごろはどうだったか。大和郡山藩主柳沢美濃守信鴻《のぶとき》が安永二年（一七七三）から天明五年（一七八五）の間の日常生活を書きとめた『宴遊日記』に江戸市中のそば店が一部登場してくる。そのなかから拾ってみると、

白菊そば・叶屋、瓢箪蕎麦、けんどん・信濃屋、会津屋、養老そば・井筒屋、しっぽく・林屋、藤屋、遠州屋、釣瓶そば・増田屋、火縄蕎麦、かかあ蕎麦・蕎花殿、けんどん・浜田屋、藪蕎麦（雑司谷）、伊勢屋（高輪）、翁屋蕎麦、しっぽく・大和屋、福富屋、正直蕎麦（浅草馬橋・並木）、利休蕎麦、君が蕎麦、白菊蕎麦（長谷川町）、蘭麺（下谷中町・西久保天徳寺前小倉屋）、小橋蕎麦、楠屋（柳橋）、小泉屋、市野屋（新吉原二丁目）、薪屋（新大川橋）

となる。また、挽き抜きソバには更科蕎麦、寝覚蕎麦、伊吹蕎麦、深大寺蕎麦、葛西蕎麦、日光蕎麦、甲州蕎麦の名がみられる。

以上二つの文献にもれた名店を、安永六年（一七七七）版『富貴地座位《ふきじざい》』（三都の

名物評判記）から拾うと次のとおり。せいろう・山田屋、同・万屋、御神楽（田所町）、かしく・石臼屋、手打・島屋、田毎の月・浦川、蘭麺・綱島、干うどん・笹屋

一方、大坂は和泉屋（砂場）、玉や（天王寺）、寂称のそば三店だけである。

寛政六年（一七九四）版の『虚実柳巷《きょじつさと》方言《なまり》』には大坂めん類店としてそば店一〇店、うどん店一店の名があげられている。

（そば店）玉や、如軒、寂称、大利、やっこ、高麗そば、すなば、いが七、住よしや、桶取

（うどん店）うん六

（蕎麦飯）利休

なお、天明七年（一七八七）版の名店案内『七十五日』には、めん類店六五軒が掲出されているが、蕎花殿（木挽町六丁目河岸）ほか、東向庵（鎌倉河岸竜閑橋）、雪窓庵（茅場町薬師前）、東翁庵（本所緑町一丁目）、紫紅庵（目黒）などは屋号に庵号を名乗った走りである。↓そばぜんしょ

えどのそばねだん【江戸の蕎麦値段】

江戸府内でも地域によってそばの値段に多少の相違はあった。が大きな流れとしては、そばが売られるようになってから、漸次安物が現れ、次にだんだんと値上がりし、幕末に急騰した。

寛文四年（一六六四）八文。

貞享年間（一六八四〜八八）六文。蒸しそば出現。

元禄三年（一六九〇）七文。

享保八年（一七二三）七〜八文。

明和ごろから（一七六四〜）一二文。

寛政三年（一七九一）一四文。

文化年間（一八〇四〜一八）一六文へ移

行の気配。

文政年間（一八一八〜三〇）一六文出現。

天保年間（一八三〇〜四四）一六文が通例となる。改革令により一五文に値下げ。

万延年間（一八六〇〜六一）一六文。

慶応一、二年（一八六五、六六）二〇〜二四文。

慶応三年（一八六七）五〇文。

明治元年（一八六八）とともに、五厘《りん》（五〇文相当）となり、結局インフレーションの煽りを受けて倍に値上りしたことになる。

えどめいぶつしゅはんてびきぐさ【江戸名物酒飯手引草】

嘉永元年（一八四八）秋、蒼先堂刊。料理、茶漬、蒲焼、すし、そばの業種案内のうち、そば店だけで一二〇軒も掲載してあるため、いささか玉石混淆の観をまぬがれない。しかし、幕末におけるそば店の消長を知るのに欠かせない一冊である。

えびきり【海老切り】

エビのすり身をさらしな粉に練り込んだ変わりそば。エビをぐるむきにし、包丁でよくたたき、これにみりんと酒で煮切った汁を加える。よくすりつぶしたのちに裏ご

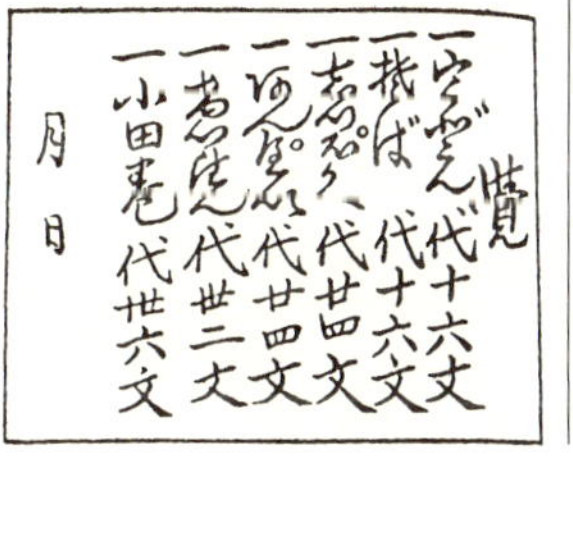

●江戸のそば値段　江戸後期の種物と値段（『守貞漫稿』より）

しにかけてそば粉に混ぜ込む。エビのすり身の量はそば粉の重量の四〇%ほどが適量。桜エビのほうがエビの味わいがでる。『萬寶料理秘密箱』続編（寛政十二年・一八〇〇）巻二に、海老蕎麦の名でその作り方が記されている。↓えびそば

えびすこうそば【恵比須講蕎麦】
商家では商売繁盛を祝って陰暦十一月二十日に恵比須を祭る地方が多く、親類や知人を招いて祝宴を催す。新潟県佐渡郡相川町（現・佐渡市）では、陰暦正月二十日（初夷《えびす》）と十月二十日（暮夷）の恵比須講に食べるそばをエベスコウソバという。しかし、両津市岩首（現・佐渡市）では前日の宵夷に食べる。

えびそば【海老蕎麦】
『萬寶料理秘密箱』の続編（寛政十二年・一八〇〇）巻二に海老蕎麦の作り方を詳しく述べている。「伊勢海老生にてむき、あまはだを去り、よくよくたゝき、すり身にして、飯椀に一ぱいあらば、蕎麦の粉一盃半いれ、すり身と練合せ、団子のやうにして、右のすり身かたければ、玉子の白身三つほどいれ、ねり合せ申し候。是より蕎麦の通りに打て、切りようもそばの通り……」とあり、茶料理によしとしている。

えんきりそば【縁切り蕎麦】
そばは切れやすいから、旧年の苦労や災厄をきれいさっぱり切り捨てようとの意味で歳末に食べるそば。「年切りそば」とも。↓としこしそば

えんねんそば【延年蕎麦】
延年に打つそばのこと。福井県勝山市河合では、二月六日と七日を「延年」といい、寿命が伸びることを願ってそばを打つ。主婦は六日の昼までにそばを打ち上

げ、客よびのほか、嫁の親や娘の婿などをよび、正月祝いをする。

えんむすびそば【縁結び蕎麦】

細くて長く続く、側《そば》に末長くという縁起から、縁結びのしるしとして嫁方から仲人つき添いで婿方にそばを持参する。「結納《ゆいのう》そば」ともいう。一方、そば切りの「きり」を忌み、幸運がつながることを願って「うんどん」つまりうどんを用いるところもある。

お

おいうち【追い打ち】

隠そば店で閉店間際にそばが足りなくなり、急場をしのぐ量のそばを打つこと。「追いかけ」とも。

おいかけ【追い掛け】

隠追加すること。途中で足りなくなったので、汁の追いかけ、生（そば）の追いかけ、というように用いた。

おうようりょうりしゅうせい【新らしき研究 栄養と蕎麦 応用料理集成】

村井政善著。本書は昭和九年（一九三四）十月末に脱稿し、主宰する台所司会《だいどころつかさかい》から十二月に刊行された私家版。体裁は一五×二二㎝、孔版、本文二二九頁、赤布装箱入り。定価一円八〇銭。謄写印刷なので部数は一五〇部そこそこであろう。大正から昭和初期にかけて随一の料理研究家であるだけに、後半の蕎麦応用料理の百三十余種は圧巻である。それを、①材料と分量、②料理法、③応用の順に分け、ツボをおさえて説明している。蕎麦料理のすべてが、ここに収録されているといってよい。

おおいりそば【大入蕎麦】
劇場、寄席などで客の大入り祝いに従業員に渡されるそば代。最初はそばの現物だったが、明治中ごろから現金入りの「大入袋」となった。

おおさかすなばそば【大坂砂場蕎麦】
寛延（一七四八〜五一）のころ、江戸薬研堀の大和屋が掲げていた看板。大坂の和泉屋との関連は明らかではない。↓えどちゆうきのめんるいてん、すなばそば

おおたあん【太田庵】
↓おかめそば

おおつごもりそば【大晦蕎麦】
＝としこしそば

おおとしそば【大年蕎麦】
＝としこしそば

おおばきり【大葉切り】
青ジソをさらしな粉に練り込んだ変わりそば。青ジソの葉を細かくきざんですりつぶし、そば粉と一緒に練り込む。シソ特有の風味が出る。

おおはまちゃやそば【大浜茶屋蕎麦】
元禄三年（一六九〇）刊の『東海道分間《とうかいどうぶんけん》絵図《えず》』に「茶やそば切」とあり、『蕎麦全書』下の「諸国名有る蕎麦の事」の中で「三州大浜茶屋のそば」、『蕎麦道中記』にも「大浜村名物蕎麦有り」と記されている。大浜は岡崎と池鯉鮒《ちりふ》（愛知県知立市の古名）の間にあった立場で、いまは安城《あんじょう》市内となる。しかし『蕎麦道中記』では、めん類、またはうどんが名物だとほめている。

おおひらもり【大平盛り】
平たい大きな椀、つまり大平椀に料理などを盛りつけること。風鈴そばの特徴で、『嬉遊笑覧』には大平椀に盛るのは昔から

のしきたりであって、大平盛りは今のしっぽくのことだ、とある。

おおみそかそば【大晦日蕎麦】

＝としこしそば

おか【岡】

隠通し言葉で、岡にあがっているということから「岡で天ぷら」と通されると、天ぷらだけ別の皿に盛って出される。

おかぐら【御神楽】

吉原言葉で、夜間に廓外から商いにくる風鈴そばのこと。「内証ではおかぐらもくふ、茶碗酒ものむ」（安永六年・一七七七版『郭中掃除』）。また、御神楽の獅子（四四）の洒落から、十六文のことをいう。

おかぐらそば【御神楽蕎麦】

江戸日本橋田所町にあったそば店「平兵衛」。安永六年（一七七七）版の評判記『富貴地座位《ふきじざい》』中にその名があげられており、当時の名店の一つ。

おかめそば【阿亀蕎麦】

幕末頃、江戸下谷七軒町にあったそば店「太田庵」が創製したそばの種物。屋号も「おかめ太田庵」とした。具（種）でお多福（おかめ）の顔に仕立てた。上に娘の髪にかたどって島田湯葉を置き、鼻は松茸の薄切り、かまぼこを二枚左右に寄せ合わせて頬に作り、口には椎茸を用いた。下ぶく

●おかめそば

れの顔の形となる。戦前のそば店では、黒髪を思わせるため湯葉の下に八つ切りの海苔を敷いたり、若い娘の頬を表すのに紅渦巻きの鳴門二切れをおいたりした。当初は松茸の季節だけ売ったが、のちに年中供するようになった。おかめそばの出現で「しっぽくそば」の影が薄くなってしまった。

おかわり【御替り】

江戸から明治中期にかけてのそば店の老舗では、一人前といえばせいろ二枚が定法だった。現在は一枚だが、お替わりを頼むと二枚目のそばの分量は心もちへらして出すのが本来の仕事。これはずるいのではなく、追加分も最後まで味よく食べてもらおうという意図から。また二枚注文のときは、あとの一枚は最初の一枚が食べ終わるころを見計らって出すのが店の気配りである。

おきあげ【置き上げ】

ソバの果皮（殻）を除いた実を石臼で挽くとき、上臼と下臼との間隔を少しひろげて軽く挽くことをいう。これを細かい絹ふるいにかけて採れたのが一番粉である。

おきあんどん【置き行灯】

↓あんどん

おきかんばん【置き看板】

店の屋号などを示す看板の一形態。店の前に置いたり立てたりするもの。↓かんばん

おぎそば【小木蕎麦】

かつて金塊を江戸へ運んだ和船時代、佐渡島最南端にある小木の港は佐渡の表玄関だった。小木の町（現・佐渡市）あげての自慢が小木そば。地元のソバを自家製粉し、つなぎなしで打ち上げる。丼に入れたそばにつゆを一度にさっとかけて食べる。

おきなそば【翁蕎麦】
『蕎麦全書』上に江戸人形町の万屋が翁そばを出したとあるが、内容は不明。寛政（一七八九〜一八〇一）以降は深川熊井町の翁屋源右衛門をさした。「翁そば元祖芭蕉としつたふり」（『柳多留《やなぎだる》』四一）

おきなわそば【沖縄蕎麦】
「うちなあすば」とも呼ばれる沖縄県の郷土食。そばの名がついているが小麦粉のみでそば粉は使わない。以前はあく水を使ったが現在は「かん水」が一般的である。中華めん風で、豚の三枚肉の厚切りを二、三枚上乗せするのが特徴。以前は『シナソバ』とも呼ばれた。

おぐらそば【小倉蕎麦】
江戸末期、下谷御成道・新黒門町（現在の上野・松坂屋前通りあたり）にあったそば店。「小倉そば」は、一般のそばの値段が一六文のときに、三二文で押し通したことで有名。器は上等品を使い、錦手の皿は評判だった。川柳に「三十二文で値の高い小倉蕎麦」とある。

おこえがかり【お声掛かり】
隠通し言葉。酒とそばが一緒に注文された場合、そばを出すのは酒を飲み終わって客の「お声」がかかってからとの意味。酒の注文は「お燗つき」とか「御酒《ごしゅ》」と通す。

おさき【御先】
隠外番が出前の掛け先をごまかして使い込むこと。「お先使い」とも。それを防ぐために「たま消し」といって、閉店後にまとめて精算せず、出前のつど一軒ずつ帳面を消して整理しておく。

おしとげ【御粢】
おしとげは粢《しとぎ》（神仏に供える米の餅）の

方言で、水に浸けてから臼でついた米をそば粉のなかに一つかみ入れ、木鉢でこねてめん棒でのし、一二㎝ぐらいに切り、焼いて食べる。福島県南会津郡檜枝岐《ひのえまた》村では、二月八日の事始めに作る。

おしな【御雛】

隠まだ一人前にならない見習中の者。見習いが空腹をいやすのに飲むそば湯が「おしな湯」。「雛《ひな》」を「しな」と発音するのは、江戸っ子の言い方。（東京）

おしなゆ【御雛湯】

隠そば湯のこと。職人はお茶を飲めるが、まだ修業中のお雛（小僧）はそば湯に辛汁を数滴落として飲むところからきた別称。

おしょうきそば【御正忌蕎麦】

正月十六日を中心に京都本願寺御正忌、すなわち浄土真宗開祖・親鸞上人の命日に法主が食べる儀式そば。法主の食器は銀地に亀の紋様の漆器で、この法事にかかわる一二人の役僧の食器は朱塗りとされている。「法要そば」ともいう。

おそばおんど【御蕎麦音頭】

昭和五十一年（一九七六）、日本麺類組合連合会制作によるそばのPRソング。戦前の「蕎麦音頭」の戦後版といえる。作詩・酒井良之佑、作曲・美山幸成、唄・美山まち子、キングレコード盤。三橋美智也が歌う同じ作詩作曲者による「そばと故郷とおふくろさん」のB面に収録されている。

1　ハァー
昔も今も　誰もかも
みんな知っている　味のよさ
そばがあるから　天国だい
生きてるってすばらしい

ソレおそばつるつる
　おそばつるつるもう一杯

2　ハァー
私のふるさと　御存知か
お空も水も　きれいです
コットン水車が　唄っている
色は黒いが　味自慢
ソレおそばつるつる
　おそばつるつるもう一杯

3　ハァー
呼んでいるよな　そばの店
湯気もほのぼの　うれしいね
何時もあの娘は　くるだろな
心うきうき　すするそば
ソレおそばつるつる
　おそばつるつるもう一杯

おだいがき【おだい掻き】
そばがきのこと。ワンガキ（碗がき）とも。（群馬県利根郡片品村土出）

おたかそば【御鷹蕎麦】
→よたかそば

おだちそば【御立蕎麦】
そば振る舞いのとき、無理に強いてでも、客に盛り替えを食べさせて馳走すること。（福島県会津地方）

おだまき【小田巻き】
「小田巻き蒸し」の略。本来はうどん台だが、そばでも作られる。大坂で広まり江戸

●小田巻き

に伝わった。シイタケ、かまぼこ、ギンナンなど、色とりどりの具を配す。その上にといった卵をかけて一〇〜一五分間蒸すと、茶碗蒸し風の種物ができる。

おだまきそば【小田巻き蕎麦】

江戸中期のそば店「桔梗屋」につけられていた名目。『蕎麦全書』上には、「蕎麦の形より名付（け）しものにや」とある。↓えどちゅうきのめんるいてん、ききょうや

おちつきそば【落ち着き蕎麦】

婚家に新客（親類の代表者）来訪の折に、まず最初に食事として出すそば。（福島県西白河郡泉崎村）

おぢやそば【小千谷蕎麦】

フノリ（布海苔・海蘿、フノリ科の紅藻）をつなぎに用いたそば。新潟県中魚沼郡川西町（現・十日町市）の小嶋屋初代小林重太郎が、小千谷、十日町で着物にフノリを使用していたことからヒントを得て始めたという。小千谷は佐渡の金塊を江戸へ運ぶ三国街道の宿駅として栄えたところ。小千谷、十日町は織物の産地である。洗い水から親指にそばをからませて軽く手振りして水を切り、一人前五個をせいろに盛り、一個ずつつゆにつけて食べる。生舟《なまぶね》ほどの大きなへぎに約三〇個を盛る「へぎそば」もある。磯の香りと歯切れのよさが土着した味覚となっている。「手振りそば」の別称も。↓てぶりそば、へぎそば

おつかみ【御摑み】

隠客が自分で商品を持ち帰るとき（とくに一つの場合）に通す言葉。

おてばち【御手鉢】

わんこそば振る舞いで、もうたくさんだと言ってもそばを投げ入れられることから、無理に強いることをいう。辞退するに

は、椀に蓋をすればよい。（岩手県南部）
↓わんこそば

おとしぼうちょう【落とし包丁】

生地に当てた包丁を真っすぐ下に落とす切り方。生地が硬いときや太打ちのときに用いる。↓すりぼうちょう

おとわや【音羽屋】

東海道の宿場町、浜松の神明前にあったそばの老舗で、「ざざんざそば」とも称した。『蕎麦道中記』安政二年（一八五五）脱稿に、「浜松の音はざざんざざざざんざと謡ふて盛は安右衛門なり」とあり、「音は」を音羽屋にかけている。「ざゞんざ濱松の音はざゞんざ」は酒宴の祝い歌として各地で歌われた。また、明治三十四年（一九〇一）発行の『風俗画報』二三二号によれば、春秋の彼岸に鴨江観音へ参詣の帰途には、必ず神明前の音羽屋（常次郎）に寄ったもので、「其名遠近に響き、また風味尤も佳なり」と報じている。

おにかけ【お煮掛け】

＝にかけ

おにじる【鬼汁】

ねずみダイコンとも呼ばれる辛味ダイコンの絞り汁に焼き味噌を加えて布でこして作るつけ汁。鬼が涙を流すほどに辛い意味。長野県上田地方では、くるみ醤油と合わせたものを「真田《さなだ》汁《じる》」と呼んでいる。

おにそば【鬼蕎麦】

源頼光の鬼退治で有名な大江山（京都府福知山市と加佐〔現・福知山市〕・与謝《よさ》両郡の境にある山）のふもとの名物そば。ヤマイモをつなぎに使った手打ちそばだった。↓うどんそば　ばけものおおえやま

おねり【御練り】

山梨県南都留《つる》郡・北都留郡ではソバやト

ウモロコシの粉を練って作る食べ物をいう。そば粉にカボチャなどを練り合わせたりもする。

おばけ【お化け】

大阪では、狐が狸に化けたとして、きつねうどんをそば台にしたものを指す通し名。

おばぶ

そばやうどんを汁のなかに煮込んだもの。「のしこみ」とも。〔長野県上伊那郡美和村・長谷村〔ともに現・伊那市〕〕

おはらぎそば【大原木蕎麦】

大原木とは細切りにした材料をまとめてたきぎのように結んだもの。京都の大原女《おはらめ》が売るたきぎに似ているところから名づけられた。そば粉二カップに水一カップの割で練り、卵白一個分を半ば泡立てて加え、木枠に入れて蒸す。蒸し上がったら細長く切り、六、七本ずつ中央を海苔でくくり、五束ずつ器に盛る。そばつゆと薬味で食べる。

おひねり【御捻り】

隠昔はもりそばは二枚と決まっていたが、それをあえて一枚だけの注文をおひねりといった。そば店では開店して最初の客が一枚だけの注文の場合、これをとくにきらった。包み紙の上部をひねった賽銭または祝儀は、一つきりしか出さないところから。

おやき【御焼き】

信州の山村の郷土食。小麦粉を練って作った皮で漬物や野菜の味噌和えなどを包み、蒸したり焼いたりしたもの。小麦粉とそば粉を混ぜたり、アワやヒエなどの雑穀を用いたものもある。この皮をそば粉で作ったものがそば焼き餅である。↓そばもち

おやこそば【親子蕎麦】

天保十二年（一八四二）版の江戸見聞記『江戸見草』に出てくる種物。『守貞漫稿』には「親子南蛮」が詳しく記されている。

↓おやこなんばん

おやこなんばん【親子南蛮】

温かいそばの上に鳥肉と短冊に切ったネギを卵でとじたものを乗せる。鳥と卵で「親子」。江戸末期の品書きに出ており、『守貞漫稿』には「親子南蛮、鴨肉を加へし鶏卵とじ也。けだし鴨肉といへども多くは雁などを用ふるもの也」とある。

おやこに【親子煮】

親子丼の上置きの親子だけを指す。酒の肴に向く。

おやまかちゃんりん　そばやのふうりん【親馬鹿ちゃんりん 蕎麦屋の風鈴】

諺明治十年（一八七七）ごろ、おやまかちゃんりん節が流行した。「串をさしたがる煮込みのおでん、やっぱり士族の商法だんべ、オヤマカチャンリン」は、その一つ。「おやまあ」と言った言葉にかぶせて、親馬鹿を「おやまか」としゃれたもの。そば屋の風鈴は口遊びにすぎず、夜売りの風鈴蕎麦から出たもの。当時のもり・かけの値段は八厘《りん》。

おろしじるつなぎ【卸し汁繋ぎ】

ダイコンおろしの汁を水代わりにしてもみ上げる。ダイコンをおろし、布にくるんでおろし汁を絞り出す。それをもう一度裏ごしなどに通しながら使用するとよい。分量はこね水と同様の粉の重量の四〇％ほど。おろし汁はいたみやすいので、もむ寸前におろすようにする。

おろしそば【卸し蕎麦】

そばの甘味にダイコンの辛味を調和させ

たところに特徴がある。昔は名産そばのつけ汁はダイコンおろしと相場は決まっていた。とくに辛味ダイコンが好まれ、この主産地にはそばの名がついて回った。「辛味そば」の名もある。おろしそばでは越前（福井県）が有名で、「越前そば」として知られる。同地方に源助ダイコン、勢浜ダイコンといったそばに向く辛味ダイコンがよく穫れたためにそばの名が上がった。そば汁はダイコンおろしに醤油を加えたり、かけ汁を混ぜたり、食べ方ももりとかけ両方がある。↓えちぜんおろしそば

おわかれゆとう【御別れ湯桶】

そば店で閉店時に、まだ店にいる客に追加注文の有無を確かめ、そのうえでそば湯の入った湯桶を出しておくことをいう。

か

かいかなんばん【開化南蛮】

明治初期の文明開化にちなんで創製された種物。当時の牛鍋流行の影響を受けて、牛肉を具に使ったそばのこと。明治九年（一八七六）に上野・無極庵、同十二年（一八七九）に池の端・蓮玉庵が「牛開化そば」を売り出している。鴨南蛮のように品書きには定着しなかった。

かいきり【貝切り】

タイラ貝（タイラギ）のすり身をそば粉に練り込んだ変わりそば。タイラ貝を包丁でよくたたき、これに重量比二分の一くらいのみりんと酒を同量で合わせた煮切りを加えて充分にすりおろし、裏ごしにかけてそば粉に混ぜる。タイラ貝は、そば粉の三分の一ほどを混ぜ込む。

かいだそば【開田蕎麦】

御嶽山のふもと長野県木曽郡開田村（現・木曽町）は古来からの高原ソバの産地で、土地のそばは開田そばとして名を広めている。「お煮かけそば」や冬の「すんきそば」に郷土色が見られる。↓しんしゅうそば、すんきそば、にかけ

かいもち【掻い餅】

そばがきのこと。（青森、岩手、秋田、山形、福井、滋賀、岡山、福岡）＝そばがき

かえざる【替え笊】

釜からゆで上がったそばを揚げざるですくいあげた後、もう一度、揚げざるで釜に残したそばをすくい上げることをいう。湯の汚れも抑えられる。

かえし【返し】

醬油と砂糖を混ぜ合わせたものをいう。醬油を「煮返す」ことからきた言葉といわれるが、この考案の時期や場所は不明。かえしをねかせることで、醬油の角をとりまろやかにする、醬油の劣化を抑えるなどの効果があるとされる。そば店では一般的にかえしにだしを合わせてそば汁を作る。また、かえしをベースに、だしやみりんなどを適宜合わせることで天つゆや丼の汁、たれなど各種の料理に使用する。醬油と砂糖を合わせて加熱するものを「本がえし」、水で溶かした砂糖を醬油と混ぜて加熱しないものを「生がえし」、また砂糖を溶かす分だけの醬油を加熱し、残りの醬油は加熱しないで混ぜるものを「半生がえし」という。製法、材料やねかせる期間など店によりさまざまで、また、かえしを使わない場合もある。

かえしがめ【返し瓶】

かえしをねかせておくための陶製の容器。冷暗所でねかせるが、かめは半分ほど土中に埋めておくのが常法。↓かえし

かえり【返り】

そばを釜に入れたとき、湯の対流によってそばが回っていることをいう。ゆで加減については、昔から「そばの三《み》かえり」という言葉がある。これは三回のかえりでゆであがるくらいの、よく水まわしされ、こねあげられたそばをつくること、またそのくらいの火加減でゆであげるのが重要であることを指している。

かかあそば【嬶蕎麦】

↓きょうかでん

かかりもの【掛り物】

隠 出前のとき、同じ方向の他の分があれ

ば、それも併せて持ち出す。その分のものをいう。

かきそば【牡蠣蕎麦】
新鮮なカキを塩水で洗い、短冊に切ったネギとともにさっと火を通す。これを温かいそばの上置きとした種物。季節感を出したそばだが、産地では郷土そばとなる。長崎県北高来《たかき》郡高来町湯江（現・諫早市）では、付近で獲れる小粒のウチガキを使ったそばを、大晦日に年越しそばとして食べる。味つけは塩と醤油だけで、小ネギのざく切りやシュンギクなどを散らす。

かきたま【掻き玉】
かけ汁に片栗粉か葛粉でとろみをつけ、卵をといて加えた種物。本来はうどん台で、そばは「台がわり」となる。

かきょう【花蕎】
＝かばく

かくせいろ【角蒸籠】
そばを盛るのに用いられるせいろの角型のもの。→せいろ

かぐらそば【神楽蕎麦】
江戸新吉原京町堺屋と同二丁目市野屋のそばの名目。当時、神楽を舞わせる最低料金が一二文だったのを、膳一二文にひっかけたもの。（『蕎麦全書』上）

かけ【掛け】
かけそばの略称。江戸の元禄（一六八八〜一七〇四）ごろから「ぶっかけ」と称し

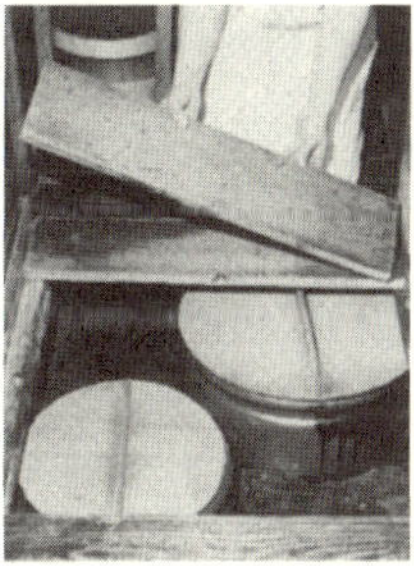
●かえしがめ

て丼にそばを入れ、上から汁をかける冷やがけが現れた。これが現在の「かけ」の原型で、そののち寒い季節にはそばを温め汁を熱くするようになり、器も一つですむところから方々で売り出した。ぶっかけがかけとなったのは寛政（一七八九〜一八〇一）になってからである。↓かけそば

かけあんどん【掛け行灯】
行灯の一種。軒先などに掛ける形のものを指す。↓あんどん

かけがみ【掛け紙】
出前のときに薬味皿の上にほこりよけとして掛ける細長い紙。その店の宣伝文やそばの小話、俳句を印刷して気をきかす店もある。

かけじる【掛け汁】
かけ用の汁。辛汁を基本にして作る場合は、辛汁一に対して二番だし二を目安に混ぜ合わせて作る。また、かえしとかけ汁用のだしを合わせて作る場合は、かえし一に対してだし八〜九を目安に混ぜ合わせて作る。

かけそば【掛け蕎麦】
①そばを温めて丼に盛り、熱いかけ汁をかけたもの。江戸時代に現れた「ぶっかけ」がその原型だが、かけそばのほうが汁が多い。↓かけ
②島根県出雲地方では、そば振る舞いをするとき、客の背後から客の知らぬ間に椀のなかへお替わりのそばを移すことをいう。客に「もうたくさん」と、椀の蓋をして断わられないようにするのが、勧め上手とされている。

かけつゆ【掛け露】
甘汁、かけ汁のこと。＝あまじる、かけじる

かけぶた【掛け蓋】
かけそばの丼の蓋に使われるもの。↓ふた

かごそば【籠蕎麦】
江戸牛込船瓦町にあった志村屋の名物そば。『蕎麦全書』上に「籠へ入（れ）て遣（は）す也」とある。

がしそば【飢饉蕎麦】
諺「がし」は方言で飢饉のこと。ソバの生育は天候に左右されにくく、干魃の年でも収穫されるためにこの名がある。（神奈川県津久井郡相模湖町内郷〈現・相模原市〉）

かしもの【河岸物】
江戸で消費されるそばの原料の玄ソバは当初は主として現在の荻窪、高井戸、三鷹、小金井、深大寺など江戸西北部産でまかなわれていた。その後そばの消費が増えるにつれて信州、甲州、武州産のものが甲州街道を通って、中野周辺に集まっていたソバ製粉業者に運び込まれた。これを「山物」といった。一方、常陸さらには遠く薩摩方面から船便で深川・佐賀町の問屋筋へ陸揚げされるものを「河岸物」と称して区別した。河岸物は一般に山物に比べて風味が劣り値段も安かった。

かしわなんばん【かしわ南蛮】
＝とりなんばん

かしわばらそば【柏原蕎麦】
長野県上水内《かみみのち》郡信濃町の柏原一帯は、県下でも有数の良質のソバの産地として知られた。江戸時代には信越国境近くの土橋地区には蕎麦新田があり、献上ソバ畑もあった。参勤交代の加賀藩をはじめ北国街道でこの地を通過する諸大名に献上されていた。現在でも柏原から黒姫山山麓一帯ではソバの栽培が多い。小林一茶の故郷でもある柏原では、十一月十九日の「一茶忌」と「新そば会」が毎年催される。

かぜをひく【風を引く】

そば粉は風に弱い。長く空気に触れると湿り、香りがとんでしまうので保管に注意する。

かせんそば【哥仙蕎麦】

江戸伊勢町横町にあった堺屋の名目。黒塗りの蓋に、芝居役者の詠んだそばの俳句を金粉で書いた。珍しい思いつきのため、武家・町家を問わず評判になった。『蕎麦全書』上に「黒ぬりの蓋に、芝居役者のそばの発句《ほっく》を金粉にて書きたり。珍らしき思ひ付きにて、武家・町家大きにもてはやれり。其中に御慰に迚、高家《かうけ》よりも云ひ付けられたり。遠路へ遣はすには加減悪敷なればとて、道具を持参し先にてそばを拵へ出しけり。此発句珍らしき故にや、道具を一両日も留められし方も有りけり」と書かれている。

かたこもち【かたこ餅】

そば粉で作る餅。ツツケモチ、カッケモチともいう。(青森県十和田市・三戸《さんのへ》郡五戸《ごのへ》町)

かたておけ【片手桶】

片方に取っ手のある水桶。(江戸・京都)「京にて、かたてをけと云を、江戸にては、かたてをけ、又さるぼう、又くみだしとも云」(『物類称呼』四)↓さるぼお

かち【勝ち】

隠通し言葉。二種類の品目が合計で五個以上の奇数で注文されたときに注文の差が一つの場合は、多い方を先にして、「かち」をつけて言う。天ぷらそば四杯と鴨南蛮三杯の場合には「天ぷら勝って七杯鴨」

となる。偶数で同数の場合は「と」を使い、玉子とじと花巻きそば各々二杯では「とじと巻きで四杯」とする。

かつおぶし【鰹節】

節類の一つで、節類を代表するもの。原料魚は、本ガツオ（真ガツオ）。魚体の大きさにより、本節と亀節になる。本節は三kg以上の大型魚から、亀節はそれ以下のものから作られる。生魚を三枚におろし、左右の片身を製品化したのが亀節、片身をさらに背身（雄節《おぶし》）と腹身（雌節《めぶし》）に分けたものを本節という。その起源については諸説があるが、延宝二年（一六七四）に紀州の漁師、甚太郎が土佐で作り始めたという説が有力。「かつおぶし」の音が「勝男武士」の字に当てられることから、武家社会では縁起物として重用された。昆布と並んで日本料理の代表的なだしの材料だが、ことに江戸風のそば汁のだしの材料として欠かせない。→ふしるい

かつおぶしきり【鰹節切り】

かつお節をそば粉に練り込んだ変わりそば。かつお節を薄めにかき、ほうろくで焙《あぶ》って乾燥させたのちにすりおろして粉状にする。ほとんどむだなく粉になるが、そば粉に対して一〇％ほどの分量が必要である。一kgのそばをこね上げるためにはかつお節一本の半分以上を削らなくてはいけないことになる。茶色の変わりそばができる。

●片手桶

かつぎ【担ぎ】
江戸時代、出前持ちのことをいった言葉。→そとばん、でまえ

かっけ
そばがきのこと。あるいはそば切りに打った生地の端や残りの部分をいうこともある。（青森県・岩手県）→かっけそば、そばがき

かっけそば【欠片蕎麦】
かつての南部藩二戸《にのへ》、三戸《さんのへ》地方は現在青森、岩手両県にまたがっているが、この地方に伝わる郷土そば。かっけとは「切り端」「かけら」の意味の方言。そばをのして三角に切り、鍋のダイコン、豆腐が煮上がったところで三角の「かっけ」を入れる。ネギ味噌かニンニク味噌で食べる。器は浄法寺塗りの三つ椀が定法とされる。「かっけばっと」の別名がある。

かっけもち【かっけ餅】
①そば粉をそばを作るようにのし、三角に切って煮る。また、練ったものをナマコ型に作り、小口から薄く切ることもある。ダイコンの輪切り、豆腐を三角形に切ったものを塩少々でよく煮たところに、かっけ餅を入れて食べる。あるいは、ネギをすって味噌を加え、さらにすって、つけて食べたりする。ネギを同じ方向にすり続けるのが辛くなるコツだという。（青森県八戸市・野辺地《のへじ》町・三戸《さんのへ》郡五戸《ごのへ》町）八戸市・五戸町ではツツケともいう。
②そば粉を熱湯で湿し、帯状に薄くのし、六㎝×三㎝の長方形に切り、同じ大きさにした豆腐、ダイコンを一緒に塩味の汁で煮て、汁とともに椀に盛り、ニンニク味噌で食べる。（岩手県）

かっこ

そばがきのこと。（山梨県）＝そばがき

かっせいグルテン【活性グルテン】

グルテンのたんぱく質としての性質を変えずに粉末にしたもの。水を加えてこねると元の粘弾性のあるグルテンに戻る。バイタルグルテンとも。小麦粉の代わりにそばのつなぎに用いるほか、製パンや水産練り製品にも利用されている。

かっちゃそば【梂蕎麦】

「かっちゃ」は、かさ（梂＝果実の硬い殻）の訛音。唐箕《とうみ》にかけて秕《しいな》・塵芥などの夾雑物を飛ばしたあとの玄ソバ。籾《もみ》・ダイズのほかは「かっちゃ」をつけ、かっちゃ麦・かっちゃ粟と呼ぶ。（岩手県）

かて【糧】

めん類に添えて食べる野菜などの具。（埼玉県入間市上藤沢・群馬県邑楽《おうら》郡・栃木県・神奈川県津久井郡（現・相模原市））

かなたんぽ【金湯婆】

金属製のたんぽ。土《ど》たんぽと違い、これで辛汁を湯せんしても味をなじませる効果はほとんど期待できない。通常は甘汁を温めておくのに使い、「ばかたんぽ」とも呼ばれる。→たんぽ

かの【刈野】

焼き畑。山野の草木を焼きはらって畑にしたもの。肥料を使わず、地力の続く数年間だけ耕作する。焼き畑は主に南向きの傾斜地が利用され、最初の年にソバをまく地方が多い。語源は刈野《かりの》。北海道以外ほとんど全国に分布し、鹿野・狩野・神野・加野・賀野・蚊野・軽野などの地名として残っている。かのう（岩手県遠野市・福島県南会津郡檜枝《ひのえ》岐《また》村）・かんの・かり・かりはた、ともいう。

かのうそば【刈野蕎麦】
焼き畑から穫《と》れたソバ。（栃木県安蘇《あそ》郡〈現・佐野市〉）

かばく【花麦】
中国でのソバの別名。ソバの花が白いことからいったもの。（『南寧府志』・中国広西チワン族自治区）「花蕎《かきょう》」（『二如亭群芳譜』）とも。

かぶかいもち【蕪掻い餅】
秋に穫れたサトウカブを大鍋で時間をかけて煮ると、とろりとした飴のような汁が出る。残ったカブをつぶして水を入れ、そば粉を加えて練り上げて作る。塩味にして食べるが、甘く香りがよい。（青森県三戸《さんのへ》郡五戸《ごのへ》町）

かぶとばち【兜鉢】
兜の鉢に似た広口の深い丼形の陶製のこね鉢。（埼玉県比企郡都幾川《ときがわ》村大椚《おおくぬぎ》〈現・ときがわ町〉・長野県下伊那郡）

かまあげ【釜揚げ】
ゆでたての熱いままをいうが、うどんの場合が多い。一般に、ゆで汁とともに供し、つけ汁で食べる。そばの場合は「地獄そば」ともいう。

かまあげそば【釜揚げ蕎麦】
出雲地方ではそばの釜揚げが郷土食の一つとして伝わっている。ゆでたての熱いそばをそば湯と一緒に器に盛り、冷たく濃いそば汁を直接かけて味をととのえる。↓いずもそば

かますもち【叺餅】
①そば粉一升に湯四合の割でよく練り、それで砂糖味噌かネギ味噌をくるみ、柏餅型に作る。さらに柏の葉をぬらしてこれを包み、熱灰のなかで火床《ほど》焼きにして食べる。（秋田県鹿角《かづの》郡八幡平村〈現・鹿角市〉）

②そば粉に残りご飯を三分の一の量入れ、熱湯で練って薄めに丸くのして、半月形に作る。クルミ味噌を入れて包み、沸騰した湯でゆでる。そのままか、豆の粉をつけて食べる。（秋田県鹿角市花輪黒沢）

かまぶた【釜蓋】

ゆで作業の途中で、釜にする蓋のこと。湯を沸きかえらせて、そばに短時間でしっかりと火を通すために用いる。そばを入れることでいったん湯温が下がるが、途中で蓋をすることで、強火にしなくても充分に釜の中で湯を回すことができる。

かままえ【釜前】

そば屋の職制の一つ。釜の前にいてそばやうどんをゆでたり、もりそばを盛ったりする人。「中台《なかだい》」のいうとおりにそばやうどんを振る。もちろん中台を待たせたりはしない。江戸時代からそば職人のなかで最

●釜揚げそば　ゆで上げたそばを釜からそのまま丼に盛る

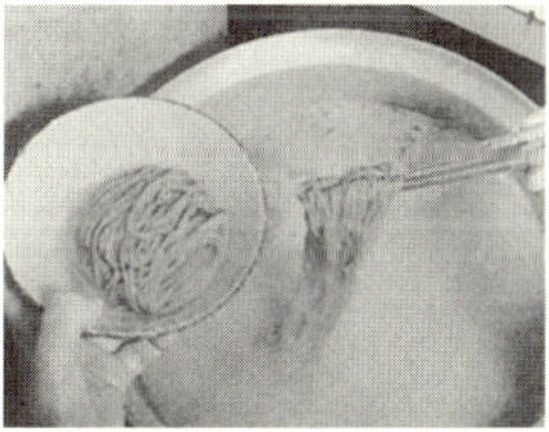

●釜蓋

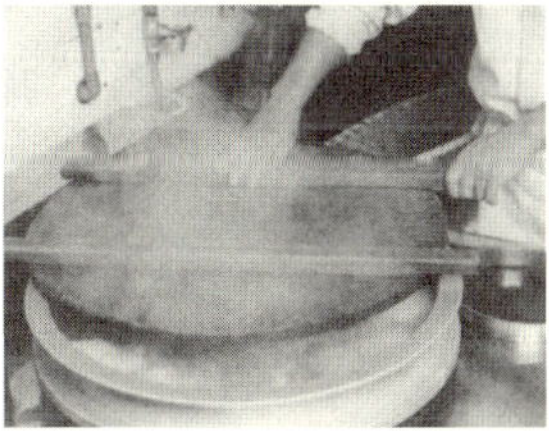

上位にあった。釜前と中台は仕事上の〝夫婦〟の形で、双方の呼吸が合わないと調理場全体がうまくいかない。また釜前の脇で補助的な役をやったり、脇の釜でそばをゆでたりする者を「脇釜」といい、釜の火加減をみながらゆで専門の職を「下釜」といった。→なかだい

かみのおたちそば【神のお立ち蕎麦】

新潟県東蒲原郡東川村（現・阿賀町）では、九月三十日は神々が出雲へ行かれる日ということで、「神のお立ち」といい、そば・うどんを供する。この日のそばを、「神のお立ちそば」という。また、一ヵ月して神々が戻る十月晦日を「お帰りの日」といい、同じくそば・うどんを供する習慣がある。新潟県佐渡郡畑野町猿八や相川町北狄（ともに現・佐渡市）でも、神無月の始まる前日、すなわち陰暦九月晦日を「神送り」といって、そばを供する。

かもすい【鴨吸い】

鴨南蛮のそば台抜き。酒の肴に格好のものになる。

かもなんばん【鴨南蛮】

代表的な種物の一つ。真鴨は味にくせがあるために合鴨を使うのが一般的。鴨肉と長ネギをかけ汁で煮てから、そばに上置きをし、かけ汁をはるのが基本的な作り方だが、煮る前にフライパンで鴨肉と長ネギをさっと焼く方法もある。合鴨は両胸の「だき」と呼ばれる部分の肉がとくに味がよいとされる。以前は寒中だけの種物だったが、現在は通年出される。合鴨は真鴨（俗に「青首」とも呼ばれる）の雄と家鴨《あひる》の雌との交配種で、別名アヒルガモともいう。鴨肉を鶏肉にすると鳥南蛮となる。江戸時代に創製された種物で、「鴨なんばんは馬

喰町橋づめの笹屋など始めなり」と、『嬉遊笑覧』に記してあり、笹屋が元祖とみてよい。文政七年（一八二四）版三笑亭可楽の咄本『俳諧百の種』にも「笹や治兵衛が鴨南蛮」とある。しかし、嘉永元年（一八四八）版『酒飯手引草』に「馬喰町一丁目角　鴨南蛮　伊勢屋藤七」と伊勢屋の屋号が出てくる。同じ一丁目にあった笹屋と伊勢屋のつながりは不明。明治時代には川辺藤吉の名がみえ、大正四年（一九一五）以降に廃業した。大正末期杉山喜代太郎がその名を惜しんで復活、昭和九年（一九三四）両国長寿庵で修業した桑原光一が受け継いだ。

かもわく【鴨枠】

直径五〜七cm、深さ三〜四cmの小ざる。鴨南蛮、鳥南蛮、白魚そばなどの種を入れて煮上げるのに使ったり、種の上にかぶせて熱い汁をそそいだりするのにも用いる重宝な道具。

かやく【加薬・加役】

①そば・うどんの薬味。香味。

②薬味。主として関西で、めん類、茶碗蒸し、飯などに加え、または混ぜるもろもろの具をいう。「そばなどのやくみを、かやくといふ。入麺《にふめん》へ椎茸・かんぺう其外色々入たるを加薬入麺といふ。都《すべ》て何によ

●鴨南ばん

らず外のものを入るを、かやくと唱ふ」（文政四年・一八二一版『浪花方言』）

③そばなどに添える薬味。（『浪花聞書』・『俚言集覧』〔周防〕・南部・新潟・滋賀・徳島・島根県鹿足《かのあし》郡・山口県玖珂《くが》郡・大分）

④めん類にのせる油揚げなどの添えもの。（尾張・大阪・岡山・愛媛）

からさわそば【唐沢蕎麦】

長野県松本市の南西に位置する山形村唐沢は十数戸の農家からなる小さな集落だが、その多くが「そば店」を営むそば地区である。昔からのソバの産地でもあり、土地に伝わる手打ちそばを提供する。農家をそのまま利用した「店」での皿盛りのそばが味わい深い。↓しんしゅうそば

からじる【辛汁】

そばのつけ汁用の濃い汁のこと。「もり汁」と、御膳がえしを加えた「ざる汁」がある。かけや種物に使う「甘汁」と対比の、東京を中心とする関東（江戸流）での用語。一般に、かえし一杯をだし汁三杯で薄めた程度の濃度のものが多い。製法はさまざまだが、土たんぽに入れてねかせ、さらに湯せん、冷却と手間と時間をかけ、熟成させて仕上げるのが一般的。↓あまる、ざるじる、もりじる

らっつぁし

めん類をすくう道具。竹製の茶柄杓《ひしやく》に似た形で、先が櫛の歯のように作られている。盛りつけのときに使う。（茨城県・埼玉県）

愛知県のは片側が汁くみ用にできている。

からみ【辛味】

トウガラシ、ワサビ、カラシ、ショウ

ガ、コショウ、ダイコンおろしなどで、やくみ・かやくともいう。

「役味・加役・きざみ物・辛味　今の世蕎麦麺などの汁に加役とも役味ともいひて、辛味をきざみ用る也。辛味ともいへり。『今川大草紙』下巻に、きざみ物と有を古名と云ふべし」（『松屋筆記』百五）

①ダイコンおろし。（山形県庄内・群馬県佐波《さわ》郡・埼玉県川越市・千葉県夷隅《いすみ》郡・山梨県南巨摩《こま》郡・静岡県磐田《いわた》郡（現・浜松市）・大阪府泉北郡）

②めん類につく薬味。（神奈川県愛甲郡・新潟県中蒲原郡横越村（現・新潟市））

③めん類の薬味にする刻みネギ。（福島県東白川郡）

からみそば【辛味蕎麦】

ダイコンおろしで食べるそば。ダイコンの辛みからこう呼ばれた。↓おろしそば

からみだいこん【辛味大根】

昔からそばには辛みの強いダイコンおろし汁が最適とされてきた。江戸時代には武州赤山（埼玉県川口市赤山）の「赤山大根」が極上とされ、またその姿が鼠に似ているところから「鼠大根」とか、また寒い北風を受ける山間地でとれるところから「北山大根」「山大根」などとも呼ばれた。名産地は信州景山（長野市影山）、江州伊吹（滋賀県坂田郡伊吹町上野（現・米原市））、相州鎌倉、摂州木代（大阪府豊能《とよの》郡豊能町）、但州《たんしゅう》直見（兵庫県）などが知られていた。宝永三年（一七〇六）刊の『風俗文選』に『伊吹蕎麦、天下に隠れなければ、からみ大根、又此山を極上とさだむ」と伊吹ソバと辛味ダイコンの組み合わせを挙げている。最近では、親田辛味ダイコン（長野・下伊那）、ねずみダイコン（長野・

更埴ほか)、戸隠ダイコン(長野・戸隠)、しぼりダイコン(秋田・鹿角《かづの》)、辛味ダイコン(京都・鷹ケ峰)など各地で昔ながらの辛味ダイコンの生産が再びさかんになっている。

カレーなんばん【カレー南蛮】

明治四十二年(一九〇九)、大阪東区谷町五丁目の東京そば主人・角田酉之介(東京目黒朝松庵。昭和四十五年没、八十六歳)が、営業不振挽回のため、そばに向くカレー粉を工夫して「カレー南蛮」を売り出したところ、浪花っ子にうけて見事図に当たった。これに気をよくし翌年、東京に戻って始めたが、保守的な東京のそば屋相手なので、売り込みに苦労し、大正三、四年(一九一四、一五)ごろようやく軌道に乗り出した、という。カレー南蛮は長ネギ、カレーうどんは玉ネギを使うのが定法で、鶏肉のほか豚肉なども使う。また、元祖カレー南ばんの素本舗(東京都新宿区大京町)の三代目・杉本正勝によれば、明治四十三年、東京市四谷区伝馬町三丁目にあった食料品店田中屋の杉本チヨが、そば店向けのカレー粉を研究して、「地球印　軽便カレー粉」の名称で商標登録した。これより先、四十年にカレー南蛮を売り出したのが早稲田の三朝庵(新宿区馬場下町)だった、という。

かれぶし【枯節】

原料魚を煮てからいぶし、乾燥した「荒節」の表面を削ってカビ付けしたもの。カビ付けは、一番カビから五番カビまであり、カビ付けしては日乾し、カビを払い落とす。枯節は、カビ付けをよくするために、燻煙の香りが最も強い表面を削り落とすため、荒節に比べ、香りはやわらかで、

カビ付け節固有の熟成された旨みと香りが特徴。主に東日本で使われる。↓あらぶし

かろう【河漏《ホーロ》】

中国のそばめんで、日本でいうそば切りのこと。「河漏津」という名の船着きの湊の名物で、そこの茶店で売っていたところから「河漏」と呼ばれた、と『本朝世事談綺』に述べられているが、付会の説であり中国でこの地名は見当たらない。「河漏子」のほか、「河妻」「河洛」「餄餎」の俗字も用いられる。

かわかみそば【川上蕎麦】

長野県南佐久郡川上村は千曲川上流の山間地。かつてはソバに依存した食生活であった。そば焼き餅、手打ちそば、また「梁《は》越《こ》し」と呼ぶ独特のそば餅も伝えられる。良質のソバ産地として知られた時期もあるが、近年はソバの生産は少ない。↓しんしゆうそば、はりこし

かわぐちや【川口屋】

①天和二年（一六八二）版の西鶴作『好色一代男』と貞享三年（一六八六）版『好色一代女』に出てくる、大坂伏見町にあった著名な菓子店で、蒸しそばも売っていた。

②元禄十年（一六九七）版『国花万葉記』にあげられた、大坂心斎橋筋道修町のうどん屋川口屋清兵衛。

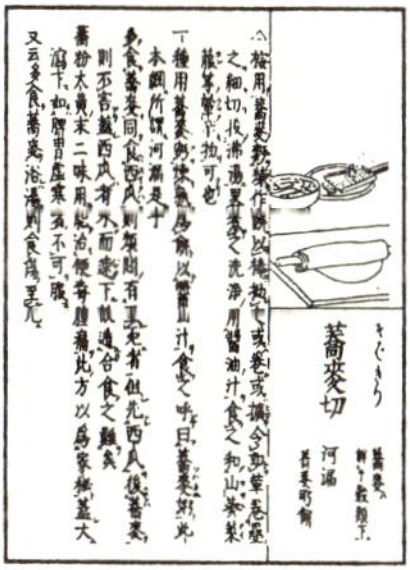

●河漏（正徳三年・一七一二序『和漢三才図会』より）

かわらそば【瓦蕎麦】
山口県豊浦郡豊浦町（現・下関市）の川棚《かわたな》温泉の名物そば。熱くした瓦の上にゆでてサラダ油で炒めた茶そば、牛肉、錦糸玉子、ネギ、海苔のほか、レモンと紅葉おろしを乗せる。特製のつゆで食べる。山口市の湯田温泉でも瓦そばを出すところがあり、九州は宮崎、熊本両県の一部で新鮮な山と海の幸を乗せて焼く瓦そばが散見される。

かわり【代り・替り】
隠そば職人が定雇いの代わりに臨時に雇われること。

かわりそば【変わり蕎麦】
そば粉に種々の混ぜ物をしてそばに仕立てたもの。とくに色が鮮やかに出るものを「色物」といい、その他のものを「変わりそば」と呼ぶ。白いさらしな粉が精製されるようになったことで色物そばが可能になった。変わりそばは江戸中期から登場してきたが、その後工夫が加えられ、卵《らん》切りから海老切り、柚子切り、茶そば、蓬切り、胡麻切りなど五〇種類を上回る。↓いろもの

かわりそばがき【変わり蕎麦搔き】
変わりそば、色物そばと同じ要領で作る。卵の黄身を使った「卵がき」やゴマ、海苔を使った「胡麻がき」「海苔がき」などがよく知られる。病人の栄養食としても最適とされる。

かんがえもち【寒掻餅】
けいもちと同じ。（長野県上伊那郡飯島町七久保）↓けいもち

がんかけそば【願掛け蕎麦】
願いごとを神仏にする場合、自分の好物を供える風習がある。江戸っ子はそばが好きなので、そばを供えて祈願する。願がか

なったときは、またそばを供えて「願ほどき」をする。文政七年（一八二四）序『わすれのこり』下巻の流行神仏の供物の条に、「伝通院山内沢蔵司稲荷には蕎麦を備ふ」とある。

かんざらし【寒晒し】

秋に穫れた新ソバを殻付きのまま俵に詰め、千曲川などの清流に数日間浸けておく。晴天を見計って乾燥する。この寒ざらしのソバから製粉される一番粉（さらしな粉）が最上品とされた。

かんざらしそば【寒晒し蕎麦】

寒ざらしそばとは、寒中に冷たい水、あるいは清流に数日間浸けてから寒風にさらし、乾燥させた玄ソバを挽いて打つそばのこと。そばの味が落ちる夏の暑中にも新そばの風味が楽しめるそば、といわれる。ことに、この寒ざらしの玄ソバから挽いたさらしな粉は最上品とされた。江戸時代、諸大名から将軍家への献上物には年始、歳暮など定式のもののほかに、その時候にしたがった時献上というのがあり、信濃国高遠藩が「暑中信州寒晒蕎麦」を献上したという記録が残っている。元禄十年（一六九七）刊の『本朝食鑑』はその製法について、「臘月（陰暦十二月）、殻のついたままの好い蕎麦を三十日間水に浸し、立春の日

●瓦そば（山口・川棚温泉）

に取り出し、曝《さらし》乾してから収蔵するもの」と書いている。

がんじつそば【元日蕎麦】

＝ついたちそば

かんじょうそば【勘定蕎麦】

そばは切れやすいので、旧年の借金を打ち切る意味で大晦日に食べるそばをいった。必ず残さずに食べなければいけない。

↓としこしそば

かんしょそば【甘藷蕎麦】

サツマイモ（別名、カンショ・カライモ）の粉に、ヤマイモ、そば粉、小麦粉などを混ぜ合わせ、めん状にしたもの。寛政元年（一七八九）刊の『甘藷百珍《いもひやくちん》』珍古楼（鹿島素雪）著には、

「[五十三] 河漏子《そばきり》いも　生にておろし、蕎《そ》麦《ば》のこ等分交合《とうぶんまぜあはせ》、[六十六] 藷精稀葛《いものじんうすくず》のごとく烹《たき》冷し、是《これ》にてこねあはせ、そば切のごとく打《うち》て、蒸熟《むしあげ》て、達失汁《だしじる》、葱白《しろね》のざく〳〵、おろし大こん、山葵《わさび》の加料《かやく》。

△蕎麦《そば》の粉《こ》を麪粉《うどんのこ》にかゆ（代）るを藷《いも》温飩《うどん》といふ。

[五十四] いも温飩《うどん》　前にしるす。

[五十五] いも素麪《そうめん》　藷精《いものじん》にて仕立《したてる》。葛素《くずそう》麪《めん》の仕様同前《しやうどうぜん》也」

藷精の製法は、尋常品として次のとおり記述してある。

「[六十六] 藷精《いものじん》、生にて擦《おろ》し、水に入、銅篩《すいのう》にてこし、其水を淘（よなぐ。水に入れて淘《ゆ》り分ける）、底《そこ》にしづみたる精《じん》をとり、水四、五度もかへ、日に乾し、たくはへ置《おき》、時に臨《のぞみ》て用ゆ。尤、寒中《かんちう》の制《せい》を佳《よし》とす。△葛《くず》の代《かは》りにつかひて、吉野《よしの》葛《くず》上品《ひん》に勝《まさ》れり。たくはへ置《おき》て平常《へいぜい》用ゆべし」

熊本県天草や長崎県島原は古くからカンショ（サツマイモ）の栽培がさかんで、カ

ライモ粉にヤマイモか小麦粉をまぜたカンチョそばがある。湯もみして、こねたのをカライモツキで線状に押し出し、強火で蒸したあと水洗いして盛りつけ、そば汁で供する。島原ではヤマイモでつなぎ、コブ・カツオ・アゴ（トビウオ）のだし汁をかけて食べる。対馬（下県《しもあがた》郡厳原《いづはら》町阿連《あれ》〔現・対馬市〕）では、魚介類と椎茸のだしを使う。カンチョそばはそば粉をまぜるのが本式で、小麦粉の場合は太さによりカンチョうどん、カンチョそうめんになる。カンチョはカンショの九州での方言。

●甘藷そば　寛政元年（一七八九）刊『甘藷百珍』より

かんばん【看板】

店名、屋号、営業商品名などを示す標識の一種。欅《けやき》材が普通だが、杉、檜《ひのき》材もある。軒下に吊す「軒看板」、ひさしの上に乗せる「屋根看板」のほか、「立て看板」「置き看板」などがある。また夜間の営業

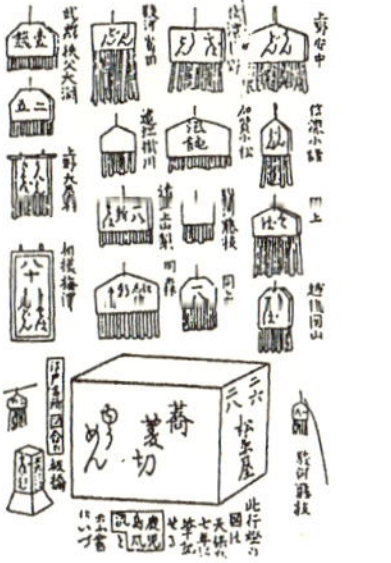

●看板　江戸時代のそばうどんの看板（坪井正五郎著『看板考』より）

を強調するのに使われた「行灯」も看板の一形態。

江戸の元禄から天保（一六八八～一八三〇）にかけて、めん類店を表す看板として奉納絵馬の形になぞらえたものが出回った。看板の下にぴらぴらの細い紙をさげ、遠くからそれとわかるようにした。また戦前のそば店では、出格子に檜の一枚板で木彫りの看板をかかげる習わしがあり、その看板を「まねき」といった。看板文字は書家や山岡鉄舟といった著名人に依頼する例があり、専門の書き手としては、明治末期から大正、昭和初期にかけて横尾龍丸、小龍丸が知られ、それ以後は景丸、広丸、青雲、墨川らの後継者がいた。関東大震災と第二次大戦の戦災により、これらの作品はほとんど焼失した。そば店では「まねき」の脇に小さめの「板看板」をかけた。終業のことを「看板にする」「暖簾を入れる」ともいうが、「看板」はこの板看板をはずして店に入れることを指している。

かんめん【乾麺】

生めんを乾燥したもの。昔は屋外での自然乾燥が多かったが、現在は室内で移行装置を用い、温湿度を調整しての人工乾燥が主体。

かんもり【寒盛り】

隠冷やもりのこと。「土用」の対語で、熱もり（土用）に対して、冷やもりを「寒《かん》」という。そば屋の通し言葉として、古い慣習の残っている店では使われる。

き

きいっぽん【生一本】

純粋で混じり気のないことから、つなぎ

を使わずにそば粉だけでそばを打つこと、またそのそば。「生粉《きこ》打ち」「生《き》そば」も同じ。→きそば

きいのそま【切野蕎麦】

焼き畑でできたソバ。（佐賀県神埼郡）

きかいうち【機械打ち】

手打ちの対語。明治十六年（一八八三）に眞崎照郷によって製めん機が発明され、明治末期から大正にかけて全国的に普及することとなった。そば店でも導入がみられ、それまでの板前の職制が「機械場」と名称が変わった。

きかいば【機械場】

そば店の職制。製めん機を使うようになってそばを打つ板前の職制をいう言葉になった。→いたまえ、そばやしょくせい

ききょうとう【桔梗湯】

『蕎麦全書』下にそばを消化する薬としてあげられている。「桔梗・味こ（濃）く煎じて過食飽悶の時に用ゆ。予試みに桔梗を濃く煎じ、其中へそば切を入れて見たりしに、少時して皆砕けて柔軟糊のごとくなり」。過食してもだえ苦しむときに、キキョウの根を乾燥させたものを煎じて飲むとよく効くといわれる。

ききょうや【桔梗屋】

①江戸浅草並木町角にあって、観音参詣の客で繁盛し、おだ巻そばが名物のめん類店。（『蕎麦全書』上）→おだまきそば

②大坂順慶町渡部ノ角にあっためん類店の桔梗屋佐兵衛。（『諸国買物調方（宝記』）

きぎょくあん【亀玉庵】

江戸浅草奥山にあった店。為永春水作の人情本『春色梅美婦祢《しゅんしょくうめみぶね》』（天保十二年・一八四一）二編に「名代の手打蕎麦亀玉庵か

ら、十六七のかわゆらしき娘出来り……」と描写されている。高橋藤左衛門の営業だったが、明治十二年（一八七九）大井儀八が買い取り、萬盛庵と改めた。その後さらに平野勝三郎が譲り受け、関東大震災までは、奥山萬盛庵の名で、敷地三〇〇坪、建坪一五〇坪の規模を誇る東京を代表するそば店として知られた。その後、規模を縮小し、営業を続けたが、戦災で焼失した。

きぎり【黄切り】

＝うこんきり

きくぎり【菊切り】

菊花を裏ごしたものをさらしな粉に練り込んだ変わりそば。食用菊の花を練り込む。花びらのみをむしり取り、水を加えながらすりつぶし、裏ごしにかけて糊状にする。そば粉の重量の六分の一ほどの分量を混ぜ込む。菊の葉も用いられる。

きくそば【菊蕎麦】

東京・本郷団子坂にあったそばの有名店。乃木大将ひいきの店としても知られていた。同店は団子坂の菊人形見物客で繁盛した。菊人形展が両国へ移ってからはさびれ、昭和初期に廃業。講談社の初代社長・野間清治は大正四年（一九一五）ころ、「菊そば」に出掛け、借金取りの難をしばしば避けたといわれている。

きくねり【菊練り】

＝きくもみ

きくもみ【菊揉み】

木鉢の作業で、くくりの工程の一つ。うどんやそばの生地を内側に練り込み、団子状にまとめる作業のこと。押しのばしては内側に折り込む作業をくり返すうちに、玉の中心に菊花のようなシワができるところからこの名がついた。↓くくり

きこ【生粉】　そば打ちで、つなぎの小麦粉を「割り粉」というが、これに対してそば粉そのものを生粉といった。そば粉だけで打つことを「生粉打ち」という。

きこうち【生粉打ち】　つなぎを使わずそば粉だけで打つこと、またそのそばをいう。→きそば、つなぎ

ぎしそば【義士蕎麦】　赤穂浪士討ち入りを追懐して行なわれるようになったそば会、あるいはそのそば。昭和二年（一九二七）に東京の有楽町更科ではじめて「義士そば」の行事が行なわれ、色物（変わりそば）が作られた。正式名称は「赤穂浪士追懐、五色そばの会」。当時の新聞に「有楽町更科の藤村おやぢ、昨年師走十四日、赤穂義士討入りそばの会を催したところ二千人からの申し込み、今年（昭和三年・一九二八）はさらに大仕掛、本店支店打ち寄っての大がかり、そばは古来家伝の七色そば、もう今から申し込み殺到」とある。

きじそば【雉子蕎麦】　秋ソバの穫れる時期はちょうどキジの肉がうまくなるころで、これをだしにした汁で食べるそばを雉子そばという。山村における この時期の最上の振る舞いである。

●菊もみ　生地を内側に練り込んだあとが菊の花のように見える

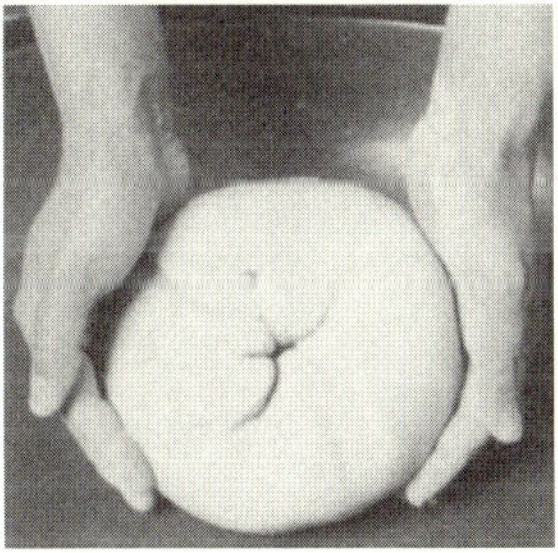

きじばっと【雉ばっと】

キジ一羽を大鍋に入れてだしを作り、その汁でそばを食べる。秋から冬へかけてのもので、年があけるとキジはまずくなる。(青森県三戸《さんのへ》郡五戸《ごのへ》町)

信濃ではキジそばといい、やはり汁だけを使いキジ肉を出さない。

きせつそば【季節蕎麦】

旬の材料を使って季節感を打ち出した種物。白魚そば、若竹そば、松茸そば、あられそば、牡蠣《かき》そばなどがある。鴨南蛮も本来は寒中だけの季節そば。

きそば【生蕎麦】

初期のそば切りはそば粉だけで打たれた。これを「生粉打ち」ともいう。元禄二年(一六八九)版『合類日用料理抄』巻二、「麵類の蕎麦切りの方」の項をみても割り粉(小麦粉)のことはまだ触れていない。そばのつなぎに小麦粉を使うようになったのは、元禄末か享保の後半のころからとみられる。現在では割り粉の使用は一般的であるが、その割合は店によって差異がある。一般的には二〜三割とみられる。

きたづめ【北詰】

隠 そばのこと。かつて大阪堂島橋の北詰で相場が立ったので、相場を「そば」にもじったもの。シマ(島)とも。(大阪)

きたわせそば【キタワセソバ】

農水省北海道農業試験場が富良野《ふらの》産の牡丹ソバから選抜固定した新品種。「北海一号」という名称で試験栽培を繰り返したあと、平成元年(一九八九)に農林水産省へ命名登録された。ソバでは初めて登録番号がつけられ、記念すべき「農林一号」となった。「牡丹ソバ」よりやや早い夏型で、粒は黒褐色。栽培適地は北海道。

きちょうじる【几帳汁】
＝えどじる

きつね【狐】
①きつねそばの略称。
②甘く煮た油揚げとネギを具にした種物。大阪ではうどん台で「きつねうどん」または「信田《しのだ》」だが、そばでもきしめんでもよい。油揚げを種に使うそばは江戸にもあって、式亭三馬が江戸深川の遊里新石場を描いた洒落本『船頭深話』（文化三年・一八〇六）に、「一説に曰く、菱屋のそばは、葱に油揚などを、あしらひたるなんばんの仕出しをして」というくだりがある。また、文化十一年刊の三笑亭可楽作『身振噺姿八景』には、夜鷹が夜そば売りに向かって、「ヲヽ今夜ァめつそう寒《さぶ》い晩だ。丁字屋さん、信田ァあるか。そいつァ奇妙（珍しいこと）だ。熱くして一ツおくれ」という場面がある。油揚げを具に使うそばを信田といったのは、上方からの移入だろうか。なお、きつねそばは東京の呼称で、大阪ではそば台のきつねは「たぬき」という。→たぬき

きつねそば【狐蕎麦】
甘く煮た油揚げとネギを具にした種物の東京での呼称。

きのみきり【木の実切り】
木ノ実をそば粉に練り込んだ変わりそばの一種。木ノ実ならなんでもよいが、クルミやギンナン以外では、松の実などもよい。木ノ実類は輸入品がほとんどだが、塩漬けや塩味をつけていないものを使う。そば粉の重量の五％ほどを用意する。よく炒りすりつぶし、裏ごしにかけて混入する。

きのめきり【木の芽切り】
木ノ芽（サンショウの若葉）をそば粉に

練り込んだ変わりそば。サンショウの若葉をすりつぶし、そば粉に練り込む。粉一kg当たりサンショウの若葉一五〇枚ほどの比率で混入する。若葉を小型のすり鉢でよくすって糊状にし、そのままそば粉へ練り込めばよい。

きばち【木鉢】

そば粉に水を加え、こねるときに使う鉢。「こね鉢」ともいう。外径六一cm(二尺)で二kgの粉を入れてこねるのが標準。昔は七三cm(二尺四寸)ほどで四kgの粉をこねる大型のものもあった。材料は栃《とち》がよく、一部橅《ぶな》からも作られる。地方の農家では木地のまま使用することもあるが、そば店用には漆を施し、内部が朱、縁から外部を黒に塗り上げる。木鉢を使った作業が、そば打ちの工程のなかでは一番重要でそばの味をほぼ決めるということから、仕事そのものを指す言葉でもある。また、諺で「木鉢をまわす」は、老いた姑が嫁に実権を譲り渡すことを意味する。そばを打つことを「木鉢をつく」ともいう。

きばちした【木鉢下】

本来は木鉢をすえる台になった丸桶のこと。このなかにそば粉と小麦粉とを一定の割合で混合した粉を入れておいたので、木鉢下というと、この混合粉を指すようになった。一般に、生きている粉は、水分を吸収したり、吐き出したりして呼吸している。この水分の吸収許容量がそば粉は小さく、小麦粉は大きい。この性質の違いを利用したのが「木鉢下」というわけで、空気中の水分が増加してそば粉が吸収しきれなくなったときは小麦粉が吸収し、逆に乾燥しすぎたときはそば粉が小麦粉の水分を吸収することによって、そば粉だけでおいておくよりも、鮮度のよい状態を長く保つことができる。混合するのには「割り板」と呼ばれる木の板二枚を両手に持ってよくかき混ぜる。混合比率は店によって異なるが、そば粉一杯、小麦粉一杯が「同割」、二杯対一杯が「七・三」、三杯対一杯が「町場の二八」、四杯対一杯で「二・八」、五杯対一杯を「外《そと》二」という。なお、割り板は横二〇cm、縦一五cmくらいの薄板で、木鉢下になくてはならないものである。

きばち めんぼう さんさわし【木鉢 麺棒 三さわし】

諺木鉢での粉のこね方、めん棒を使ってののし方、そばの洗い方は、手打ちそばのポイントであることを表した言葉。さわしは、そばを水に浸けてよく洗うこと。

きびきり【黍切り】

『小堀屋秘伝書』にある変わりめんの一

●木鉢　内側を朱に、外側を黒に漆をぬりわけたものは、江戸のそば道具の仕事

●木鉢下　桶に木鉢をかましてある

つ。↓こぼりやひでんしょ

ぎゅうかいかそば【牛開化蕎麦】

↓かいかなんばん

きゅうしゅうあきそば【九州秋ソバ】

鹿児島県や宮崎県で古くから栽培されている鹿屋《かのや》在来など、秋播き在来種の総称。九月以降の初秋播きにおいては短時日で開花し、多収が望める。粒色は褐色を帯び、稜《りょう》はあまり発達せず、比較的小粒。

きょうかでん【蕎花殿】

天明七年(一七八七)版『七十五日』に掲げられているそば店。江戸木挽町六丁目河岸にあり、「らんめん」を看板にしていた。「かかあそば」の俗称でも呼ばれた。

きょうどそば【郷土蕎麦】

その土地だけに伝わる、地方色の濃いそば切りのこと。つなぎにその土地ならではの材料を使ったり、独特の道具や技法で打たれたものが多い。また、つなぎを使わずにそば粉だけで打つ「生粉打ち」そばの場合も少なくない。多くは農山村で補食の必要から生まれ、その土地に土着して土の香のしみこんだ素朴な田舎そばである。郷土そばの伝わる土地はもともとソバどころだった所で、そのほとんどが今もソバの穫れる所でもある。

きょうわかい【蕎話会】

昭和二十八年(一九五三)、食文化に通じていた長谷川青峰(明治十七年・一八八四〜昭和四十六年・一九七一)によって提唱、主宰されたそば料理の研究および賞味会。手打ちそばの勉強会として同氏により始められた蕎風《きょうふう》会が発展したもの。かんだやぶそば、室町砂場、神田まつや、茅場町長寿庵、巴町砂場、日本橋やぶ久の主人らを中心に催され、そば料理の研鑽をかさねた。老舗そば店以外にも、東京の料理屋、関係業者、そば愛好家や文化人も参加した。長谷川青峰の没後、休止していたが、昭和五十二年（一九七七）に、大塚の江戸料理屋なべ家主人福田浩が主宰し再開。東京の老舗そば店の協力を得て継承している。→そばかい、そばりょうり

きらずそば【雪花菜蕎麦】

ソバ殻の混じった粉（メクソまたはソバメという）一升に豆腐粕（おから）二升と塩を入れて混ぜ、臼でつく。その餅を浮き上がるまでゆでる。これを串にさし、味噌か ジュウネ（荏胡麻《えごま》）味噌をつけて食べる。キラジソバともいう。（岩手県二戸《にのへ》郡）

宮城県ではキラズモチという。

きらずだま【切らず玉】

そばを打ったとき、木鉢もみ（練り）、機械もみのいずれの場合でも、水まわしがかなり進んだところで、生地が軟らかすぎて加水が多すぎたことに気づく。あわてて粉をつけ足すが、こうしてできた生地は食べておいしくないばかりか切れて短くなってしまう。〝切らずに捨ててしまったほうがよい〟との意から。

きりしたそば【霧下蕎麦】

山裾をめぐる標高五〇〇～七〇〇mの高原地帯では、昼夜の気温差が大きく、朝方に霧が発生しやすい自然条件下にある。この現象は八月下旬から十月中旬によく見られるもので、ちょうど秋ソバの結実期にあたる。こうした霧下地帯で栽培されるソバは、味覚、栄養、粒型ともにすぐれ、とくに「霧下ソバ」として評価される。霧下ソバの産地としては新潟・長野県境の妙高、黒姫、戸隠、岐阜・長野県境の木曽などが昔からよく知られている。高原の火山灰地

の水はけのよい土壌に栽培されたソバは、適応力は大きいが、気象上の弱点もあり、冷涼な気候を好みながらも霜には弱い。霧下特有の朝霧が厳しい自然条件をやわらげ、ソバがなえることなく生長を進めるうえで効果を持つ。日中は二五〜二六度C、夜間は一〇度C以下の温度差が望ましい。ソバの糊粉層は緑黄色鮮やかで、風味を持ち、粘力ある香り高いソバが産出される。

きりそめ【切り初め】
　長野県諏訪市豊田では正月二日、下伊那郡では四日にそばを打って、その年に初めてそばを切ることをいう。

きりだめ【切り溜】
　→なまぶね

きりは【切り刃】
　機械製めんの最終工程で、仕上がったためん帯をめん線に切り出すもの。めん線の太さは、切り刃の種類によって変えることができ、「番手」で表わされる。番手はＪＩＳで三〇㎜の幅を何本に切るか、その数を指しており、一般的にそばでは、二〇、二二番が使われる。

きりばん【切り板】
　手打ちそばを切るためのまな板。使い込むうちに狂いが出てきた場合には、削りなおすこともできるので、やや厚手のものがよい。材質は、いちょう、朴《ほお》などが一般的だが、檜の柾目板が最高とされる。なかにはべた接《は》ぎという高度な技術で檜の柾の小口を数百枚貼り合わせて作った切り板もあり、これは耐久性、狂いが少ないなど、切り板としてはもっとも優れたものとされている。

きりべら【切りべら】
　「切って薄くした」という意味で、手打ち

そばで、のした生地の厚みよりも包丁で切った幅のほうが薄いことをいう。めん棒で生地を薄くのばすより包丁で切って薄く見せるほうが仕事が楽なためで、江戸時代のそば職人の一つの逃げてだったともいう。切りべらの反対、つまりのした厚みより広い幅で切る場合は、「のしべら」という。

きりべらにじゅうさんぼん【切りべら二十三本】

江戸時代から御定法とされていた並そばの太さで、のした生地の一寸（三・〇三㎝）幅を二三本に切ること。そば一本の切り幅は約一・三㎜で、のしの厚みはこれより少し厚く、切り口はやや長方形になる。

↓きりべら

きりやそば【切りや蕎麦】

↓ねんきりそば（岡山市）

きれい【綺麗】

隠通し言葉で、そばの分量を少なく盛りつけること。関東大震災後は、「さくら（桜）」というようになったが、「きれい」のほうがきれいごとで望ましい。↓きん

きん【斤】

隠そば屋の通し言葉。そばの量を多くし

●切り板　檜の柾目材の寄せ木細工のもので最高級品。両面使え、耐久性が高く、狂いもない

て出すこと。「きんで願います」と使う。反対語は「さくら」「きれい」。

ぎんなんきり【銀杏切り】

ギンナンを裏ごしたものを、さらしな粉に練り込んだ変わりそば。ギンナンの皮をむいてゆでる。軟らかくなったところで、太い棒でかき回しこすり合わせると甘皮が取れる。すり鉢に入れてよくすりつぶし、そこへみりんと酒を同割にして煮切った汁をほぼ同量加えてさらにすりつぶし、裏ごしにかけたものを練り込む。そば粉一kgに対して二〇〇gのギンナンが必要である。

きんぷら【金麩羅】

①そば粉を衣にして揚げたもの。天ぷらに比べて色がやや黒いが、風味は勝る。②榧《かや》の油で揚げたもの。③衣に卵黄を加えて揚げたもの。ただし、これは明治以降である。

く

ぐ【具】

食物の添えものの古語。めん類の種物には具はつきものである。具は種《たね》ともいえる。関西では、「かやく」(加役、加薬)の言葉も使われる。

くがつきくきり【九月菊切り】

『小堀屋秘伝書』にあげられている変わりめんの一つ。↓こぼりやひでんしょ

くくり【括り】

木鉢でそばを練る手順は前段階の「水まわし」と後段の「くくり」に分けられる。水まわしは粉と水とをまんべんなくよく混ぜ合わせることで、粉はおから状となっていく。次にくくりに入るが、まず手のひらで押して粉と水の粒子をよくなじませる。

水がしみ込み粘りが出てきたところで、一つの塊（玉）に練り上げる。練り上がった玉は表面にひび割れ一つなく、つるりとしたツヤが出る。この状態を「面《つら》が出た」、あるいは、「面《つら》出し」という。→きくもみ、みずまわし

くさきり【草切り】

ヨモギの葉をさらしな粉に練り込んだ変わりそば。ヨモギの葉を、湯を二〜三回替えながらよくゆでる。軟らかくなったところでミキサーですりつぶす。これをそば粉に混ぜてもみ上げる。裏ごしにかけても通らないので、よくミキサーがけをする。

くじそば【久慈蕎麦】

茨城県久慈郡金砂《かなさ》郷《ごう》村、水府《すいふ》村（ともに現・常陸太田市）一帯は良質のソバの産地として知られている。同県内のソバ栽培の記録には、水戸光圀公の命により、信濃から種を移入して作付けしたのが西茨城郡北川根村柿橋（現・笠間市）と伝えられ、今日の基礎をつちかい、「久慈そば」「水府そば」として好評を博している。

くちあけ【口開け】

切り終えたそばを一本一本きれいにほぐれた状態にすること。切り口をあける、という意味。一五〜二〇本はど切ったら、包丁を切ったそばの下に差し込み、包丁に乗

●くくり

せて打ち台の上に移す。指でそばを軽く押すようにして切り口を広げ、めん線がくっつかないようにする。

くちみりん【口味淋】

みりんを使っていないかえしに、だしを合わせるときに入れる場合のみりんをいう。一般に「口みりんする」という。

くほんいん【九品院】

東京・練馬の豊島園近くの誓願寺境内にあり、蕎麦喰い地蔵尊を祀ってあることで知られる（練馬区練馬）。小田原近在の地中から現れた石仏を、江戸誓願寺の塔中西慶院に納め、地蔵尊として崇めたのが始まりだが、明治維新後、西慶院が隣寺の九品院に合併され、その後、地蔵尊とともにたびたびの移転を経て、今日に至る。↓そばくいじぞうそん

くりやまそば【栗山蕎麦】

栗山は栃木県北西、湯西川《ゆにしがわ》沿いの山村（現・日光市）。河岸の急斜面を切り開いたわずかな耕地でソバを栽培し、かつては山間部での限られた現金収入の源としていた。交易の対象として価値は高く、日光山栗山そばとして評判も呼んでいた。湯西川に沿った、川俣、湯西川はそばの里で、「平家の落人の里」ともいわれる湯西川には「平家そば」が知られる。

グルテン

小麦粉に水を加えて練った生地（ドウ）を水のなかで練り、でんぷんを洗い流したあとに残る粘着性のガム状の物質。小麦粉特有の物質で、たんぱく質のグルテニンとグリアジンが主体となって形成される。パンが膨らんだままの形を保てたり、うどんに独特の歯ごたえのある食感があるのは、

このグルテンの働きによる。そばのつなぎに小麦粉を用いるのは、このグルテンの性質を利用するため。グルテンを食用に加工したものが生麩である。↓かっせいグルテン、みずごね

くるみきり【胡桃切り】

裏ごししたクルミをそば粉に練り込んだ変わりそば。クルミの殻をむき、軽く炒って軟らかくなったところで金網の裏ごしに乗せて上から強く押すと中身だけが落ちる。上に甘皮が残る。粉の重量の五分の一程度のクルミを入れる。↓きのみきり

くるみそば【胡桃蕎麦】

江戸時代の写本『裏方集』の「蕎麦切れぬ伝」に「そばのゆで湯のなかに胡桃《くるみ》の実を入れるべし。又胡桃をすり、蕎麦の中へ入るれば、そば切れることなし。このそば食すれば精も切れぬなり」とくるみそばの効用をあげている。

くれそば【暮れ蕎麦】

年越しそばの異称。（岡山県上道《じょうどう》郡玉井村（現・岡山市東区瀬戸町））

くろきり【黒切り】

『小堀屋秘伝書』に出てくる色物のめん。「こんぶ黒やきにして」とあるだけで、変わりそばなのか、あるいは小麦粉、またはそれ以外の粉を使うめんなのか、詳しい記

●口あけ

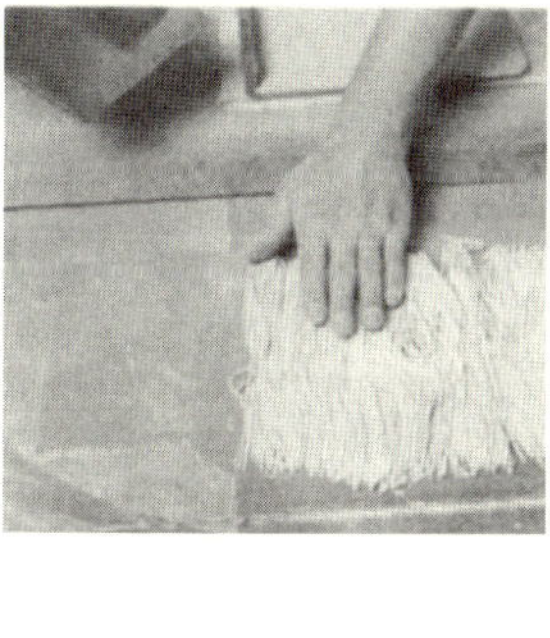

載はない。「黒やき」は黒焼き。土製の容器などに入れて黒く蒸し焼きにすることで、薬用などに用いる。昆布切りの異称。

↓こんぶきり

くろむぎ【黒麦】

ソバの異称で、果皮が黒褐色のため名づけられた。源順の『倭名類聚鈔《わみょうるいじゅしょう》』十七巻に「久呂無木《くろむぎ》」の訓読がみられ、漢名の俗称「烏麦《うばく》」にも通じる。

くわあげ【鍬上げ】

麦播きのすんだ日に労をねぎらって、鍬を洗って飾り、そば・うどんを供える。（長野県北安曇郡）

け

けいもち【掻い餅】

煮たてた汁のなかにそば粉を入れたもの。とくに寒の入り（一月六日ごろ）に作るものを「寒げいもち」といい、これを食べると毛穴がふさぎ風邪を引かぬが、食べないと土用になっても寒いと伝承されている。（長野県北安曇郡）

新潟県北蒲原《かんばら》郡ではカンカイモチという。

けいらん【鶏卵】

＝たまごとじ

けぇもち【掻え餅】

岩手県や長野県でそばがきのこと。↓そばがき

けしきり【芥子切り】

ケシの実をさらしな粉に練り込んだ変わりそば。ケシの実をよく炒ってそばに混ぜ込んで打つ。ケシの量は粉の重量の五％くらいが限度。つなげにくく切れやすいので、作るのが難しい変わりそばの一つであ

る。

けしょうみず【化粧水】

ゆで上げられたそばは洗い桶で手早く水洗いする。洗い桶から引き上げるときに元桶のきれいな水を一、二杯かけてそば洗いの仕上げとする。この水を化粧水という。化粧水はきれいで冷たいといっそうそばが締り、腰がたつようになる。

けふきぐさ【毛吹草】

江戸初期の俳人、松江重頼編による貞門俳諧の作法書。正保二年（一六四五）版。俳諧の作法のほか、諸国名物なども記す。信濃国の名物としてそば切りを挙げ、「当国ゟ《より》始ると云《いふ》」とある。

けぶりくらべそばやのまき【富士屋浅間屋煙競蕎麦屋真木】

芝全交作・北尾政美画の黄表紙。全三冊一五丁は天明元年（一七八一）の出版。市村座で上演されたあと、森田座でも興行した当たり狂言を作者が増補して新版にしたという。大坂の浅間屋佐右衛門と富士屋佐兵衛という二軒のそば屋と、温飩の王子がからんでくりひろげられる活劇。そばやうどんが脇役に登場する黄表紙はほかにも天明五年版の雀声作・群馬亭（後の北斎）画『親譲鼻高名』、天明七年版に桜川杜芳作・北尾政美画『是高是人御喰争《みくらいあらそい》』、文化四年（一

●化粧水

八〇七）版の南杣笑楚満人《なんせんしょうそまひと》作・一柳斎豊広画『仇敵手討新蕎麦《あだかたきてうちしんそば》』などきりがない。当時のそば風俗を活写しており、資料的価値も高い。

けんじょうそば【献上蕎麦】

朝廷や藩主へ献上されたそば。室町時代に尾張の国から京へ出た車町尾張屋は御所へそば献上を例とした。稲岡伝左衛門を代々襲名、献上の際の器類も残されている。また出雲の羽根屋も献上そばを看板としているが、これは江戸時代藩主松江侯への献上をいったもの。

げんしょうてんのう【元正天皇】

天武九年（六八〇）～天平二十年（七四八）、第四十四代。養老六年（七二二）、詔して救荒作物としてソバの栽培を奨励した天皇。↓そばそしん

げんそば【玄ソバ・玄蕎麦】

殻をつけたままのソバの実。「玄」とは黒い色の意。

げんちんせつ【元珍説】

つなぎに小麦粉を混ぜて線条形に整える、いわゆる割り粉を使ったそば切りの手法を、江戸初期（寛永年間・一六二四～四四）に朝鮮から奈良東大寺へ来た客僧元珍が伝えたという説。本山荻舟《もとやまてきしゅう》が唱え、かなり流布しているが、出典のはっきりしないのが難点。元珍の故国にも東大寺にも元珍の名は見当たらない。

けんちんそば【巻繊蕎麦】

福島県境に近い茨城県久慈郡里美《さとみ》村・水《すい》府《ふ》村（ともに現・常陸太田市）などの山村に生まれた郷土そば。作り方は、大鍋をかけ、菜種油でダイコン、ニンジン、ゴボウ、サトイモ、コンニャク、豆腐を炒め、

醤油、味噌仕立てにする。このけんちん汁でそばを食べたり、かけそばにしたりする。

けんどん【慳貪】

①江戸時代、そば・うどん・飯・酒などを、愛想がなく一杯ずつ盛り切りしたもの。

②けんどん箱の略。

慳貪のあて字のほか、無造作で倹約に適っているから「倹飩」、見る間に頓《はや》く調《でき》るか、もしくは頓は食の意味で行きがかりに調《ととの》い食することから「見頓」とも書く。また、けんどん箱は本箱に似ているので、書巻の巻の字にかけて「巻頓」と書くなど諸説があるが、慳貪が定説。↓けんどんばこ

けんどんかけ【慳貪賭】

けんどんそば切りを賭け物にすること。また、その賭け。

●『煙競蕎麦屋真木』（上巻の表紙）

●けんちんそば

けんどんそば【慳貪蕎麦・喧鈍蕎麦】

『むかし〳〵物語』に、寛文四年（一六六四）けんどんうどん・そば切りというものができ、下賤な人たちしか食べなかった、と記してある。また、遊郭吉原の沿革を書いた庄司勝富の『洞房語園』（異本、享保五年・一七二〇自序）には、喧鈍は寛文二年（一六六二）秋、吉原に初めてできた端《はした》女郎の名称で、往来の人を呼ぶ声が喧《かまびす》しく、局《つぼね》女郎よりはるかに劣り鈍にみえたからという。ちょうどそのころ江戸町二丁目の仁左衛門というめん類店が、そば切りを仕込んで銀目五分（約三〇文）ずつに売り、安女郎の喧鈍にならって「けんどんそば」と名づけてから世間に広まった、とある。売り値は決して安くないが、新工夫の目新しさと、吉原という別世界の立地条件によるものであろう。寛文八年（一六六八）ごろになると、八文が相場だった。

けんどんばこ【慳貪箱】

けんどんの名は出前用の箱にまでつけられることになり、けんどん箱となった。箱のふたの上から三分の一ほどのところに小さい穴をつけ、これに指を突っ込んで、ふたを開閉する。「けんどんは胸のあたりにへその穴」の川柳もある。この形式はいまでも出前箱に応用されている。このけんどん箱をぜいたくに作ったものが「大名けんどん」である。特権階級が趣味として用い、つくりは金蒔絵、好みに応じて凝った銘をつけてある。「貴人には食うものなし」といやしめられたそばが、上流階級にまで好まれて格上げされたことは、興味深い現象といえる。内部は吹きぬき（仕切りのないこと）で、付属品としてそば椀、汁入れ、薬味入れがつく。大名の客は五人前が通例だったが、場合により一〇人ということもあるから、道具は用心のため一〇人前は用意されていたことになる。

けんどんや【見頓屋】

　江戸・京都・大坂における著名な商売と諸国の名物を集めた買物案内・元禄五年（一六九二）版『諸国買物調方（宝）記』に出ているそば屋の一形態。見頓屋として市川屋と桐屋（江戸）が紹介されている。

けんどんやの ひやめし
【慳貪屋の 冷や飯】

　諺慳貪屋は一杯盛り切りのめん類や飯などを売る店のこと。けんどん屋が自分の食事は、冷や飯ですませる意。他人の世話に忙しく、自分の身のまわりまで気を配る余裕のないことのたとえ。「医者の不養生」「紺屋の白ばかま」のたぐい。

こ

こ【粉】

①粉《こな》のこと。
②汁の実のこと。
③薬味、役味のこと。（群馬県・山梨県北巨《こ》摩《ま》郡（現・北杜市））

　武家故実書『三議一統大双紙』上巻に「海苔の類、あおみ等をここにおくなり」とある。『貞丈雑記』巻六では、薬味を粉と切り物に分け、山椒、肉桂、芥子などが「粉」で、柚、蜜柑、紫蘇、蓼《たで》の葉や茗荷の子などは細かに切るので「切り物」という。「すり物」も粉に含まれる。

「あをみ・ことは役味を云ふ。食物に青味を加《イル》るなどいふは、『三議一統』上に、海苔の類あをみ等をここにおくなり、と見ゆることは今俗にナマスノコなどといふにおなじく役味をいへり」（『松屋筆記』九十）「上州辺で温飩蕎麦へ菜や大根を湯でゝつけ出すを、こといひやす。是も矢張加役の訣《わけ》で、うどんやそばを親と見て、その側にあるから子といふ訣でござりやしやう」（天保六年・一八三五版の平亭銀鶏著『浪花雑誌　街廼噂《ちまたのうわさ》』二）

埼玉県大里郡岡部町（現・深谷市）普済《ふさい》寺《じ》では、うどんのこにナスやインゲン、または夏ダイコンをせん切りにしてゆでたものを使う。

こうしんそば【庚申蕎麦】

六〇日目に回ってくる庚申《かのえさる》の夜（御中待《おさるまち》ともいう）に清めのためと眠気ざましに食べるそば。この夜は、仏家では帝釈天および青面金剛、神道では猿田彦を祀って寝ないで徹夜する習俗があり、夜食にそばが盛んに食べられた。

こうとう【香頭・鴨頭】

①柚。ゆず。（広島・山口県）「柚、畿内にてゆと云。東国にゆずと云。中国にて香《カウ》橙《トウ》といふ」（『物類称呼』三）

②薬味。（長崎県壱岐郡（現・壱岐市））

③青柚。またはうどんに振りかける刻み分葱《わけぎ》をいう。（山口県下関市）「口頭『秉穂録《へいすいろく》』に、ゆづの緑色なるをへぎて盃に泛ぶるを安芸の人鴨頭と呼とぞあり。今東国にも青柚子を、かうとうと云ものあり。湯河庄司が宿の前にある落書、『太平記』南方峰起条に、宮方の鴨頭になりし湯の河（柚の皮）は都に入て何の香もせず、とあり」（喜多村信節《きたむらのぶよ》著『嬉遊笑覧』十・上）

④吸い物に上置きして芳香を添えるつま。柚、木の芽、蕗の薹《とう》、独活《うど》芽などが、

吸い口に使われる。
姜頭《カウトウ》、雁頭、鶴頭とも書く。

こうはくそば【紅白蕎麦】

赤と白の二色の変わりそばを盛り合わせたそば。赤は「海老切り」、白は「さらしなそば」で、祝儀に用いられる。

こうやのあさって そばやのただいま
【紺屋の明後日 蕎麦屋の只今】

諺紺屋（こんやともいう）はその仕事が天候に左右されるため、染物の仕事が遅れがちで、客が催促すれば明後日になればできるといってその場をしのぎ、実際はあとにのばすのが紺屋の常套手段。そば屋の出前で「ハイ只今」も同じ。あてにならぬ約束の譬え。

こおりそば【凍り蕎麦】

寒気にさらして凍らせて乾燥させたそば。そば粉一〇〇％で打ったそばをゆで上げ、冷水にさらし、小さな輪にまとめ、かごに並べ、寒夜に野外で凍結させる。厳冬期一月下旬から二月の晴れた夜を選んで作る。長野県北安曇郡大町（現・大町市）、上水内《かみみのち》郡信濃町柏原の名産。冬の農閑期の女性の手仕事で、東京や金沢にも知られた名産品だった。近年ほとんど作られなくなっていたが、昭和六十一年（一九八六）、村おこし事業の一つとして信濃町で復活。熱湯をかけて数分おいてもどして食す。か

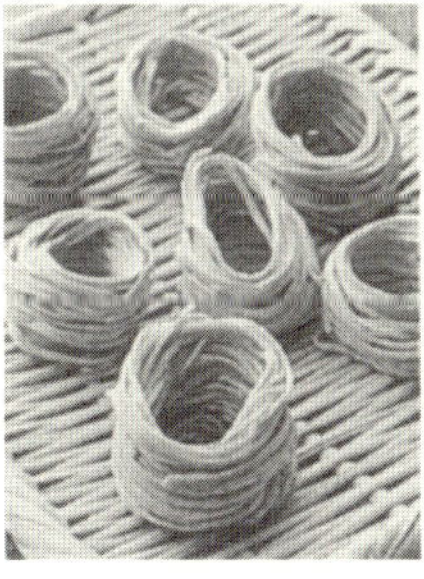
●凍りそば

つては高級料理で椀種に用いられた。大和郡山藩二代藩主・柳沢信鴻《やなぎさわのぶとき》著『宴遊日記』巻十一下、天明三年（一七八三）七月五日の条に、「菊貫手紙、氷蕎麦貰ふ」とあり、贈り主の菊貫は、信州松代侯真田伊豆守幸弘の俳名である。

「雪の国名に大町の氷蕎麦」（文政二年・一八一九版『柳多留《やなぎだる》』七二）

こくさいそばしんぽじうむ【国際ソバシンポジウム】

国際ソバ研究者協会（ＩＢＲＡ＝International Buckwheat Research Association）主催による国際学会。第一回シンポジウムは昭和五十五年（一九八〇）にユーゴスラビア（当時）で開かれ、五十八年には宮崎市で第二回シンポジウムが開催された。同シンポジウムの目的は、二十一世紀に予想される食糧危機を控え、短期・不良環境下栽培資源で栄養的にもすぐれたソバの遺伝・育種・栽培ならびに利用全般にわたって検討し、国際協力の進め方についても論議すること。平成七年（一九九五）には第六回シンポジウムが信州大学農学部で開催された。平成十年には第七回シンポジウムがカナダのウィニペグ市で開催されるなど、三年に一回行なわれている。

ごくふとうち【極太打ち】

そばを打つ場合、めんの太さで「太打ち」「中打ち」「細打ち」とに分けられる。太打ちのさらに太いのが極太打ちで、切り刃の番手一〇番、幅三㎜ほどの太いものをいう。

ごくほそうち【極細打ち】

細打ちよりさらに細く、切り刃番手二四番、幅一・三㎜くらいの太さである。

こくる

　ワサビをおろすこと。「山葵あらふとは不謂《いはず》、こくるといふ。おろす事、春は葉方よりも下《おろし》、冬は根方より下」（明応六年・一四九七版『山内料理書』）

ごごうそば【五合蕎麦】

　諺長野県、群馬県勢多郡北橘村真壁（現・渋川市）では、そば振る舞いの一人前の分量は、そば粉五合（約五〇〇g）が標準とされていた。「四合餅、五合饂飩」というところもある。北橘村では、そばのつなぎにサルゴマ（黄蜀葵）を使う。

こしきそば【甑蕎麦】

　そばを甑《こしき》（せいろのこと）に盛るのでこの名がある。長崎県対馬《つしま》に伝わるそば。↓つしまそば

ごしきそば【五色蕎麦】

　一つのせいろに白、赤、緑、黒、黄の五色の変わりそばを盛り分ける。通常、白は「さらしなそば」、赤は「海老切り」、緑は「茶そば」、黒は「ごま切り」、黄は「卵切り」で作る。↓さんしょくそば、ひなそば

ごじる【呉汁】

　ダイズを水に浸し、柔らかくしてつぶしたものを呉といい、これをだしなどでのばしたものを呉汁という。かつて津軽そばは、ダイズ粉か、水でのばした呉汁をつなぎに打った。一般に呉汁つなぎという場合は、豆乳をつなぎに使う。↓ごじるつなぎ、つがるそば

ごじるつなぎ【呉汁繋ぎ】

　一般に呉汁とは豆乳のこと。ダイズを六〜七時間水に浸したのちミキサーなどですりつぶす。布で絞ってこした液を湯せんで加熱する。これをこね水にしてそばを打つ。↓ごじる

ごぜん【御膳・御前】
御膳は食べ物に対する美称、尊重語であると同時に、精製、上物、純粋、本場物などの意もかくされている。昔は飯炊きの下男下女（今はお手伝いさん）を「御膳炊き」といった。命のもとである御飯を大切にする心持ちである。そば屋の暖簾に「御膳生そば」と書いたのもあり、汁粉屋の品書きに「御膳汁粉」もある。「御前そば」は江戸時代、将軍家や諸大名の御用をつとめたそば屋が用いた言葉で、卵白をつなぎに、白いさらしなそばに甘汁というのが定り。↓ごぜんそば

ごぜんおおせいろ【御膳大蒸籠】
『守貞漫稿』が紹介している幕末のころのそば屋の品書きの筆頭に出てくる。普通の「そば」が一六文のところ「御膳大蒸籠」は四八文と、三倍の値段になっている。幕末には、値段が急騰したため、もりそばは大せいろのほかに小せいろがあり、小せいろは現在の半分ほどの大きさだった。↓ごぜんそば

ごぜんがえし【御膳返し】
普通のかえしに、さらにみりんを等量混ぜたもの。辛汁にこれを少量加えてざる汁を作る。「上がえし」ともいう。↓ざるじる

ごぜんかご【御膳籠】
料理を入れ、天秤棒の両端にかけてかつぐ方形の竹籠。主として料理屋の仕出しに使われたが、めん類店でも天保（一八三〇～四四）から関東大震災（大正十二年・一九二三）前までは盛んに用いられた。一〇枚重ねのせいろ四本と汁入れとが納まるようになっていた。

ごぜんこ【御膳粉】

さらしな粉の別称。真っ白なさらしなそば用に挽かれたそば粉で、ソバ殻はもちろん、甘皮の部分も入らぬよう、胚乳部だけを取り出して製粉される。↓さらしなこ

ごぜんそば【御膳蕎麦】

御膳は食膳・食事または飯の尊敬語（『広辞苑』）で、転じて上物、上等、精製などの意を含む。そばでは駄そばに対する〝高級そば〟の含みもあり、御膳生そばを名乗る傾向が一般化した。

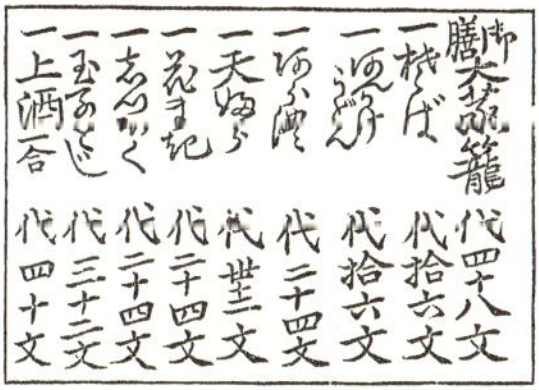

●御膳大蒸籠　幕末ころのそば屋の品書きの筆頭にみられる（『守貞漫稿』より）

ごだん【後段】

江戸時代饗応のとき、飯のあとに他の食事（めん類、餅など）を出したのをいう。『興福寺英俊法印記』の永正二年（一五〇六）五月二十六日の条に「後段、ウドン・キリムギ」とあるのが初見。寛永二十年（一六四三）刊『料理物語』第十七、後段

●後段　「後段蕎麦式」の図（『料理早指南』より）

之部には、うどん、けいらん、切麦、葛素《くずそう》麺《めん》、薯蕷《しょよ》麺、水繊《すいせん》、水飩《すいとん》、きんとん、蕎麦きり、麦きり、にうめん、すゝりだんご、雑煮など一三種類があげられている。後段を出すときは、ほかに菜を付け合わせるのが仕来りである。

ごつごう【御都合】

隠種物の下ごしらえができた中台が、釜前（ゆで方）にそばかうどんを振る（温める）ことを促す言葉。

ごてんすすはらいそば【御殿煤払蕎麦】

江戸時代、京都御所、宮家、江戸城、諸大名邸などでは、歳末の煤払いのあとにそば振る舞いがあった。↓すすはらいそば

ことうり

ソバの収穫後、脱穀のために使うたたき棒のこと。昔ながらの脱穀作業に用いる。（福島県南会津郡檜枝岐《ひのえまた》村）

ごないしょ【御内所】

隠通し言葉。内輪の注文の場合に使う。例えば、帳場に問屋の番頭さんが来て、そばを食べさせようと思い、そばの量を少々多くしてやりたかったら「御内所、もり一枚、きんで願います」と通す。↓ないしょう

こながえし【粉返し】

木鉢下でそば粉とつなぎの小麦粉とをよく混ぜ合わす作業。これによって両方の粉の湿度がほぼ等しくなり、そのあとのこね水を加えたときの水まわしがやりやすくなる。手打ちの基本的な手順。

こねばち【捏ね鉢】

↓きばち

こばんおけ【小判桶】

＝よこびつ

ごひら【五平】

そばを厚さ三厘《りん》（約一㎜）に打って幅三厘に切るのが定法であるが、厚さ二厘・幅五厘に切ったのをとくにいう。（出雲）

こぼりやひでんしょ【小堀屋秘伝書】

江戸後期の享和三年（一八〇三）に初代伊兵衛がまとめたものという。当時のめん類技術を集大成したものとして知られる。現存の一巻は弘化五年（一八四八）正月、二代目と思われる久蔵が転写したものである。小堀屋は火災にあったのを機会に天明二年（一七八二）家業の醤油醸造からそば店に転業した。当主の篠塚友孝は八代目にあたる。現在の建物は昔の商家の建築様式を明治二十三年（一八九〇）に再現して新築されたもので、ほとんど建築当時のままで保存され、千葉県有形文化財として指定されている。小堀屋のある佐原市（現・香取市）は街の中央を流れる小野川が本流の利根川とつながるところにあり、江戸時代に港町として栄えた所。利根川舟運の船頭たちの間にも小堀屋のそばが人いにもてはやされた。

秘伝書にあげられた品名は五七品となり、変わりそばよりも、むしろ変わりめん

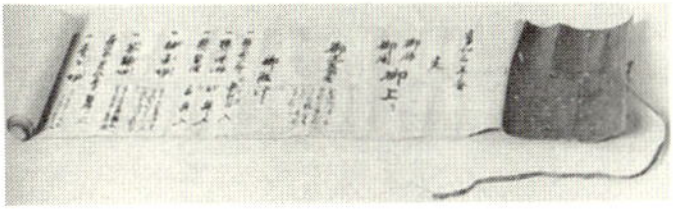

●『小堀屋秘伝書』

の数のほうが多い。製法に基づいて分類すると次のとおりとなる。

㈠変わりめん　二四品

柚子切、茶麵切、香切、生姜切、紅切、とう切（豆切）、大豆切、小豆切、麦切、米切、粟切、稗切、黍切、唐土《もろこし》切、鹿子温飩、蘭麵、光林温飩、豆腐切、正月七草、三月桜、五月菖蒲、九月菊、鯛麵切、魚麵切

㈡小麦粉だけのめん　一〇品

温麵切、七月素麵、広麵切、餺飥麵、紐革、冷し温飩、煮抜温飩、干温飩、素麵、冷麦

㈢小麦粉以外のめん　五品

蓘藤仁《こんとうに》切、片栗麵、葛切、長柄《ながら》素麵、大唐切

㈣変わりそば　八品

唐々切、蘭切、喰（薯蕷）麵切、東《あずま》切、白滝、白梅、白髪、更科

㈤記載のないもの　一〇品

蕨切、菊切、青切、赤切、黄切、黒切、白切、土《ど》切、寿々《すず》切、笹切

そば粉より小麦粉をベースにしたものが多く、全体の約六割を占めており、それぞれ簡単に製造法が付記されている。品名としては、寛政（一七八九〜一八〇一）ごろまでにあったものでもれているのは百合切・胡麻切・芥子麵くらいで、ほとんど網羅されている。

こまいた【小間板・駒板】

そば、うどんを包丁切りするときに用いる木製定規。四角い薄板で包丁を当てる一辺に堅木の定規がはりつけられている。こま板をずらしていく間隔でめんの太さが決まる。使う使わないは個人の好みによる。こま板を使わずに、生地にそえた左手をず

らしながら切ることを「手ごま」ともいう。→てごま

ごまきり【胡麻切り】

黒ゴマの粉末をそば粉に練り込んだ変わりそば。けし切りと並んで、香ばしさを味わう。黒ゴマを炒り、油を出さぬよう、すり鉢ですったあと、ふるって粉末にする。そば粉一kgに対し二五〜三〇gの粉末を混ぜ合わせて練り込む。ゴマは、粉末というより粒状にして混ぜ合わせるので、そばになじみにくい。そのため多少加水量をふやし、軟らかめに打つのがポイント。また、のす際に、ゴマの油で、のし台上で生地がすべりやすく扱いにくい。色は黒みがちになるので、五色そばの黒の変わりそばとして用いられる。

こむこう【小向】

[隠]職人の部屋を通さずに、直接店が職人を雇い入れること。「コ」は接頭語で、相対で決めることから。

ごむそば【護謨蕎麦】

明治十六年（一八八三）ごろ、浅草にあった花月庵が売り出したそば。ゴムのように弾力性のあるそばの意だが、ややオーバーなネーミングといえる。

こめいち【米市】

慶応三年（一八六七）には営業していた

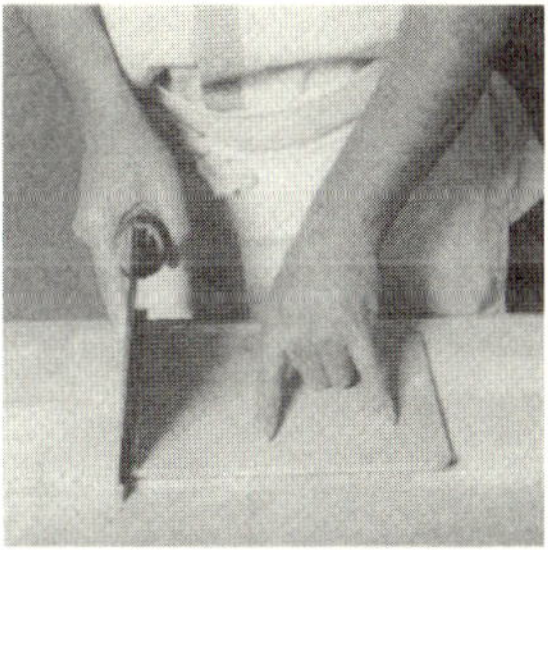

●小間板

そば店で、大正はじめに廃業か（冬木町一〇番地、山川幸太郎）。明治三十三年（一九〇〇）版の『東京百事便』に「深川冬木弁天の境内にあり、池に臨みて離家数多あり、景色もよろしく特に茶蕎麦・卵蕎麦は格別なれば、遠方より杖を曳くもの多し」とあり、当時の名店だった。

こめそば【米蕎麦】

↓そばごめ

ごもくそば【五目蕎麦】

五目とはいろいろな具を入れた種物の意。しっぽくの系統に入る。戦後、中華そばの五目ラーメンが売り出され、そば店の五目そばは品書きにみられなくなった。

コロッケそば【コロッケ蕎麦】

鶏の挽き肉をコロッケにして上置きした種物。明治三十一年（一八九八）、雑誌『太陽』掲載の文学者斎藤緑雨の随筆『ひかへ帳』に「コロツケツト（仏 Croquette）蕎麦といへるを、花屋敷の吉田にて出したり」とあり、コロッケそばの登場を紹介している。花屋敷は現在の東京日本橋浜町、吉田は座敷をしつらえた当時有名なそば店だった。第二次大戦中疎開したまま廃業となった。銀座の「よし田」はこの流れをくみ、コロッケそばも健在である。

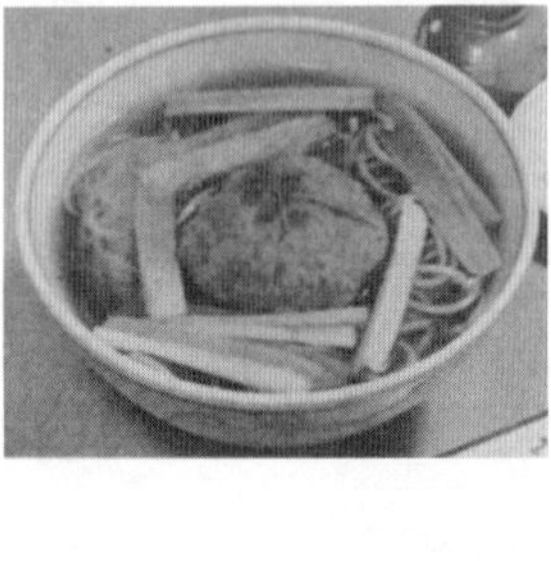

●コロッケそば

こんごうき【混合機】
そば粉と水をよく混ぜ合わせるための機械。ミキサーのこと。

ごんたそば【ごんた蕎麦】
切り幅などが揃わないそば。（鹿児島県）
栃木県塩谷郡栗山村（現・日光市）ではデンズダンズのそばという。デンズダンズ（仙台・宮城県登米郡（現・登米市）・岩手県東磐井郡）。デンズダンス。（常陸）

ごんぱちからみ【権八辛味】
ダイコンにトウガラシをさし込んでおろしたもの。わんこそばに欠かせない薬味の一つ。（岩手県）
一般には、紅葉おろしという。

こんぶきり【昆布切り】
粉末にした昆布をそば粉に練り込んだ変わりそば。板昆布を火でよく乾かしたのちミキサーで粉にする。とろろ昆布をほうろくで炒ってミキサーがけしてもよい。そば粉一kg当たり昆布の粉五〇gの比率で混ぜる。あまり焼きすぎると味が変わってしまい、こげ臭もつく。『小堀屋秘伝書』には「黒切」とされており、「こんぶ黒やきにして」とあるが、変わりそばか変わりめんかは定かではない。

さ

さいめん【再麵】

わんこそばにみられるように、給仕人が大勢いて、客の椀があくとすぐうしろからそばを投げ入れ、ひっきりなしにおかわりをすすめる。ソバ産地によく見受けられるそば振る舞いの方法で、給仕人は「さいめん」といいながらそばを椀に投げ入れる。会津地方の「おだちそば」、出雲地方の「かけそば」もこの部類に入る。↓おだちそば、かけそば

ざいらいしゅ【在来種】

その土地で古くから栽培されてきたソバの品種。その土地の名前をつけたり（祖谷ソバとか黒姫ソバなど）、実の形状（大ソバ、小ソバ、角ソバなど）、収穫適期（夏ソバ、秋ソバ）などで呼ばれてきた。あくまで便宜上の分類や俗称で、厳密な意味での品種ではない。

さおとめふるまい【早乙女振る舞い】

新潟県や青森県では秋の収穫がすむと、村の娘たちがそばを打ち、若者を招く。男たちは酒持参で「夜酒盛り」をやる。かつての青年懇親の催しといえる。

さかいや【堺屋】

①伊勢町・堺屋↓かせんそば

②新吉原京町・堺屋↓かぐらそば

さがり【下がり】

隠職人が不始末のため解雇されること。

さくら【桜】

隠通し言葉で、そばの量を少なめに盛って出すこと。「おかわり、台はさくらで願います」となる。「きれい」ともいう。↓きん（反対語）

さくらえびきり【桜海老切り】

桜エビの粉末をさらしな粉に練り込んだ変わりそば。桜エビをとろ火で炒るなり、電子レンジで乾燥させるなどして、粉になりやすい状態にする。これをミキサーで粉砕してふるい分けた粉を、そば粉と一緒に打ち込む。エビ粉末の分量は、重量比で五%くらいを混ぜる。

さくらきり【桜切り】

裏ごしした桜の葉をさらしな粉に練り込んだ変わりそば。桜餅などに使われている桜の葉を蒸して塩漬けしたものを、まず塩抜きする。葉脈の硬い部分を取り除く。これをミキサーにかけて糊状にし、裏ごししてそば粉に打ち込む。桜の葉は五〇枚で一束になっており、これでそば粉一kgくらいの組み合わせでよい。風味の高いそばができる。

さげじゅう【提重】

提げ重箱の略。提げて持つように作った組み重箱。柳亭種彦著『還魂紙料《かんこんしりょう》』下の慳貪の条に、「提重と『江戸鹿子』にあるは、一名を大名慳貪といふ。鹿《て》悪《あく》なる蒔絵をし、又青貝にていさゝか粧《よそほ》ひたるもあり。正徳（一七一一〜一六）の比《ころ》までも流行《おこなはれ》て」と述べている。『嬉遊笑覧』巻十、提重に「又一種の箱あり、大にして四角なり、内にへだて有て幅の狭き方に汁つぎの箱辛み色々入、貞享の『江戸鹿子』に提重とあるはこれらをいふ。後に忍びけんどんともいへり」とある。『江戸鹿子』は藤田理兵衛が著した貞享四年（一六八七）版の地誌で、巻六に提重として、堀江町若菜屋・本町（布袋屋）・新橋出雲町の名を挙げている。

また元禄五年（一六九二）版『諸国買物

調方（宝）記』には提重として、若菜屋、布袋屋が挙がっている。↓だいみょうけんどん

さけつなぎ【酒繫ぎ】

酒を加えて作るそば。つなぎは用いずにそば粉だけで作る。太打ちの角が煮崩れしないために入れる場合が多い。酒だけで練り上げることもできるが、ゆで上げてから酒の香りが強すぎて一般的ではない。酒一五〇㎖に対して水三〇〇㎖を加えたもので練り上げる。これでも相当に酒の香りが残る。なお、釜を早くするために酒を混ぜる場合は粉一升に盃一杯（四〇㎖）の分量がよい。

さげなわ【下げ縄】

隠江戸はそば、上方はうどんのことを指す言葉。（大工用語）

略してナワ（そば）ともいう。（咄家用語）

ささきり【笹切り】

笹の葉の粉末をさらしな粉に練り込んだ変わりそば。笹の葉をよく乾燥させ、ミキサーにかけて粉にする。そば粉に三％ほど混ぜ入れてそば切りを作る。七夕の日などに向く。

ささそば【笹蕎麦】

＝ささきり

ささら【簓】

竹を細かく割り、一方を針金で束ねたもの。鍋や釜などを洗うのに用いる。長さ二〇～二四㎝、太さ三㎝ほどのもの。たわしの一種。

ざざんざそば【ざざんざ蕎麦】

江戸時代、浜松にあったそばの老舗「音羽屋」の別称。↓おとわや、そばどうちゅうき

さしそば【差し蕎麦】
宴などで酒の杯をやりとりする代わりに、そば椀を互いにかわすこと。山国らしい風習である。（徳島県三好郡東・西祖谷《いや》山《やま》村〔現・三好市〕）

さしみず【差し水】
そばをゆでる過程で、湯が沸騰して吹きこぼれるほどになったときに入れる水。再び沸騰する間にそばの芯に火が通る。差し水するとそばがびっくりして下の方へもぐるので「びっくり水」ともいう。

さなご【さな粉】
①粉をふるうときにふるいに残る粗い粉。サナはサマ（狭間）と同じで、以前は窓または目のあるものを指し、ふるいの目から出ないで残る粉だからサナゴと呼ばれる。（東京西郊・静岡県周智郡・山形県東田川郡）
②ままこ。（山口県豊浦郡〔現・下関市〕）

さなだじる【真田汁】
→おにじる

さらしな【更科】
更科の総本家は東京・麻布十番にある永坂更科。寛政二年（一七九〇）に初代太兵衛（八代目清右衛門）が「信州更科蕎麦処布屋太兵衛」の看板を掲げた。これよりさき寛延（一七四八〜五一）ごろ、すでに横山町甲州屋が「さらしなそば」、浅草並木町斧屋の「更級そば」の名を掲げていたが、ほかにも、店名の上に「信濃」「戸隠」「木曾」「寝覚」などを冠する店が多く、それほど信州そばの名声は高かった。永坂更科の看板商品は一番粉（さらしな粉）を使った白い御膳そばで、本店のほか神田錦町・銀座・有楽町更科などが身近な系列店として知られる。更科の屋号は、更科そばが喧伝されて生まれた俗称であろう。平成十一年現在、麻布十番には、永坂更科布屋太兵衛（小林正兒社長）、麻布永坂更科本店（馬場進社長）、総本家更科堀井（八代目・堀井良造社長）の三店がある。

さらしな【更級】

信州（長野県）の郡名。その中心地篠ノ井《しののい》は江戸時代には、そば粉の集散地であったために、信州更級の地名が広く知られるようになった。そのため店名の「更科」と混同される。

さらしなこ【更科粉】

ソバの実の芯の、ほぼでんぷん質だけでできている部分のみを挽いた粉。一番粉をさらしな粉と称することが多いが、厳密には、製粉方法が異なり、色が真っ白で、ホシ（ヘタの部分の粉砕物）が一つもなく、香りがほとんどない純度の高い一番粉を、さらしな粉という。具体的には、ソバの外皮を取り除く「挽き抜き」の工程で、五つくらいに割れた「上割れ」（ヘタの目くそのついたものは取り除く）を選び、石臼の上下のすき間を気持ちあけて軽く挽き、ふるいにかける。こうして製粉されたさらしな粉は、色物の変わりそばに最適で、ユズや抹茶など混ぜ込む材料の色や香りや味が生きてくる。↓いちばんこ、ごぜんこ

さらしなそば【更科蕎麦】

さらしな粉で打つそば。色が白く、見た目の美しさと舌ざわりのよさは格別。↓ゆごね

さらしなぶくろ【更科袋】

おでん種の「ふくろ」に似た煮物。油揚げを袋状にし、そば、クルミ、その他好みの薬味を詰めてカンピョウなどで結んだもの。濃いめの汁で煮る。

さらそば【皿蕎麦】
応仁の乱を起こした山名宗全の居城のあった出石《いずし》は、但馬（兵庫県）の小京都として明治まで城下町として栄えた。宝永三年（一七〇六）に信州上田から入封した仙石越前守政明が信州そばを伝えたともいわれ、そばが名物になっている。出石焼の平皿にそばをもり、つゆをかけてすすり込むため、この名がある。五皿が一人前。挽きぐるみのそば粉、芋つなぎという。「出石そば」の別称がある。→いずしそば

サラダそば【サラダ蕎麦】
冷たいそばに野菜をたっぷりとあしらった種物。季節は夏。もり汁にマヨネーズ、ドレッシングを加えた洋風や、ごま油風味の中華風など、味つけも工夫されている。ダイエット食として、若い女性の支持も増大している。

●さらしな　永坂更科蕎麦店の図（明治三十五年・一九〇二版、山本松谷画『風俗画報』より）

●皿そば

さらもり【皿盛り】
江戸時代には一般に皿もりだったが、末期になると、せいろも現れ、嘉永六年（一八五三）ごろに完成した『守貞漫稿』によると深皿と丼と両様掲げてある。また「黄表紙」のさしえにも深皿風のものが見られる。明治になっても、京都河道屋では「せいろう弐銭、さらもり壱銭」と書き出していた。

ざる【笊】
竹で編んだ器。最近はステンレス製が多い。「揚げざる」「ためざる」「振りざる」とあり、揚げざるはゆで上がったそばを釜からすくい上げるざる。ゆで釜にすっぽり入る大きさで、横に渡っている太目の竹である「骨」の数が一五本（二番釜用）、一六本（一番釜用）とがあり、ざるのなかでも最も使用のはげしいもの。うどん用の揚げざるは骨をさらに太くしてより頑丈に作られる。これはうどんの方がそばより重いため。ためざるは洗い上がったそばをためておくざる。揚げざるよりも平べったく作られている。骨は一四本。振りざるはそば、うどんを温めるときに用いられる。種物用のそばやうどんをこの中に入れて温めたのち、振って湯を切るところからこの名が出た。

さるごま
黄蜀葵《とろろあおい》の異名、ネーレとも。根の部分を、そばのつなぎに使う。（群馬県勢多郡富士見村〔現・前橋市〕・北橘村〔現・渋川市〕、北群馬郡榛東《しんとう》村）

ざるじる【笊汁】
ざるにはざる用のつけ汁を別に作ることがあり、もり汁と区別して呼ぶ。その場合は御膳がえしを少々加える。↓ごぜんがえ

し、もりじる

ざるそば【笊蕎麦】

本来は竹ざるに盛るからこの名がついた。海苔をかけるのは明治以降の現象で、「ざる」すなわち「海苔かけ」ではない。本来はなにもかけずに、ワサビを添える。また、もり汁よりややコクのある「ざる汁」を用いた。『武江年表』寛政三年（一七九一）の項に「深川洲崎名物の笊そばは、九月の高波の後絶えたり」とある。深川の笊そばは伊勢屋（伊兵衛）といい、名店として評判が高く、ざるそばの元祖。

さるぼお【猿頬】

隠江戸方言で片手桶。猿は「去る」に通じるのを忌み、反対に「得て」といい、職人はエテボオと呼んだ。サルボとも。「さるぼうにある水でながしの瓜のたねをおんながし」（安永九年・一七八〇『当世阿多福仮面』）↓かたておけ

さんかく【三角】

隠ソバのこと。ソバの実は三角だから。略してカドとも。夏角、秋角という。

さんかくごめ【三角米】

大正ごろまではソバが主食であり、三稜形のためサンカクゴメと称した。（長野県南佐久郡川上村）

●ざるそば

さんしょうきり【山椒切り】
サンショウの粉をそば粉に練り込んだ変わりそば。サンショウの粉はごく少量でよい。そば粉の重量の一％ほどの混入。

さんしょくそば【三色蕎麦】
五色そばから二色を抜いたもの。普通は白、赤、青が使われ、さらしなそば、海老切り、茶そばなどになる。三月三日の雛の節句には欠かせない供物である。

さんたて【三立て】
挽きたて、打ちたて、ゆでたて、をいう。うまいそばの三条件であるが、切りたての「包丁下」は避ける。福島県では「三掛《が》け」とも称している。穫りたてを加えて「四たて」という。

さんどそば【三度ソバ】
ソバを、春の彼岸（春分を中日として、その前後各三日）にまき、七月にまいて、秋の彼岸ごろにまたまく。三度目の播種は一般のソバと同じ時期である。品種は普通ソバと異なり、丈がやや低い。（鹿児島県始良郡始良町（現・始良市））
鳥取で栽培されていたソバの在来種。現存しない歴史上の品種。

さんばんこ【三番粉】
一、二番粉の挽砕を経て、種皮（甘皮）といわれる糊粉層も挽き出されてくる。ソバ本来の香味や色調を持っている。栄養成分も多く含まれる。ただ食感は一、二番粉に比べ劣る。「表層粉」ともいう。

さんまそば【秋刀魚蕎麦】
漁村のそば料理である。鰯そばと同系統で、脂味が強いので、脂を抜くことが肝心。サンマを蒲焼きにし、これを熱いかけそばに上置きした種物となる。サンマの脂の多い魚臭さがそばの味と合いにくいが、蒲焼きにすることで調和する。

し

しあんそば【思案蕎麦】

旧年を回顧し反省する気持ちで大晦日に食べるそば。→としこしそば

しおじり【塩尻】

尾張藩士で国学者の天野《あまの》信景《さだかげ》により、元禄年間（一六八八〜一七〇四）から没する享保十八年（一七三三）までの三十余年間に書かれた雑録。『塩尻』巻十三、〔宝永年間〕蕎麦切りの条に、「蕎麦切は甲州よりはじまる、初め天目山へ参詣多かりし時、所民参詣の諸人に食《めし》を売《うる》に米麦の少かりし故、そばをねりてはたご（旅籠）とせしに、其後うどむを学びて今のそば切りはなりし、と信濃人のかたりし」と、信州人からの聞き書きがある。

じがみだんご【地神団子】

陰暦十月十日にはそば粉に黍粉《きびこ》を混ぜた団子を作り、その年の土の神に感謝祭をし、親類にも配る。十月になると、八百万《やおよろず》の神々が出雲の大社に集まるので、村には神様がいなくなるが、地神様だけは残って守ってくださる、と信じられている。（福島県南会津郡檜枝岐《ひのえまた》村）

しきぞめそば【敷初め蕎麦】

江戸「新吉原」の全盛時代には、馴染みの客が大夫の名のある花魁《おいらん》に夜具一式を新調して贈る敷初めの祝いがあった。このときに客が妓楼関係者一同へもりそばを振舞う風習がある。これを「敷初めそば」という。大田《おおた》南畝《なんぽ》著『松楼私語』によれば、そば代金は三両二分だったという。川柳に「敷初はそば屋がいつち早く知り」とある。

じげんいん【慈眼院】
東京都文京区小石川の無量山伝通院《でんづういん》の境内にある寺院。願解きにそばを供えることで知られる澤蔵司稲荷が祀られている。↓そばきりいなり、たくぞうすいなり

じごくそば【地獄蕎麦】
↓かまあげ

じじがそば【爺が蕎麦】
江戸中期（元禄十六年・一七〇三から寛政四年・一七九二）ごろに栄えたそば店。雑司ケ谷鬼子母神《ぞうしがやきしもじん》の東の方の藪のなかにあった百姓家で、藪そばの元祖。『蕎麦全書』上には、「藪の中爺がそばとて、雑司谷の路辺藪の中に小家有りてそばを拵へ売れり、生そばにてまじりなしとて、人々大きに賞し、手前より汁を拵へたづさへ往きて食する者あり。田舎そばはよろしけれ共、汁悪敷《あしき》故也」とある。『拾遺続江戸砂子』（享保二十年・一七三五）巻一にも、「雑司谷鬼子母神　藪の蕎麦切　社地の東の方、茶屋町をはなれて藪の中に一軒有」と紹介されている。↓やぶそば

じしょうにっき【慈性日記】
近江多賀神社の社僧（神社で仏事を修行した僧侶）慈性の、慶長十九年（一六一四）から寛永二十年（一六四三）までの日記。冒頭に近い慶長十九年二月三日の条に、「一、常明寺へ、薬樹・東光ニもマチノ風呂へ入らんとの事にて行《いき》候へ共、人多く候てもどり候。ソバキリ振舞被申《もうさる》也」とある。この日、仲間と町の銭湯へ出かけたが、混んでいたのでやめて帰り、常明寺でそば切りの馳走になったという内容だが、格別珍しがっていないところから、慶長年間にはそば切りが作られていた、と推定できる。

じぞうそば【地蔵蕎麦】

諺山口県の東部では、旧暦七月二十四日は児童が石地蔵に香花を供えて祀る地蔵盆に当たり、このころにソバをまくのが適期だという。いまは新暦八月二十四日に催される。

しそきり【紫蘇切り】

青ジソをさらした粉に練り込んだ変わりそば。生の青ジソ（大葉）に水を加えてミキサーで攪拌し、そば粉に混ぜてこね上げる。爽やかな緑のそばになる。粉一kgに対してシソの葉五〇枚ほどが適量。

したがま【下釜】

そば屋の職制の一つ。釜の火加減をみながらのゆで専門の職。↓かままえ

したじこ【下地こ】

青森県津軽地方では、そばつゆのことをいう。

したじそば【下地蕎麦】

長野県南安曇《あずみ》郡奈川村（現・松本市）では、もりそばのことをいう。

しちじゅうごにち【七十五日】

書名の『七十五日』は、初物や珍しいものを食べると七五日長生きできる、との俗信によるものらしく、天明七年（一七八七）春に三省舎から刊行された江戸買物案内。菓子、そば、酒、漬物、豆腐、煙草、

●爺がそば　雑司ケ谷のそば屋の賑いを描いている（享保十六年・一七三一版『江戸名所百人一首』より）

茶、料理、うなぎ蒲焼、鮨など総数三九一軒のうち、そば粉屋三軒を含めそば・うどん店（干うどんも）六八軒を収載。東向庵、東翁庵、紫紅庵、雪窓庵の庵号は浅草道光庵にあやかった屋号であり、「そば煎餅」を売り出した菓子店も一軒みられる。品名を書き並べた店が少なくないから、菓子店がめん類を売っていたことがわかるだけでなく、本書はそば店の消長を知る手がかりとしても重宝である。

しちみとうがらし【七味唐辛子】

略して「七味」または「七色」。蕃椒《とうがらし》に胡麻、陳皮、ケシの実、麻の実、山椒の実、菜種を混ぜたもの。青海苔、ユカリ（赤ジソの粉）などを入れて特徴を出す場合もある。大辛、中辛、小辛の三種がある。＝なないろとうがらし→やくみ

しっぽく【卓袱】

卓袱の唐音。元来はテーブル・クロスの意味だったが、転じて食卓そのものを指すようになり、その上に乗せる料理を卓袱料理といい、数人が食卓を囲んで食べるのが特徴。卓袱料理は長崎に伝来した中国の惣菜料理が日本化したもので、「長崎料理」ともいう。この料理のなかに、大盤に盛られたうどんの上にいろいろな菜肉を乗せたものがある。これをいち早くまねて、大平椀に盛った「しっぽくそば」が寛延（一七四八〜五一）ごろ江戸で売り出された。『蕎麦全書』上には、「瀬戸物町近江屋芳野葛入りそばあり、この頃しつぽくをするよし。……近き頃人形町に万屋とて新店出来、しつぽくそばを出せり。そはなかなか宜しとてもてはやせり」とあるが、卓袱の東遷からみて京坂のめん類屋が先に始め

たとも考えられるが、資料は見当たらない。『そば手引草』（安永四年・一七七五）によれば、「松茸・椎茸類、薯蕷或いは大和薯蕷（つくいも）、烏芋（くろくわい）、麩及び芹の具を加入す」とあるが、幕末のころは焼き鶏卵、かまぼこ、シイタケ、クワイなどを加えたものが一般的となった。江戸はそば、京坂はうどん台が決まりである。

しっぽくもどき【卓袱擬】
　そば、またはうどんを加えた雑煮。

しながき【品書き】
　品名を列挙して書き示したもの。お品書き。献立、お献立の呼称は適切ではない。
↓れんいた

しなのいちごう【信濃一号】
　昭和十九年（一九四四）に長野県農業試験場桔梗ケ原分場（現・長野県野菜花き試験場）が、福島在来系統から選抜固定したソバ品種。夏型と秋型の中間型で、粒は濃褐色。播種期の幅が最も広い品種の一つで、関東北部から中国地方にかけてかなり広範に栽培されている。品質的にも高く評価されている。

しなのむし【信濃蒸し】
　＝しんしゅうむし

しなのや【信濃屋】
　①江戸瀬戸物町信濃屋。『本朝世事談綺』には、けんどんそばを初めて工夫した

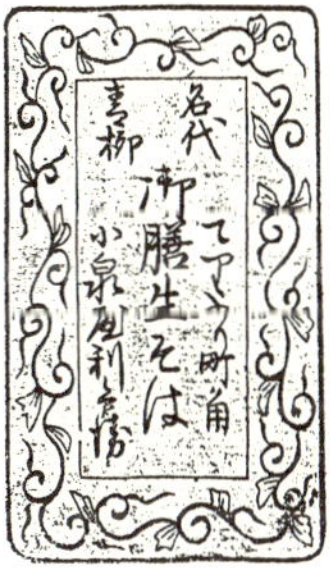

●『七十五日』

とあるが、年代が明らかでない。

②新材木町信濃屋。ぶっかけそばの元祖という。

③和泉町信濃屋。信濃そばを名目にし、ダイコンのせん切りを添えて出した。

④大坂瓢箪町三丁目信濃屋。宝暦九年（一七五九）版『浪花青楼志』によれば、そば店で宝永・正徳（一七〇四〜一六）ごろ繁盛したが、享保九年（一七二四）に類焼後、断絶したという。

しぼりじる【絞り汁】

ダイコンおろしの絞り汁、またそれに味噌などで味をつけたつけ汁。昔からソバの産地では、そばのつけ汁はダイコンのそれがそばに合うとして賞味された。享和二年（一八〇二）版『料理早指南』三では、しぼり汁の作り方を「蕎麦にのみ限りたる事なり。木曽大根を熱き灰の中へしばらく入れ置き、おろして布ごしにして、焼味噌を少しすりて大根の汁にてよくすりまぜ、又布漉しして遣《つか》ふなり」と説明している。

しまいそば【仕舞い蕎麦】

そば店が看板（終業）になると、外番をはじめ中台、釜前、花番に至るまで一同が集まり、釜前の手によって大きなためざるにいくちょぼも盛られたそばをすすり合うこと。戦前の看板は午後十二時ごろが通常だった。

しもごえに そばがら【下肥に 蕎麦殻】

[諺]ソバ殻は、よく枕に使われるが、この場合はソバの茎の方言である。ソバの茎は他の農作物よりカリウム成分に富み、水溶性であるから、ソバ茎を入れた下肥は窒素のほかにカリ分がふえ、肥効が高くなる。そのうえ、下肥運搬の際にこぼれにくくなるという利点もある。

しもつきゆさん【霜月遊山】
十一月十五日、若い嫁婿が新そば粉を持って里に帰る習わしをいう。（埼玉県桶川市）

じゃくしょうあん【寂称庵】
寛延三年（一七五〇）ごろの刊行と推定される洒落本『烟花《えんか》漫筆《まんぴつ》』の叙説に、「かのうどんの粉をあたへし今の寂称庵にて、絶ずそば切にて諸人のおとがひをゆるくす」とあり、大坂で庵号をつけた最初のそば店である。安永九年（一七八〇）序『粋のたもと』や、天保六年（一八三五）改正補刻版『国花万葉記』に生駒とともに名物そばにあげられ、店の所在は道頓堀だった。なお、寂処と記した本もあるが、寂称が正しい。↓あん

しゃくせんぎり【借銭切り】
一年中の借金を打ち切るとの意味で食べる年越しのそば。↓としこしそば

しゃくちりそば【シャクチリソバ】
＝しゅっこんそば

しゅっこんそば【宿根ソバ】
ソバの野生種。多年生で、地下に黄赤色の肥大した根茎がある。冬は地上部の茎葉は枯れてしまうが、春になると地下の根茎から新しい芽が出て四方に広がっていく。古くから漢方薬として利用され、日本では明治時代に薬草として中国から導入された。別名「シャクチリ（赤地利）ソバ」。若葉が食用になるため「野菜ソバ」とも呼ばれる。

しゅっせあん【出世庵】
『酒飯手引草』に「白菊そば出世庵市五郎」とあり、芝口三丁目にあった。芝のまこと庵と浅草の正直そばに、出世庵の三店の名をよせた「まこと、正直、出世」は、

若者の戒め言葉にまでうたわれたという。

しゅっせそば【出世蕎麦】
そばは縁起がよいためにいう。〔岡山県邑久《おく》郡牛窓町平山〔現・瀬戸内市〕〕

じゅみょうそば【寿命蕎麦】
そば切りは長くのびるので、延命長寿を願って年越しに食べた。→としこしそば

しゅんかんせいめんき【瞬間製麵機】
粉と水をセットしておけば、ボタン一つで短時間にめんができる製めん機。ボタンを押すと一定量の粉に霧状の水が吹きつけられ、ミキサー部でこねられる。さらにローラー部で圧延され、カッター部で切られて出てくる仕組み。一食当たりの所要製めん時間は二〇秒前後。自動製めん機とも呼ばれる。

しゅんぎくきり【春菊切り】
すりつぶしたシュンギクをそば粉に練り込んだ変わりそば。そば粉の分量の二〇％ほどのシュンギクを用意し、ミキサーですりつぶして、そのままそば粉に練り込めばよい。色あざやかな、おいしい変わりそばとなる。

しょういちこくし【聖一国師】
駿河国安倍郡（現・静岡市）に生まれ、五歳のときに久能山堯弁和尚に弟子入りし、のちに上野・長楽寺、鎌倉・寿福寺などで修行し、嘉禎元年（一二三五）に宋に渡り、天台の奥義を極め、さらに諸師に参じ禅を修めた。仁治二年（一二四一）筑前博多に帰り、同地に承天寺を開き、寛元元年（一二四三）関白九条道家の招請により京都・東福寺の開山となった。国師は在宋中、仏教のほか医薬、物理などの学問も研鑽され、帰国後は力学の原理を応用しての米、麦、ソバを挽くことを教え、また製め

んの技術も伝えたという。同師がもたらした製粉の図解・説明書は東福寺の寺宝として保存されている。↓じょうてんじ

しょうおういん【称往院】

↓どうこうあん

じょうがえし【上返し】

＝ごぜんがえし

しょうがきり【生姜切り】

ショウガの絞り汁をそば粉に練り込んだ変わりそば。ショウガをすりおろし、ガーゼなどにくるんでよく絞り出した汁を利用する。ショウガ一〇〇gで四〇～五〇㎖ほどの絞り汁がとれる。そば粉一kgにはこのくらいが適量。ほのかにショウガの香りがするおいしいそばができる。

しょうがつそば【正月蕎麦】

そばを清めの食べ物として、正月元日、二日、十五日、晦日に打って食べる風習。甲信越や東北の一部などに見られたという。

しょうかてい【松下亭】

斎藤月岑《さいとうげっしん》の『武江年表』巻九、安政元年（一八五四）の条に「夏の頃より入谷に松下亭といへる蕎麦屋出来る。庭中に池をほり少しく趣をなせり」とあり、入谷の蘭麺である。

大正十一年（一九二二）発行の『江戸の夕栄』にも手打ちそばの有名店として名が挙がっている。↓えどこうきからめいじのめんるいてん、らんめん

しょうぎ

ざるのこと。（栃木県足利市・群馬県佐波郡・埼玉県行田市忍《おし》）「笊《いかき》　西国及び出雲・石見・加賀・越前・越後にて、せうけと云、武州岩附（埼玉県岩槻市〔現・さいたま市〕）にて、せうぎ」（『物類称呼』四）

しょうじきそば【正直蕎麦】

寛永年間（一六二四〜四四）浅草で戸板の上に黒椀に盛った生そばを売ったのが始まり。延宝元年（一六七三）南馬道町に移って繁盛。宝暦五年（一七五五）駒形にも出店した。正直そばの由来は、正直で小麦粉を混ぜない生そば説と値段が安くて量が多い安売り説に分かれる。本来の屋号は伊勢屋。『武江年表』の安永年間（一七七二〜八一）の記事に「蕎麦切馬道正直、駒形正直、新吉原釣瓶、深川洲崎笊そば、浅草道好（光）庵、堺町福山、牛島長命寺、雑司ケ谷藪の内、船切　麹町瓢箪屋」と江戸中期の有名店が、安永十年版の『種おろし』から転記されてある。

じょうしょうじもんじょ【定勝寺文書】

長野県木曽郡大桑村須原の古刹・定勝寺に伝わる文書のうち、永禄五年（一五六二）から承応三年（一六五四）の間の寺の造営や修理に関するもの。天正二年（一五七四）の仏殿の修理工事の際、「徳利一ツ、ソハフクロ一ツ　千淡内」「振舞ソハキリ　金永」などの記載があり、千村淡路守夫人が酒一本とそば粉一袋、金永という人がそば切りを振る舞ったという意味の書き付けであり、戦国時代すでにそば切りが作られていたと推定できる。現在のところこれが、そば切りに関する最古の記録とされている。昭和三十四年（一九五九）刊の『信濃史料』第十四巻に収録されたまま埋もれていたが、平成四年（一九九二）になって史料としての価値が発見された。

しょうじんじる【精進汁】

かつお節などを使わない汁。「俗のお客がやゝともすれば、精進汁で生《き》蕎麦をお望みなされます」（安永九年〈一七八〇〉酒落本『初葉《はつは》南志《なし》』)

じょうてんじ【承天寺】

聖一国師が宋より仁治四年(一二四三)に帰朝後、筑前博多に開山した寺(福岡市博多区博多駅前)。国師は、筆写した水車製粉の図面(京都・東福寺所蔵)を宋より持ち帰った他、飢餓の際に承天寺でそば餅を民に振る舞ったとか、ソバ栽培法を説いたなど、粉食文化の普及に大きく貢献したといわれる。境内には、めん食に関わる国師の遺業を後世に伝承する目的で、昭和五十七年(一九八二)に地元の製めん業者によって建立された「饂飩蕎麦発祥之地」の石碑がある。↓しょういちこくし、としこしそば

じょうよまんじゅう【薯蕷饅頭】

まんじゅうの一種。本来は〝じょよまんじゅう〟と読む。上新粉、ヤマノイモ、砂

●定勝寺文書　そば切りの最古の記録が伝わる定勝寺

●承天寺

糖で作った皮であんを包み、蒸したもの。上用饅頭とも書く。また、そばまんじゅうともいう。→そばまんじゅう

じょけんそば【如軒蕎麦】

天明（一七八一〜八九）ごろから営業していた大坂のそば店で、寛政六年（一七九四）版『虚実《きょじつ》柳巷《さと》方言《なまり》』にも紹介された。文化四年（一八〇七）版『弦曲　粋弁当』巻四にも、如軒そば（二上り）の一曲がある。「円い頭で世話場の仕打《しうち》　若殿、傾《けい》城《せい》、庄屋殿、番頭、殿様の侍、取つた遣《や》らんのかけごひ　なんでも受込み古台詞《ふるせりふ》　世の中の金とは申せども　夜でもな昼でもな受けやんす　出しにや手の物　如軒そば」

じょしんまつば【如心松葉】

寛文二年（一六六二）創業といわれる、京都御所出入りのそば屋だった「井筒屋重久」（京都・中堂寺庄ノ内）のそば菓子（平成十一年現在、京菓子製造のみ）。そば切りの残りを工夫して松葉の形の菓子に作ったのが始まりとか。表千家七世宗左、如心斎が好んで茶菓子に用いたところからこの名がつき、広く知られるようになった。作り方は、そば粉に小麦粉、和三盆、肉桂を混ぜ、少なめの水で硬めに練り上げた生地に、芥子の実を入れ、めん棒で薄くのばし、包丁で細く切る。松葉のように元を残して一つずつ切り込み、別れた先を少し曲げて形を整える。これを鉄板に並べ、天火で焼き上げる。

しょよきり【薯蕷切り】

芋つなぎ、薯蕷つなぎともいう。→いもつなぎ、しょよつなぎ

しょよつなぎ【薯蕷繋ぎ】

薯蕷はヤマノイモの漢名。ジネンジョあるいはヤマイモ（ヤマトイモ、イチョウイ

モ）をすりおろしたものをつなぎとしてそば粉に練り込むこと、あるいはそば切りにしたもの。芋つなぎ、薯蕷切りともいう。

→いもつなぎ

しらうおそば【白魚蕎麦】

シラウオを使った種物。シラウオは日本沿岸で獲れる体長八～一〇cmの小魚。薄塩の湯で白くなるまで手早くゆでる。かけ台に焼海苔を敷き、ゆでたシラウオをその上に乗せる。淡白な味がそばによく合う。早春の種物。

しらが【白髪】

①大坂白髪町観音寺前のしらが蕎麦。②『小堀屋秘伝書』にある変わりめんの一つ。「二八の割に、卵白を入れてもむ」、とあり、白髪・白瀧も同じ製法なのに、名称が異なるのは細さの違いによるものか。③江戸本所緑町二丁目大黒屋清吉の名目

●如心松葉

●白魚そば

も白髪そば。

④極細の手延べそうめんの銘柄をいう。

しらかわそば【白河蕎麦】

白河（福島県）は奥羽白河藩十一万石松平定信の城下町。農政に意を用い、天明の大飢饉には一人の餓死者も出さなかったと伝えられている。八溝山西側山麓一帯から西白河境に至る旧陸羽街道に沿った山間部が、かつては屈指のソバ名産地だった。コシがあり、香りの高いそばができる。雅致ある白河そばの人気は現在でも生きている。

しらゆき【白雪】

栃木県足利市の「一茶庵」では、さらしな粉を二割以内の割り粉で打ったそばをこう名づけている。さらしなそば、御膳そばと同じ。↓そばこ、ゆごね

じりやき【じり焼き】

↓たらし

しるかん【汁看】

隠汁がなくなったので看板（終業）にすること。そば店では汁は時間をかけて入念に作るので、おいそれと間に合わない。

しるつぎ【汁次】

辛汁が入れられて、客に出されるもの。塗りもので角と丸の二種類がある。大正末期までは変わりそばは二枚で一人前だったので、汁つぎはつきものだった。

しるたんぽ【汁湯婆】

↓たんぽ

しるとっくり【汁徳利】

辛汁を入れ、客に出すための容器。陶磁器のものが一般的。前もって猪口に辛汁を入れて出し、汁徳利をつけない店も多いが、猪口に入れる辛汁の量が加減できた

り、そば湯を飲む上では必要なそば道具である。

しろゆうそば【素魚蕎麦】

シロユウは素魚（シロウオ）の意。ハゼ科の魚で、新潟県佐渡地方ではこう呼ぶ。春四月、国府川・真野川へ産卵のため上がってくるシロウオを、独特の簗《やな》ですくいとり、水を加えず塩味で煮る。ぬるぬるした粘液が出るが、これをそばにかけたもの。玉子とじにもする。

しんしゅうおおそば【信州大ソバ】

信州大学農学部によって「信濃一号」から育成されたソバの四倍体品種。昭和六十年（一九八五）に品種登録された。中間型よりやや秋型で、粒は大粒で黒褐色。栽培適地は、本州中部を中心とした準高冷地。

→よんばいたいひんしゅ

しんしゅうそば【信州蕎麦】

信州といえば古来ソバの名産地とされてきた。山国信州では田畑が少なく、高原地帯ことに山あいの傾斜地を切り開いてソバを栽培してきた。ソバの栽培は高冷地の地味と気候に適しているので、信州では各地で良質のソバが穫れ、信州の風土を代表する食べものになり、信州そばの名も広く知られるようになっていった。そば打ちの特

●汁徳利

徴としては、小麦も貴重な穀類であったため、そば粉だけで打つ生粉打ちが基本で、地域によって、山ゴボウの葉脈を入れたり、小麦粉を用いることもある。また、湯ごねの手法が一般的で、女性がそば打ちの担い手であったことから、女性の力でも打てる合理的な手法が生み出されたといえる。一般に菜切り包丁をやや大きくしたような包丁が用いられ、こま板を使わないなども、信州のそば打ちの原型が農家の女性の仕事にあったことを伝えている。また、そば切りだけでなく、そばがき、お焼きなどそば粉を使った郷土食も多彩で、長い間そばどころとして生活に密着していた。最近は、信州各地で改めてそば文化が見直され、地域おこしの核にしたり、そばのふるさと信州をアピールしている。↓かいだそば、かしわばらそば、からさわそば、かわかみそば、きりしたそば、とがくしそば、とみくらそば

しんしゅうむし【信州蒸し】

魚でそばを包んで蒸した料理。信州がソバの産地であることから。信濃蒸し、そば蒸しともいう。タイ、ヒラメなどの淡白な白身魚を用いる。そばつゆをかけ、ダイコンおろし、ネギなどの薬味を添える。そばを魚に巻きつけたり、上に乗せる作り方もある。

しんそば【新ソバ・新蕎麦】

①秋に収穫されたばかりのソバ。一般的に年内のうちは新そばといわれる。↓あきしん、そばこ

②新ソバで打ったそばのこと。

じんだいじそば【深大寺蕎麦】

享保二十年（一七三五）版『拾遺続江戸砂子』第一に「江戸より七里中野の先。当

所の蕎麦は潔白にして、すぐれて軽く好味也。此所は黒ぼこ土にて蕎麦に応ぜり」とあり、深大寺とその周辺から産したソバの総称で、そば店としては文久年間（一八六一～六四）に農業のかたわら始めた嶋田屋が元祖といわれている。なお、深大寺は浮岳山昌楽院（東京都調布市深大寺元町）といい、インドの鬼神深沙大将を別に祭ってあるところからその名がつけられた。深大寺そばが有名になったのは、元禄年間（一六八八～一七〇四）深大寺の仕職が天台宗輪王寺門跡第三世公辨法親王に、自坊で打ったそば切りを献上したのがきっかけで、公辨はことのほかその風味をめでて、御一門や諸大名に吹聴されたので、にわかに名高くなった。門前そばが軒を並べるようになったのは昭和四十年代以降からで、平成十一年現在で二六店を数える。

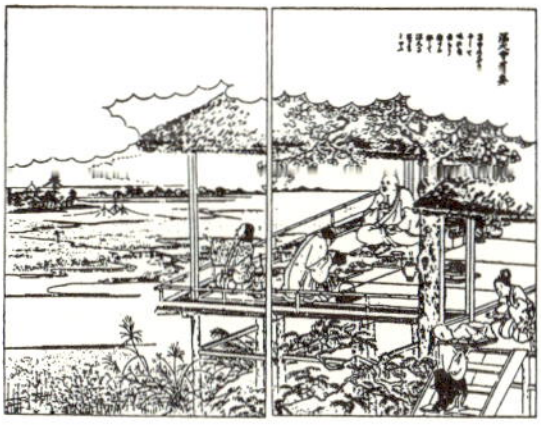

●深大寺そば（文政十二年・一八二九版『江戸名所図会』より）

しんぺんそばものがたり
【新編そば物語（正・続）】

岡沢木一郎著。四六版（正）一一四頁、（続）一九一頁。（正）昭和二十八年（一九五三）二月、（続）同二十九年二月。私家版。信州人の書いた蕎麦の本として特色がある。そばの道一筋に生き、昭和三十年四月三十日、七十四歳で逝去。いわゆる文学青年のころ、「平民新聞」（幸徳秋水主宰）

に関係したことが祟って、長野市権堂《ごんどう》町に隠退。以後多年読書に励み、同時にそば打ちの技術に熱中した。

す

すいの【水嚢】
すいのう（水嚢）の方言。
①群馬、栃木県足利市、愛知、福井県坂井郡、三重、徳島、愛媛などでは、ふるいをいう。
②めん類などをすくう口径二四cmほどのざる。岩手県二戸郡一戸町のすくいざるは丸く、柄が木でできている。群馬県碓氷《うすい》郡（現・安中市）、埼玉県大椚《おおくぬぎ》村（現・ときがわ町）、山梨、長野県東筑摩郡ではざるをいう。↓すいのう

すいのう【水嚢】
底を馬尾毛または金属で張ったふるい。または竹で編んだ揚げざる。めん類などをすくって水をきるのに使う。そば店ではゆで釜からそばをすくい上げる取っ手つきのざる。うどんにも用いる。

すえこ【末粉】
玄ソバを製粉するとき、三番粉を挽いたあとの最後に挽かれて出る粉で、種皮と子葉部からなる。皮に近い部分で、たんぱく質と繊維質が多い。香りは高いが、歯ぬかりがして、食感はよくない。主に乾めん、生めん用に利用されている。殻などがあり食用に適さないものを「さなご」という。
↓さなご

ずくしくさ【熟柿草】
方言でソバのこと。ズクシは熟柿の意。秋にソバの花が咲くころになると、柿が熟

れて食べられるところから。（山口県大津郡（現・長門市））

すずきり【寿々切り】

江戸末期のめん類技術書『小堀屋秘伝書』にみえる篠《すず》、笹の葉の粉末を水に加えて練ったためん。「男（雄）竹のみ粉にして、白砂糖にてとき、その水にてもむべし」とあり、「笹切《ささぎり》」は「女竹のみ粉にして、右同断」とある。

すすはきだんご【煤掃き団子】

十二月下旬の煤掃き（煤払い）のあとに食べる団子。そば粉と米の粉で作る。（新潟県佐渡郡赤泊村（現・佐渡市））

すすはらいそば【煤払い蕎麦】

江戸時代、歳末の煤払いのあとで食べるそば。幕末の江戸城内の大奥でも煤払いのあと奥女中がそば振る舞いにあずかった。日光東照宮でも煤払いそばは慣例とされている。町家で煤払いするときは事前に断り、近所や知人が煤見舞いとしてそばを贈った。「煤掃きそば」ともいう。『言継卿《ときつぐきょう》記《き》』の天文元年（一五三二）十二月十六日の条に、禁裏では御煤払いのあと、入めんで一盃飲むのが恒例だとあるから、そばよりもそうめんのほうが源流だといえよう。

すだれ【簾】

せいろに敷く細く割った竹などで編んだ

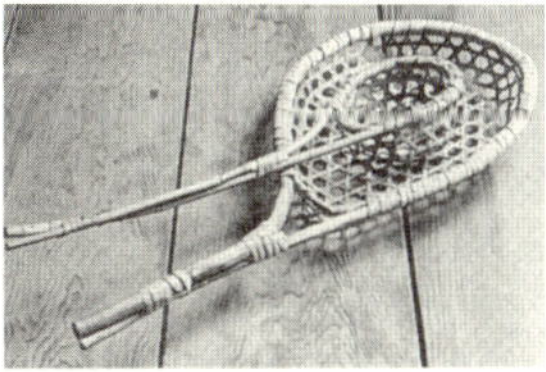

●すいのう　揚げざるとして用いる竹製のすいのう（大）と、湯じかご（小）

もの。せいろに敷かれるすだれは千葉、茨城産の真竹《まだけ》が使われる。十月～二月の竹を材料とし、潮風に当たって身がしまっているものがよい。以前は角せいろの簀《す》ははめ込み、丸せいろの簀は取りはずしのできる「置《お》き簀《す》」と決まっていたが、戦後からは衛生面の見地もあってすべて置き簀になっている。

すなばそば【砂場蕎麦】

大坂は新町遊廓の旧西大門のあった新町二丁目と三丁目の境にあたる南北筋の南側小浜町は俗に砂場と呼ばれた。この砂場門際に和泉屋《いずみや》、砂場角に津国屋《つのくにや》とそば屋が二軒あって、両方とも和泉国の出身だった。和泉屋（太兵衛）の創業については、大坂の絵師長谷川光信が市中および近郊の名物や風俗を描き狂歌を賛した『絵本御伽品鏡』（享保十五年・一七三〇）下に、「いづみや」ののれんを掛けた店の絵が載っており、享保頃には営業していた。さらに元禄七年（一六九四）刊の咄本『遊小僧《うかれこぞう》』第三、「蕎麦切はや打」の条に、大座敷を構え庭には築山、蘇鉄を数多く植えた道頓堀のそば切り屋が描かれている。砂場の和泉屋と蘇鉄とは切り離せないほど名物になっていた事実から推して、和泉屋は道頓堀から新町へ移転したとも考えられる。一方、津国屋（作兵衛）は、嘉永二年（一八四九）刊『二千年袖鑒《にせんねんそでかがみ》』三編十五に、「天正十二（一五八四）根元そば名物　砂場」とうたっているが、裏づける資料は見当たらない。土地のものは砂場にあるそば屋というわけで、和泉屋を砂場そばと呼んだのが俗称の始まりである。安売りで評判の高い浪花随一の和泉屋も幕末には衰退し、嘉永頃には廃業したのではなかろうか。江戸では寛延（一七四八～五一）ごろに薬研堀の大和屋が「大坂砂場そば」の看板を掲げていた。砂場が江戸へ進出した経緯は明らかでないが、大坂屋を名乗り半天に(大)のしるしをつけるのは、まぎれもなく大坂系だったからである。和泉屋の中氏　族よりも、そこで修業した縁のものであろう。文化（一八〇四～一八一八）ごろ、評判のよかった麹町七丁目砂場藤吉の後裔は、明治年間に現在の荒川区南千住に移り、南千住砂場（長岡孝嗣）と称している。この店から慶応年間に本石町砂場（室町砂場・五代目村松毅）、明治五年（一八七二）に琴平町砂場（虎ノ門砂場・五代目稲垣隆一）が独立した。また、巴町砂場（四代目萩原長昭）は文化十二年（一八一五）板の番付「名物商人ひやうばん」に載った久保町砂場が、長吉のとき立ち退き命令によって天保十年（一八三九）巴町に移転した老舗である。大坂に源を発した砂場そばは江戸に根をおろし、砂場会のもとに結束して繁栄への道を進んでいる。

すなむらいなりじんじゃ【砂村稲荷神社】

俗に疝気《せんき》稲荷とも呼ぶこの神社は、十七世紀半ばごろ、地守稲荷として祀られたのを始まりとする。江戸も文化・文政ごろ、周辺から参拝客も多く訪れるようになっ

●砂場そば　大坂砂場のそば店和泉屋の図（竹原春朝斎（信繁）画『摂津名所図会』より）

た。腰の病（疝気）にきくという稲荷で、今でもその種の願いをとなえる人が跡を絶たない。ことに願かけの一つに、そばを断つ事が慣しで、そばは食べると冷えるとの古来よりの言い伝えと、好物を断つことによる切実な願いから由来する。そばを断つ場合と、願を解く時に、そば切り、そば粉、うどん粉を供える場合とがある。昭和四十二年（一九六七）江東区南砂町から千葉県習志野市谷津に移転した。↓せんきそば

すべりしょざんざ

スベリショ（スベリヒユ。莧《ひゆ》科の一年草）の軸の浸しは軟らかくうすら酸《す》い。これをそのまま、または味噌であえてザンザ（めん類）に混ぜて食べる。夏中に一回でも食べれば、暑気払いになるという。味噌汁にとうじたのがうまく、昔はめん類を節約するためにスベリショ半分、ザンザ半分だった。スベリショはゆでて干したほうが乾きも早く、味がよい。（長野市信更・柳原）

すりぼうちょう【すり包丁】

そばを切るときの独特の切り方で、包丁を前方へ押し出すようにして切る。とくに生地が柔らかいときに適した切り方。↓おとしぼうちょう

ずるだま【ずる玉】

そばを練るとき、通常より水の量が多いため軟らかくくくられる玉。軟らかいので練り込むのに力がいらない。仕事をズルけるところからきた言葉。ずる玉だとそばに艶がなく、水っぽく、味は落ちる。

ずるべき

ゆでたそばを、その鍋からじかに各人がつゆを入れた椀に取る食べ方。（栃木県芳賀郡）

すんきそば【酸茎蕎麦】

長野県のソバどころ、木曽開田村（現・木曽町）でみられる厳寒の冬ならではの食べ方。スンキは同地方で作られているカブ菜漬の一種で、酸味が強いので酸茎《すぐき》漬ともいわれ、これが転訛したもの。塩をまったく使わずに自然の乳酸発酵で作る。普通のかけそばの上に細かく刻んだスンキと削り節を乗せる。食べるときは全体をよく混ぜ合わせる。

ずんどうなべ【寸胴鍋】

だしを煮込む際に必要になる円筒型の鍋。容量は何種類かあるが、普通は三〇ℓのものがよく使われる。ステンレス製が主流で、熱伝導率が高く、熱が底だけでなく全体にムラなく伝わるという利点がある。また、錆びにくい他、酸やアルカリにも強い。大量のつゆを保管するための容器としても使われる。

せ

せいけんじそば【清見寺蕎麦】

駿州清見寺では正徳元年（一七一一）第七回朝鮮使節へそば切りを接待した記録が残っているが、『東海道巡覧記』（延享三年・一七四六）に「清見寺村　かうやく名

●すんきそば

物、門前そば切りや名物、登り立場なり。酒屋あり」とある。現在の静岡県清水市興津（現・静岡市清水区）にあたる清見寺村の膏薬屋の多くが宿屋とめん類店を副業にしていた。『蕎麦全書』下の「諸国名のある蕎麦の事」にも、「駿州　清見寺そば」として駿州を代表している。

せいめんき【製麵機】

　佐賀県出身の眞崎照郷が明治十六年（一八八三）に製めん機第一号を完成させ、その後二十一年三月に特許を取得した。以後機械製めんは急速な普及をみせることとなった。→まざきてるさと

せいろ【蒸籠】

　①もりそばの別称。そばを盛る器の名「せいろ」から呼ばれる。延宝（一六七三～八一）から元禄（一六八八～一七〇四）のころ、そば切りを湯通ししないでせいろで蒸して出す「蒸しそば切り」がはやった。ゆでたもりそばをせいろに盛りつけるのは、その名残り。「江戸は二八の蕎麦にも皿を用ひず。外面朱塗り内黒なり、底横木二本ありて竹簀を敷き、その上に蕎麦を盛る。これを盛りといふ。盛蕎麦の下略なり」と『守貞漫稿』にある。同じく幕末ころの品書きを見ると「蒸籠」の名があり、これが食器による名目そばであったことがわかる。また、天保年間（一八三〇～四四）、そば屋が幕府に値上げを願い出たとき、値上げは許可できないがせいろを上げ底にすることは許すという裁定で、現在の上げ簀になった。量は減ったが見た目には山盛り姿のこのせいろのことを新たに「盛り蒸籠」と呼んだが、この呼称が詰まって「せいろ」という呼び方が生まれたともいう。なお、蒸籠は正しくは「せいろう」と

読む。

②そばを盛る器のこと。「もりせいろ」と「ざるせいろ」とに大別される。もりせいろは長方形のもので二一cm×一五cm（七寸×五寸）と二〇・四cm×一四・四cm（六寸八分×四寸八分）の二種がある。前者を「七・五」、後者を「六・八」といった。ざるせいろは角と丸があり、角は正方形の一九・五cm（六寸五分）四方、丸は直径二一cm（七寸）。高さはもりせいろが四・五cm（一寸五分）、ざるせいろ角四・二cm（一寸四分）、丸五・一cm（一寸七分）が標準。丸せいろには十文字にサンを渡したサンつきとサンなしの二種類がある。サンつきは高さ五・一cm（一寸七分）、サンなしは三・九cm（一寸三分）と高さに違いがある。

戦前までは、竹の簀の子がはめ込まれていたが、昭和二十六年（一九五一）ごろから「置《お》き簀《す》」という細く割った竹を編んだ簾《すだれ》が一般的となった。このほかに竹製のもりせいろ、角せいろや、「御膳せいろ」と呼ばれる二二・五cm（七寸五分）角の大型の大せいろ、四隅に角の出た「つのせいろ」、天ぷらがセットできる「天せいろ」などがあり、仕様は店によってまちまちであり、特注品が多い。御膳せいろは蒔絵な

●製麺機
製めん機の構造の一例

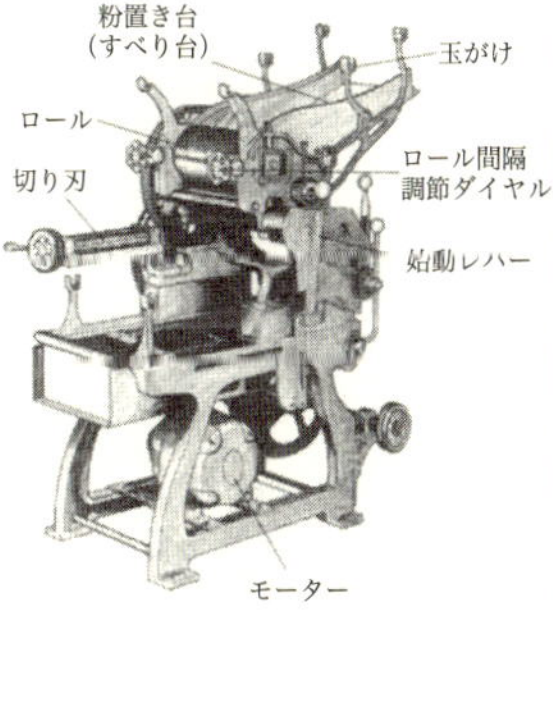

どをほどこした高級品で、茶そばなど色物のそばを盛るのに用いられる。

せいろあらい【蒸籠洗い】

せいろ、とくにスダレまでよく洗える刷毛ようのたわしの一種。シュロの繊維を束ねてある。

せきまえ

隠通し言葉で、急ぎの注文のこと。

せつぶんそば【節分蕎麦】

節分は季節の移り変わりの境目で立春、立夏、立秋、立冬の前日すべてが節分だが、一般的には立春の前日を指している。この日、清めのそばを食べて晴々しく立春を迎える。本来はこの節分そばを「年越しそば」といい、「大晦日そば」と区別される。

せめこ【責粉】

ソバの二番粉の意。「甲州などにては二番粉をいかゞのわけにや、せめ粉と云ふよし。兎角、風味の宜敷は二番篩の粉也。其わけは、一番篩の粉には皮とくと挽けず、そばの中心ばかり粉になる也。二番挽にて皮付きの肉、上皮共に粉になるなり。此二番粉の風味甚だよし。至極うるほひ有りて、ねばりつよし」（『蕎麦全書』中）

せりきり【芹切り】

すりつぶしたセリをさらしな粉に練り込んだ変わりそば。セリをあらかじめよく水に浸けておいてアク抜きをする。ミキサーですりつぶし、裏ごしにかけたのち、そば粉に練り込む。分量はそば粉の重量の三〇%ほどが必要である。

せりそば【芹蕎麦】

セリは洗って四㎝くらいに切っておく。そばをゆでるときに、塩を一つまみ入れてセリと一緒にゆで、手早く洗って水切りす

る。つゆは削り節のだしにイモガラを入れ、醤油で味つけする。そばは山芋つなぎ。（静岡県御殿場市山之尻）

山梨県南巨摩郡身延町下山では、セリを別にゆで、あとでそばと混ぜる。

ぜん【膳】

店内用として「銘々膳」と「運び膳」がある。前者は天ぷらや天南といった種物一人前を薬味皿と一緒に客の前に置いていくもの。二四cm（八寸）四方の塗り膳。またざるそば一人前をセットする膳もある。後者は種物が四つほど乗せられるもので、三三cm（一尺一寸）四方と三〇cm（一尺）四方、二七cm（九寸）四方とがある。

せんかんどいそば【千貫樋蕎麦】

三島（静岡県）の西にある千貫樋前の茶屋のそばは、元禄のころから知られ、『蕎麦全書』下にも名物そばにあげられている。『東海道《とうかいどう》分《ぶん》間《けん》絵《え》図《ず》』元禄三年（一六九〇）版に、三島宿千貫樋前に「ちや屋そば切あり」と記してある。

せんきそば【疝気蕎麦】

江戸時代、疝気にそばが効くと考えられ、よく食された。甲州の山梨県西八代郡、東山梨郡（現・甲州市ほか）では小正月の前日の一月十四日夜、疝気を避けるために「疝気そば」といってそばを食べる。

●疝気そば　俗に疝気稲荷と呼ばれた砂村稲荷神社の図（広重画『江戸名所道戯画』）

疝気とは大小腸・腰腹などの筋肉が引きつって痛む病気で、疝痛・疝癪などを引き起こす。「疝気を打つ庵の麵棒」（安永元年・一七七二版『一枝筌』三篇）↓すなむらいなりじんじゃ

せんこ【仙粉】

そば粉のこと。とくに兵粮丸に用いられる場合のいい方。↓そばひょうろうがん

ぜんこくかんめんきょうどうくみあいれんごうかい【全国乾麵協同組合連合会】

乾めん工場の自主的な経済活動を促進し、その経済的地位の向上を図る目的で、昭和二十五年（一九五〇）に全国乾麵協同組合として設立、同三十三年に全国乾麵協同組合連合会となる。前身は、昭和十四年（一九三九）の日本製麵組合連合会で、十七年には全国製麵工業協同組合とし組織された。主な事業内容としては、①日本農林の検査格付け、②乾めん工場の事業に関する経営及び技術の改善向上又は組合事業に関する知識の普及を図るための教育及び情報の提供、③乾めん工場の乾めんの共同販売、共同購入、共同保管、共同運送など。平成十一年現在の組合員の構成は、全国に二九の組合があり、会員（工場）数としては約一七五〇工場（内訳は、手延べ業者一三〇工場、機械めんの乾めん四五〇工場）である。なお、七月七日を「七夕・そうめんの日」として設定している。（所在地／東京都中央区日本橋兜町）

ぜんこくせいめんきょうどうくみあいれんごうかい【全国製麵協同組合連合会】

生めん類（うどん・そば・中華めん・皮類）製造業者が相互扶助の精神に基づき、必要な共同事業を行ない、もって業界の自主的な経済活動を促進し、その経済的な地

位の向上を図ることを目的として、昭和三十五年（一九六〇）に全国製麺組合連合会を設立、同三十八年に中小企業等組合法に基づき、農林水産省の認可を得て全国製麺協同組合連合会となる。主な事業内容としては、①企業経営対策、麦価対策、衛生に関する諸施策、講習会・研修会などの組織活動、②全麺連会館の運営、③共済事業や広告宣伝など。平成十一年現在、会員数は、全国四七都道府県五七組合、生めん類を製造販売している約三四四〇企業で構成されている。関連団体としては、冷凍めん協議会、全国学校給食めん協議会などがある。（所在地／東京都江東区森下）

ぜんこくそばせいふんきょうどうくみあい【全国蕎麦製粉協同組合】

　蕎麦製粉業者が相互扶助の精神に基づき、必要な共同事業を行ない、もって業界の自主的な経済活動を促進し、その経済的地位の向上を図ることを目的として、昭和三十年（一九五五）に全国組織として設立。前身は、昭和五年（一九三〇）に結成された東京横浜蕎麦製粉製造連合会（後に、関東蕎麦製粉組合に改組）と十四年（一九三九）に結成された近畿蕎麦製粉組合で、両組合が統合されたもの。その後、北海道など順次加盟し、平成十一年現在の組合員数は、関東、北海道、関西を中心に六七企業である。主な事業内容としては、①玄ソバ、そば粉等の共同購買・共同販売とその斡旋。②玄ソバ、そば粉の共同運送、共同検査、③組合員の事業に関する経営及び技術の改善向上又は組合事業に関する知識の普及を図るための教育及び情報の提供、④ソバ種子品種改良開発研究など。（所在地／東京都豊島区駒込）

ぜんこくめんるいかんきょうえいせいどうぎょうくみあいれんごうかい【全国麺類環境衛生同業組合連合会】

環境衛生営業の適正化に関する法律に基づき、麺類業界の公衆衛生の向上と増進を目的として、昭和三十四年（一九五九）に設立。全国のそばうどん店を営む同業者で組織し、組合員は全国の二五都道府県単位の組合傘下のそばうどん店で約一万九〇〇〇人である。主な事業としては、①情報事業（機関誌『めん』の発行、麺類店経営動向調査、統計資料集の制作など）、②宣伝事業（そばの花観察運動、マスコミ等への情報提供など）、③経営振興に関する事業（めん産業展の共催など）、④組織に関する事業（全国麺類業者大会の年一回の開催）など。平成十三年、「全国麺類生活衛生同業組合連合会」と改称。

ぜんこくめんるいぶんかちいきかんこうりゅうすいしんきょうぎかい【全国麺類文化地域間交流推進協議会】

平成四年（一九九二）秋に富山県利賀村《とが》（現・南砺市）で開催された「世界そば博覧会」を契機に、そば等麺類による地域振興を目指す自治体（約二〇団体）が発起人となり、翌年に組織化された。主な活動内容としては、そば等めん類を中心とした内外の食文化の紹介と、地域振興の推進を目的に、年一回会員持ち回りによる「日本そば博覧会」「素人そば打ち段位認定大会」を開催。イベントを組織の求心力としているのが特徴で、そばイベントのプロセスを通じての人材養成と地域経営の展開を目指す。本部は平成二十三年現在、さいたま市大宮区にある。

せんぞう

ダイコンをせん切りにしてゆで、そばに混ぜて食べるもの。（甲斐）

茨城県那珂湊市（現・ひたちなか市）ではセンゾッポというが、繊蘿蔔《せんろふ》の転訛であろう。

せんにちかいほうぎょう【千日回峰行】

比叡山で行なわれる天台宗の荒行が有名。七年かけて、合計一〇〇〇日、全長四万㎞を歩いて巡拝する。五年目を終えた後、「断食・断水・不眠・不臥の行」に入る。この行に入る前に、トレーニング的なものとして一〇〇日間五穀を食べてはならない「五穀断ち」の前行がある。この時に、食べるものがそば粉と少しの野菜であることから、そばの栄養価の高さが注目されている。

せんりゅうそばのはな【川柳蕎麦の花】

母袋未知庵（光男）編。昭和八年（一九三三）六月、日月庵・藪忠私刊。九・五×一五㎝。和装二〇頁。そばにまつわる雑俳川柳四百余句を分類して収録。昭和三十五年（一九六〇）に本書を底本とし、八十余句を増補、略注を施した新版を新島文庫から、A六判七〇頁、限定五〇〇部で刊行した。

ぜんりゅうふん【全粒粉】

挽きぐるみともいう。玄ソバを丸ごと挽

●『川柳蕎麦の花』（表紙）

いて粉にしたもので、製粉の初期に出てくる白い粉と、あとから出てくる黒みを帯びた粉とを選り分けてしまわず、混合状態のまま、ある程度まで挽き込んだもの。↓ひきぐるみ

せんろふ【繊蘿蔔】
「蘿蔔《らふく》」はダイコンの漢名。ダイコンのせん切りの意。ゆでて水を切り、そばに混ぜたのを「大根そば」「ひきなそば」といって供されてきた。

そ

そうけ【笊笥】
ざるのこと。（西日本）

そうさくそば【創作蕎麦】
従来にはない着想から作られた新しい種物。コロッケそば、カレー南ばんなどはその先駆け。最近は、そば店の新時代を切り開くユニークな商品が次々と開発されている。

そうぜんさま【蒼前様】
東日本で祀る馬の神の名。十二月にこの蒼前様の年取りがあり、そばを食べる風習がある。（青森県野辺地《のへじ》町）

そとに【外二】
そば粉一〇に対して小麦粉が二の混合比率をいう。↓きばちした

そとばん【外番】
いわゆる出前持ちのことで客の注文を届ける者。江戸時代では「かつぎ」といった。また、そばを打つかたわら出前もやる役を「運転助番」という。↓でまえ

そね
そばが十盛り入る木製の容器。十舟《そぶね》の約か。（山形県庄内地方）↓いたそば

そば【ソバ】

ソバはタデ科ソバ属の一年生草本で、普通種と韃靼《だったん》種とに大別され、普通、単にソバという場合は普通種を指す。学名の(Fagopyrum《ファゴピルム》 esculentum《エスクレンツム》)は、食用のブナの実に似た穀物という意味。ソバの原産地は寒帯地域を除く東アジアの北部、とくにアムール川(黒龍江)上流沿岸・中国東北区・ダウリヤ・バイカル湖にわたる広い地域とされているが、最近では中国雲南省を発祥地とする説が有力である。日本への伝来は、元正天皇の養老六年(七二二)に救荒作物としてソバの植えつけを勧められたことが『続日本紀』に記されていることから、それ以前に中国から朝鮮を経て導入されたと推測される。少なくとも日本におけるソバの栽培は約三〇〇〇年前の縄文晩期に始まったとみられる。蕎麦という漢字の初見は明らかでないが、延喜十八年(九一八)の『本草和名』に「曽波牟岐《ソバムギ》」、延長八年(九三〇)の『倭名類聚鈔《わみょうるいじゅしょう》』に「久《ク》呂無木《ロムギ》」の訓読みがみられる。これはソバの実が稜角で果皮が黒褐色をしているためである。

そば【蕎麦】

俗 私娼のこと。(青森)

●そば　元禄十年(一六九七)版『農業全書』巻二にみる「蕎麦」の図

能登国（石川県）七尾では、売女の方言を「二八」といい（『甲子夜話』三）、関東では「笊《ざる》蕎麦」と呼んだ。宮武外骨編『売春婦異名集』に、「武蔵の八王子・青梅、相模、伊豆、下野の二、三地方における私娼の異名なり。語義には二、三の説あれども、臆説のみにて採るに足るもの無し」とある。

そばいた【蕎麦板】

　菓子司として室町時代に創業、江戸時代からそば屋となって今日に至る、京都の「本家尾張屋」の名物そば菓子。そば粉に、小麦粉、水飴状にした砂糖、卵、少量の塩を混ぜ合わせて練り、長方形の薄板にして、鉄板で焼いたもの。表面に黒ゴマをまぶす。カリッとした食感と香ばしい風味にそば粉ならではの味がある。↓そばがし

そばいち【蕎麦市】

　三月彼岸の中日にたつ市。この日は各家でそばを作り、親戚を招く。町の通りの両側には市がたち、農具、金物、呉服、苗木などの露店が並ぶ。そば屋も出るが、立ち食いである。（鹿児島県出水《いずみ》郡高尾野町（現・出水市））

　島根県八束《やつか》郡佐太村（現・松江市）の佐太（陀）神社の参道の両側にも十一月二十日から一週間そば市が催された。

そばいなりずし【蕎麦稲荷鮨】

　そばずしと同様に、そば料理の一つ。油揚げを二つに切り、袋状に開く。その油揚げを砂糖、辛汁、甘汁で炊く。硬めにゆでたそばを食酢と辛汁に三分間ほどひたしたのちに汁を切り、それを丸または三角形の、さきに調味した油揚げに詰めてでき上がる。そばと油揚げの食感がよく合う。

そばいぬ【蕎麦犬】

新潟県中魚沼郡津南町谷内《やち》の庚申講のときにそば粉で形作る犬のこと。庚申講の料理は生臭物を避け、焼き豆腐・野菜・昆布・こんにゃくの煮物を盛り込みにし、三品か七品の料理が並べられる。主食はそばが付きもので、夜食には桜飯などが作られた。それから、そばを打ったあとの余り粉で犬の形を作る。このそばの犬をとっておき、そばを食べて当たったりしたときに焼いて食べれば治る、といわれた。

そばうち【蕎麦打ち】

手打ちそばを作ることを「そばを打つ」という。生地をのばすとき、めん棒を軽く生地に打ちつけてからころがしていく。このめん棒がそばに当たる瞬間の音から「打つ」という表現が生まれたという説がある。昔の農山村では、刈り取ったソバを天日で乾燥させてから棒で叩いて脱穀した。この棒を「そば打ち棒」とか「ぶち棒」などと呼んだ。

そばうりこうじょう【蕎麦売り口上】

客をもてなすとき、飯のあとに他の食べ物を出すこと、またはその食べ物のことを「後段《ごだん》」という。その後段にそばを出すときに述べる口上のこと。口上の名称は地方によって異なり、そば口上、そばのほめこ

●蕎麦板

とば、そばのほめ口上、後段のそば売り口上などまちまちである。口上の内容は大同小異で、ソバの栽培からそば切りを食べるまでの過程や、汁・薬味についても触れている。

福島県会津地方では、婚礼の祝宴が終わるころ、後段にそばが出される。その際口上を述べる男性は、裁着袴《たつつけばかま》半纏を着て、豆絞りの手ぬぐいでねじり鉢巻きをし、そばを盛ったざるや椀を形ばかり盆に乗せ、先頭に立つ。そのあとに着飾った多くの女子が出席者の分を持って続く。

寛永二十年（一六四三）刊の料理専門書『料理物語』第十七、後段之部には、うどん、切麦、葛素麺、蕎麦きりなど一三種が記されているが、後段の食習は江戸時代以前から行なわれていた。

そばえんま【蕎麦閻魔】

正月と七月の各十六日は閻魔王の縁日で、正月十六日を初閻魔、七月十六日を閻魔の大斎日という。この両日は、地獄の獄卒も罪人の苛責をやめるといわれ、地獄の釜の蓋もあく日などという。娑婆の奉公人も藪入りといって、骨休みの日として一日休暇が出た。東京都足立区千住二丁目の金蔵寺の本尊は閻魔王で、古くは千住あたりの遊女の投げ込み寺だったという。願掛けするときにそばを供えるところから、俗に「そば閻魔」と呼ばれた。また、かつて閻魔様が美しい女の姿になって、町のそばを買ってきて食べたから「そば閻魔」の名がついた、とも伝えられている。昭和十六年（一九四一）ごろまでは、斎日の十六日にはそばが山と積まれたそうである。

そばおこし【蕎麦おこし】

おこしは、岩おこし、雷おこし、粟おこしなどが知られており、米を原料とした日本最古の干菓子。そばおこしは近年開発されたもので、そば米を急激加熱して膨化させたおこし種に砂糖、水飴を混ぜ合わせて適宜の形に切り、それを焙炉《ほいろ》で乾かしたもの。噛むほどにソバの味があり、古くて新しい菓子といえる。なお、最近は小麦粉やでんぷんを使った軽いスナック的なおこしも多い。

そばおんど【蕎麦音頭】

昭和十一年（一九三六）、大東京蕎麦商組合が創立二五周年を記念して制作したもの。同年横浜市で開催された全国麵業者大会で踊りとともに披露された。また同じ記念行事として、東京・新宿三越で開かれた「そば展覧会」の会場にも流された。歌詞には『続日本紀』の故事や健康としてのそばが歌いこまれている。また、同展では東京帝国大学教授佐々木林治郎博士によりそばの栄養が初めて権威ある学説として一般に紹介された。

一、奈良の都は養老の
　御代尊い御奨め
　古き由緒に薫る蕎麦
　アレ　風味たっぷり　忘らりょか
二、蕎麦の好きこそ長命の
　證し立つなり栄養素
　高く豊かに消化よく
　アレ　風味たっぷり　忘らりょか
三、地祭り棟上げ引越しや
　千代の契りに煤払い
　月の晦日も縁起そば
　アレ　風味たっぷり　忘らりょか
四、寒さ凌ぎや暑さにも

きまり時にも間にも
食べて程よい蕎麦の徳
アレ　風味たっぷり　忘らりょか
作詞・田口勝三郎、作曲・渡辺浦人、唄・浅草吉奴、オーゴンレコード盤。

そばかい【蕎麦会】

そば好きの人たちを対象に、主にそば店が主催するそばを賞味するための催し物。店の立場としては、採算は抜きにして心底からそばを愛する人たちに集まってもらい、談笑の場を提供するのが狙い。ときには創作そばを披露したり、各地の郷土そばを紹介するなど、伝統のそばを台として、工夫をこらす。原則として、会員制をとることが多い。東京のそば会は、大正末期から昭和初期にかけて、滝野川のやぶ忠のそば会が、通人の間で知られていた。新聞記者松崎天民がこれの支持者として熱意を示した。その後は戦争騒ぎで、そば会どころか、そば屋も開店休業の形だったが、終戦後に新島繁の「八重洲さらしな」が、創作そばを出発点として、多くの人たちを啓発した点は見逃せない。平成十一年現在も継続して行なわれているそば会としては、萬盛庵（山形）主催の「山形そばを食う会」、永坂更科（東京）主催の「更科つごもり会」、更科一門（東京）主催の「更科家伝そばの会」、桐屋（会津若松）主催の「会津蕎麦の会」などが知られている。ほかに、複数の東京のそば店の有志が会員を組織化して、独自に会場となるそば店を決めてそば会を行なう「蕎話会《きょうわかい》」というそば会組織もある。↓きょうわかい、やまがたそばをくうかい

そばかい【蕎麦かい】

絞り醤油（ダイコンの絞り汁に醤油を合

わせたもの）をそばにつけて食べる。（秋田県鹿角《かづの》郡）

そばがき【蕎麦柿】

①そば粉に熟柿を肉汁とともに入れて練ったそばがき。

②串柿を糊のようにし、同量のそば粉をまぜ、大梅ほどの大きさに丸めたもの。伊勢貞丈著『安斎漫筆』には、朝出掛けるときこれを二、三個食べれば、一日分の食事に当たり飢えることがない、と記してある。

そばがき【蕎麦搔き】

そば粉を水か湯で練り上げる。そば粉一杯に対し沸騰した湯一杯が常法だが、各自の好みが生かせる。そばがきは原始的なそば粉食の形態であり、ソバの穫れる土地では常食されてきた。五穀を断つ比叡山の回《かい》峰行《ほうぎょう》や木食行《もくじきぎょう》では唯一の食糧でもある。

地方によって「カイモチ」（青森・岩手・秋田・山形・福井・岡山・福岡）、「カッケ」（青森）、「カッコ」（山梨）、「カッソマ」（鹿児島）、「ケェモチ」（岩手・長野）、「ソバネッケ」（千葉）、「ソバネリ」（北海道・青森・宮城・新潟）、「ソバクリ」（山梨）、「タテコ」（長野）と方言は異なるが、すべてそばがきの意。普通は味噌たれか醤油をつけて食べるが、秋田県男《お》鹿《が》半島でハタハタのしょっつる汁につけて

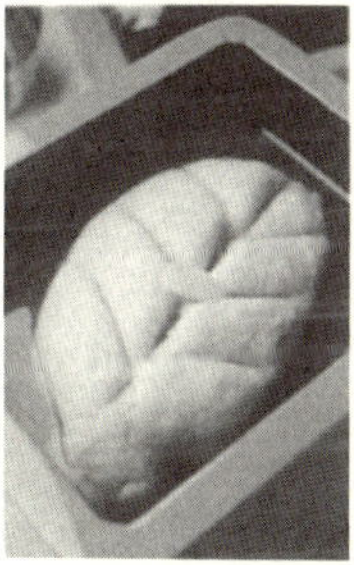

●そばがき　木の葉型に仕上げたそばがき

食べる「ネレケモチ」は風土にかなった供し方である。

　そば粉だけのものではなく、他の作物と練り合わせて風味を出すことも古くから各地で行なわれてきた。その代表的なものは「オネリ」（カボチャ・山梨）、「カブカイモチ」（カブラ・青森県五戸《ごのへ》町）、「ネリゲ」（サツマイモ・三重県志摩）、「ソマゲ」（同・鹿児島）、「ハンゲツ」（同・佐賀）、「ツックルミ」（キビ・福島県会津）、「キラジソバ」（おから・岩手県二戸）、「キラズダンゴ」（同・岐阜県飛騨）などがある。また、味噌汁や雑炊のなかにそば粉やそばがきを入れたのが「ソバズリ」（岡山県加茂川町〔現・吉備中央町〕）、「ソバネットウ」（群馬県六合《くに》村〔現・中之条町〕）、「ソバベットウ」（新潟県佐渡）、「シルカエモチ」（青森県五戸町）である。

そばがきもち【蕎麦搔き餅】
　そば焼き餅と同じ。そば搔い餅とも。↓そばもち、はりこし

そばがし【蕎麦菓子】
　そば粉を使って作った菓子。そば粉は小麦粉のようにグルテンを含んでいないので、そば粉だけではパンやスポンジケーキのようなソフトな食感は得られない。昔はそば粉をこねたそばがきをベースとして「そば串焼団子」、黄な粉をまぶした「そばあべかわ」や「そばあんかけ」といった素朴な食べ方が多かった。その後次第に工夫をこらしたものが考案され、そば粉に小麦粉やヤマイモのすりおろしたものを混ぜ合わせて焼いたり、蒸すなどしてそば特有の風味を出した菓子類が作られるようになった。代表的なものとしては、そば饅頭、そばカステラ、そばボーロなどがある。

そばカステラ【蕎麦カステラ】
卵、砂糖、水飴または蜂蜜と薄力小麦粉を主原料とするカステラに、一〇〜二〇％のそば粉を加えたもの。ほのかなソバの風味が売りものである。最近ではさらにソバの若葉を加えた鶯色のそばカステラも話題となっている。

そばがたけ【蕎麦ケ岳】
↓そばつぶやま

そばかっちゃ【蕎麦梂】
そば殻のこと。（青森県上北郡野辺地《のへじ》町）↓かっちゃそば

そばかどやま【蕎麦角山】
↓そばつぶやま

そばがま【蕎麦釜】
そばをゆでるための大釜。中釜、平釜ともいう。通常、そばかまどの中央に設置されている。釜の材質は、昔は鉄の鋳物だったが、現在は熱伝導率が高く熱効率がよいアルミ製が主流。↓そばかまど

そばかまど【蕎麦竈】
そばをゆでるための燃焼装置。中央にそば釜があり、手前左右に「前銅壺《どうこ》」の、後ろ左右に「後銅壺」の丸い口が開けられているのが基本の形だったが、現在は前銅壺だけに口が開けてあるのが一般的。↓どうこ

●そばかまど

そばがゆ【蕎麦粥】
　ソバ粒食の一形態で、粥仕立てにしたもの。小鳥のたたきや干しアユなどでだしをとって作る地方もある。また当然ながら、各種の具をとり混ぜて味噌などと煮込む「そば雑炊」も考えられてきた。旧ソ連の「カーシャ料理」は、そば米にミルクや植物油などを入れてスープ仕立ての雑炊にしたもの。

そばがゆはも【蕎麦粥海鰻】
　ハモは京都の祇園祭りをはじめ西日本の夏の祭礼に欠かせない魚。最盛期は六月末から七月上旬。淡白で上品な味を持つ。そばがゆはもについては、寛政七年（一七九五）版『海鰻百珍《かいまん(はも)ひやくちん》』中和肉《ちゆうわにく》（すり身を少しゆるめた料理）のくだりに解説がのっており、すり肉にそば粉を四分通り混ぜ、よくこね合わせ程よい大きさにまとめて湯煮する。焼塩を加え、湯をため、椀に盛る。薬味入りの醬油をつけて食べる、とある。なお、中和肉のすり身のゆるめ方は、首骨皮を薄塩湯で煮出し、冷ましたものをすり肉へ少しずつさして、ひめ糊の軟らかさにするのが秘訣である。

そばがら【蕎麦殻】
　ソバの実の果皮である茶褐色の殻。ソバを粉にする場合、まず果皮のソバ殻が取り除かれるが、この不用のソバ殻も枕の材料としては貴重なもの。とくに近年の健康志向から注目され、評価が上がっている。昭和四十年（一九六五）代に入るとソバ殻が足りなくなり、輸入するまでになっている。安田女子大学（広島市）の児玉松代講師は一〇年間にわたり枕を研究、ソバ殻枕で最も快適な睡眠が得られることを実証した。

そばかるた【蕎麦歌留多】

『新編そば物語』の著者である長野の岡沢木一郎が昭和八年（一九三三）、そば食の普及PRをかねて「そば屋の加留多」を制作、刷り物にして広く配布した。才気あふれた作品となっている。

い　勢いをつけよお客の迎え声
ろ　緑青《ろくしょう》に気付け銅鍋、銅杓子《あかしゃもじ》
は　繁盛の木の根油断の虫が喰い
に　ニコニコの店に閑《ひま》なし客の山
ほ　ほめられて気をゆるめるな塩加減
へ　平常によく気をつけよ初得意
と　遠くともいやな顔すな客大事
ち　散らかった店にお客は寄りつかず
り　流行は着物にきずに店へかけ
ぬ　塗物は手置き一つぞ倍保つ
　（手置き＝心を配って取り扱うこと）
る　留守にして客待たせるな釜の前
を　岡持ちも光らせておく気働き
わ　傍道《わきみち》へ寄るな出前の往きもどり
か　勘定に注意、お礼もていねいに
よ　用心は病気・戸締り・火のまわり
た　畳から拭いて清めよ酒のしみ
れ　料理場に錆びた包丁、赤い恥
そ　損得は二の次にして親切に
つ　追従《ついしょう》に乗るな世間の口車
ね　値で売るな味と仕事と品で売れ
な　流し尻浚《さら》わぬ人は借りも溜め
ら　来客に頭は重く尻軽く
む　無理のあることにも堪《こら》えよ主仕え
う　運は天に任せて働く人へ向く
ゐ　居眠りは不体裁ぞや店の番
の　のびたそば売る店だんだん縮こまり
お　おいしさも、まずさも一つは店気分
く　組合は仮の兄弟むつまじく
や　約束を守れ、信用は資本なり

ま　真っ白な顔、真っ黒な足の裏
け　けんどんな挨拶、客も逃げて行き
ふ　拭き込んだ格子に客も吸い込まれ
こ　広告の奥の手、味もよく、もりもよ
　　く
え　衛生の頭でかける拭き掃除
て　ていねいは下手も上手の仕事をし
あ　愛嬌が看板になる新のれん
さ　災難に我《が》をば折るとも気を折るな
き　切手にて注文格別愛想よく
ゆ　有名になるほど店の腰低く
め　麺棒でそばも身上も打ち伸ばせ
み　磨け腕、自慢は道の逆戻り
し　仕入物すべて現金、借りぬよう
ゑ　営業に上下はないぞ勇気出せ
ひ　控え目に費《つか》わぬ財布足を出し
も　もったいな、ゆめ忘れるな客の恩
せ　せかれても、あわてず急げ落ちつい
　　て
す　吸い殻はすぐ片づけよ煙草盆

↓しんぺんそばものがたり

そばきい

そば切りのこと。（薩摩）

そばきじ【蕎麦雉子】

諺秋ソバの実るころ、キジも肥えてくるのをいう。（新潟県佐渡郡〔現・佐渡市〕、広島県）

そばきって【蕎麦切手】

そばを配る代わりにそば札を渡し、必要に応じて使える商品切手の一種である。そば札にはそばの枚数や金額が記してあり、引っ越しなどにも用いられる。享和三年（一八〇三）版『三座例遺志』に、立物の役者が舞台でとちったとき、福山からそば札を取りよせて銘めいに配ったとある。

そばきょう うどんきょう【蘇番経 優曇経】

そばうどんの効能や仏界、人間界との因縁などを仏典用語でまとめた経典。通叢書の『蕎麦通』（昭和五年・一九三〇版）のゴーストライターとして知られる文筆家、高岸拓川（一八六八～一九六三）が、一茶庵主人・片倉康雄の依頼により執筆し、十一年（一九三六）に片倉より限定私家版として上梓。↓そばつう

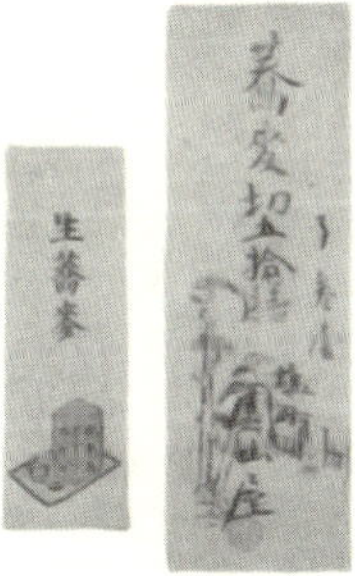

●そば切手　右は園山屋、左は瀬川という店のそば切手

そばきり【蕎麦切り】

そばがき、そば焼き餅に対して、包丁で細く切られたものとの意で、うどん様の線めんとなっている。↓そばきりのしょけん、そばきりのはっしょうち

そばきりいなり【蕎麦切り稲荷】

稲荷にそばを供える風習は古くからあり『武江年表《ぶこうねんぴょう》』の明和元年（一七六四）のくだりに「六月の頃より深川椀蔵大御番頭大久保豊州侯下やしき稲荷社参詣群集す、詣

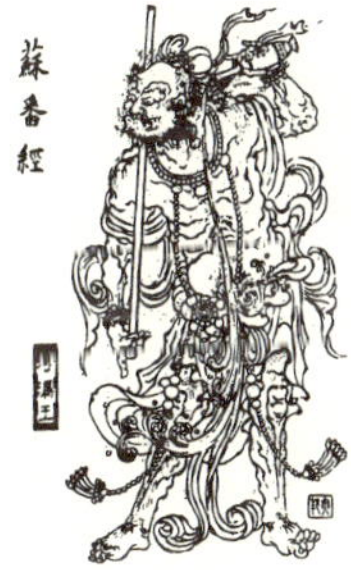

●『蘇番経　優曇経』　蘇番経の河堀王の絵

る人蕎麦を備ふ、八月下旬にいたり詣人止む」とある。大田南畝著『半日閑話』巻二十四の蕎麦切稲荷之事の条に、「同（宝暦六年・一七五六）秋、深川八幡の後稲荷時花《はやり》出し、何の利生（ご利益）あり共知らず、押合々々参詣群集すと云々」とある。ところが、享保（一七一六〜三六）ごろに刊行された咄本『当世かる口水打花』巻四、「神変《じんぺん》にもかなはぬ」と題して、稲荷がそば切りを無心する一話が載せてあるので、この頃から稲荷にそばを上げる習俗が普及していたとみてよかろう。江戸小石川にある無量山伝通院境内の澤蔵司稲荷（慈眼院、文京区小石川）は都内三稲荷の一つに数えられ、参詣者も多い。澤蔵司がそば好きだったとの伝承もあって、願解きにそばを供えることが古くから行なわれてきた。↓じげんいん、たくぞうすいなり

そばきりのしょけん【蕎麦切りの初見】

近江多賀神社の社僧（神社で仏事を修行した僧侶）で尊勝院に住した慈性《じしょう》が書いた『慈性日記』の冒頭に近い、慶長十九年（一六一四）二月三日の条に次の記事がある。「一、常明寺へ、薬樹・東光ニもマチノ風呂へ入らんとの事にて行候《いき》へ共、人多く候てもどり候。ソバキリ振舞被申也《もうさる》」。慈性は同年の正月六日には本丸における天台宗の論議聴聞に登城し、その後引き続き江戸にあって同宗の論議に加わっていた。当日、薬樹院・東光院などの仲間と町の銭湯へ出かけたが、こんでいたのでやめて帰り、常明寺でソバキリのちそうになった、というのである。その後、『定勝寺文書』からソバキリの記事が見つかり、『慈性日記』より四〇年さかのぼることができた。定勝寺は長野県木曽郡大桑村須原にあり、

天正二年（一五七四）二月十日より仏殿と奥縁壁の修復工事が始まった。同（作事之）振舞同音信衆の条に、三月十六日の竣工祝いの品と寄進者名があり、「徳利一ツ、ソハフクロ・ツ　千淡内」「振舞ソハキリ　金永」などの記載がある。千村淡路守夫人が酒一本とそば粉一袋、金永という人がソバキリを振る舞ったことが明らかになった。→じしょうにっき、じょうしょうじもんじょ

そばきりのはっしょうち

【蕎麦切りの発祥地】

尾張藩士で国学者の天野《あまの》信景《さだかげ》が書いた雑録『塩尻』巻十三、宝永年間（一七〇四～一一）の蕎麦切の条に「蕎麦切は甲州よりはじまる、初め天目山へ参詣多かりし時、所民参詣の諸人に食《めし》を売《うる》に米麦の少かりし故、そばをねりてはたご（旅籠）とせしに、其後うどむを学びて今のそば切とはなりし、と信濃人のかたりし」とある。天目山は山梨県東山梨郡大和村木賊《とくさ》（現・甲州市）にある臨済宗棲雲寺《せいうんじ》の山号。彦根藩士で芭蕉の門人森川許六《もりかわきょりく》が編集した俳文集『本朝文選《ほんちょうもんぜん》』（宝永三年・一七〇六刊。後に『風俗文選』と改題）巻十に収録してある雲鈴の「蕎麦切ノ頌《しょう》」の書き出しに、「蕎麦切といつぱ（いうのは）もと信濃国本山《もとやま》宿より出て、普《あまね》く国々にもてはやされける」とあり、そば切りを賛美した文章が続く。本山宿は中仙道の洗馬《せば》と贄川《にえかわ》との間にあった宿駅で、現在の塩尻市宗賀である。両書により中州天目山説と信州本山宿説をあげたが、正保二年（一六四五）刊の松江重頼編『毛吹草』巻四にも、信濃国の名物として蕎切《そばきり》を記し、「当国ゟ《より》始ルト云《いふ》」と割注が付してあるが、本山宿には触れてい

ない。『定勝寺文書』による木曽郡大桑村須原説が、信州説を裏づける最古の資料といってよかろう。↓そばきりのしょけん

そばきりぼうちょう【蕎麦切り包丁】

そばを切るための専用の包丁は古くからあり、元禄九年（一六九六）版の『茶之湯献立指南』にはすでに、他の包丁とは独立したものとして紹介してある。最も洗練された形といわれる江戸風のものは、刃幅が広く片刃で、刃が柄の真下まで伸びているのが特徴。そば包丁ともいう。一方、ソバの産地では昔からそば打ちは家庭の主婦の仕事だったため、一般に小型で軽い包丁が使われてきた。福島県檜枝岐《ひのえまた》の裁《た》ちそばは普通の菜切り包丁で切る。↓たちそば

そばきりりょうり【蕎麦切り料理】

そば切りの料理ではなく、そば汁を使った料理をさしている。そば汁とはそば切り汁のことで、延宝二年（一六七四）版『江戸料理集』巻六に、「そば切汁とは、すなはちそば切の汁のごとくに、いろいろまぜ冷して、しぼり汁を付けて出すことなり」とある。

そばきんだんのせきひ【蕎麦禁断の石碑】

そば切り寺で有名になった称往院の支院道光庵は、あまりのそば人気が寺の規律を乱すとのことで、天明期にそば客に門前払いをくわせるとともに、寺内でのそば打ちも禁止となった。その際に門前に建てられた石碑があり、側面に「不許蕎麦地中製之而乱当院之清規故入境内」（寺内でそばを打って称往院の規則を乱すため、そば境内に入るを許さず）と刻まれている。この石碑は安政二年（一八五五）の大地震で壊れたが、称往院が昭和三年（一九二八）に現在の北烏山の地（世田谷区北烏山）に移転

するにあたり、地中から発見され、再び門前に建てられた。高さ二m、幅二五cmの石柱である。そば切り寺の名に因んで七月盆の施餓鬼会にはそば振る舞いが慣しとなったが、現在は行なわれていない。→どうこうあん

そばくいじぞうそん【蕎麦喰い地蔵尊】

文政九年（一八二六）序とある『埋木花』八、浅草誓願寺中、西慶院地蔵の条に「今西慶院に安置して堂に似たる上屋《うはや》を作り蕎麦地蔵と云ふ。如レ形面部身体一向にわかりがたし。石みかげの如く、彼寺に年久しく所々に安置をかへたり。磯よりあがりたりとて奇瑞ありとて、人よく参詣す」とある。田島町にあったころ、浅草広小路のそば屋尾張屋に、毎晩遅く決まってそばを食べに来る人品卑しからぬ坊さんがいた。暫く続くと、その様子を不審に思った若い者が正体をつき止めようと息巻いた。主人はそれを抑えてある日跡をつけたところ、西慶院の地蔵堂のなかに音もなく消えた。その夜主人の夢枕に立ち、西慶院の地蔵であり、日頃供養を受けた礼に悪疫から守ることを告げた。その後悪疫が流行したが、尾張屋一家はみな無事息災であったという。それからは願解きにそばを供えるようになり、蕎麦喰い地蔵尊の名が起こり、

●そば切り包丁　柄に白鮫の皮をまいた最高級品

江戸六地蔵の一つとして著名になった。明治維新後、西慶院は同じく誓願寺塔頭《たっちゅう》の九《く》品院《ほんいん》に合併されたが、大正十二年（一九二三）の関東大震災で炎上した。そして昭和四、五年（一九二九、三〇）にかけて三たび、現在の練馬区練馬四丁目の地に移転した。若月紫蘭著『東京年中行事』には、そばを上げて願掛けすれば咳がなおり、本復のあとにもそばを上げる掟になっている、と書いてある。

そばくいもくぞう【蕎麦喰い木像】

京都三十三間堂の向かい側に天台宗法住寺がある。この寺に親鸞上人が二十八歳のとき自身で刻まれたという叡山杉の木像が安置されている。親鸞が毎夜叡山をくだって六角堂に参籠したが、この木像が親鸞の身代わりになって天台座主の召しに応じ、そばを食べて不在をかばったという伝説がある。木像は高さ約一m、半眼を開き木目が美しい。

そばくったら はらあぶれ【蕎麦食ったら 腹あぶれ】

諺 福島県会津若松市、新潟県北蒲原郡中条町（現・胎内市）荒井浜地方の言い伝え。あぶれは、温めろの方言。会津地方では、昔から「蕎麦食って風呂に入らない馬鹿はいない。餅食って寝ない馬鹿はいない」と言われてきた。唐橋宏（会津若松市「桐屋」）によれば、新そばの時期になると、冷たい洗いたてのそば（水そば）を汁をつけずにすする食べ方があり、満腹するころには芯から冷えきってしまうので、風呂に入って温まるのが仕来りだ、という。逆に、江戸や群馬県利根郡では、そばを食べてすぐ風呂に入ると中気になる、との俗信がある。ともあれ、そばを食べたら、そば湯を飲むのは理にかなっている。

そばこ【蕎麦粉】

ソバ製粉は小麦粉製粉と同様に皮部と胚乳部を段階的に分離・粉砕する多段式製粉方式がとられている。粉砕・製粉、ふるい分けの順序で一番粉、二番粉、三番粉、末粉などのそば粉が得られる。また、ふるい分けせずに全種子を製粉した「挽きぐるみ」や種子の中心部の白い部分だけを粉にした「さらしな粉」がある。↓いちばんこ、さらしなこ、さんばんこ、すえこ、にばんこ、ひきぐるみ

そばこう【蕎麦考】

森谷白路洲編。和装半紙八六頁、昭和二年（一九二七）珍聞閑文舎より二〇〇部限定出版。同じ蕎麦文献の抜粋ながら、『蕎麦志』が先駆的な意味で高く評価されるとすれば、本書の価値は広範多岐にわたる、ずっしりとした内容にあるといえよう。なお、巻末に索引をつけたのは趣味本としては珍しいことである。昭和三十六年に改訂増補版五〇〇部が刊行された。

そばこうせん【蕎麦香煎】

そば粉に茶を注ぎ、塩を適宜に入れてかき混ぜて、塩味にして食べる。塩の代わり

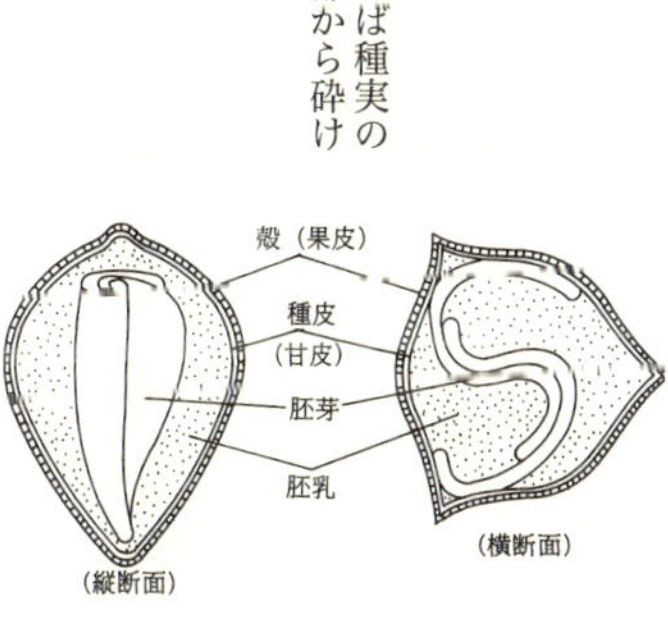

●そば粉　そば種実の構造。中心部から砕けて粉になる

に砂糖を使うところもある。岡山県川上郡（現・高梁市）では主として夏に食べる。（岡山県御津郡建部《たけべ》町〔現・岡山市〕、真庭郡落合町〔現・真庭市〕）

高知県高岡郡佐川町では、「茶練りそば」という。

そばこのしゅるい【蕎麦粉の種類】

→そばこ

そばこば【蕎麦木庭】

ソバを植える焼き畑耕地。七、八月ごろ焼き畑の伐採が行なわれ、これをコバキリ・キオロシという。（熊本県球磨《くま》郡五木《いつき》村）

そばごはん【蕎麦御飯】

ソバの実（ヌキ）だけか、あるいは何割か米を混ぜて、ご飯のように炊く。また、普通にご飯を炊いて器に盛り、煎ったソバの実をちらし、味つけに少量の塩をふって作る場合もある。

そばごめ【蕎麦米】

玄ソバを水から煮て、殻の口が開くころ塩を入れ、それから取り出してムシロ干しする。ソバの稜を崩さないように脱穀するが、塩加減（水の量の一％）と干し具合に秘訣があるという。昔はアワ、ヒエと混食したり、ハレの日にイリコのだし汁に油揚げ、豆腐、サトイモ、刻みネギと、このそば米を入れて吸い物にした。信州のそば米が古くから知られ、徳島県では三好郡東・西祖谷山《いややま》村（現・三好市）をはじめ、吉野川南岸の山間地帯の特産である。また山形県摩耶山の山麓一帯にはそば米と同じ「むきそば」が伝えられたが、現在では酒田市の名物となっている。

そばざけ【蕎麦酒】

高野長英著、天保七年（一八三六）序

『勧農備荒二物考』（出石《いずし》藩の医家尼子佐々木という人物の書いた小冊子「萆薢考《ひかいこう》」と合本にして、『三物考』と題して明治十五年に刊行された）に、「蕎麦酒」として記述がある。

「醸酒　蘭人此を以てビイル（酒名なり、少しく苦味ある者なり）を製す。然れども単味（まぜものなく）之を以て製すること稀なり。常に他の麴を加ふ。其法蕎麦殻を去る物を取り蒸して熟するに至り、取り出し器に納れ、熱湯を注ぎ、麦麴及び原醋（さけのもと）を加へて攪動し、密封して温処に安じ、沸醸せしめ酒成るに至り、上清（うわみず）を汲み取り用ゆ」

そばし【蕎麦志】

植田安兵衛編。明治二十八（一八九五）年に「蕎麦ほうる」と「芳香炉《ほうこうろ》」で知られる京都の河道屋から刊行。わずか二一丁の半紙和装本にすぎないが、内容は極めて豊富である。目次を拾うと、蕎麦図説、河漏紀原、蕎麦産地、蕎麦河漏名義、蕎麦粉製法、河漏製造並用法、河漏能毒、文苑、河漏雑説、植物冒蕎名者形状に分かれ、広く古書を調べたあとがうかがえる。昭和七年（一九三二）に再版。

そばじぞうなかんのん【蕎麦地蔵 菜観音】

諺 地蔵尊とは衆生の苦しみを救済してくれる菩薩のことで、蕎麦喰い地蔵尊をはじめそばには地蔵にまつわる伝説が多い。その縁日は二十四日であり、観音の縁日が十八日なのを旧時刻になぞらえて、ソバと菜の発芽とかけたもの。一日は十二刻だったので、ソバの発芽には二日、菜は一日半を要するからである。（和歌山県）

これとは逆に「観音蕎麦　地蔵菜」もあ

り、天保六年（一八三五）版の宗田運平著『農要録』は、唐津藩松浦郡見借村（現・佐賀県唐津市見借）の農事を記述したもので、八月之部に「蕎麦は八月彼岸廿日前に蒔てよし。蒔し日より七十五日目には刈る様になるもの也。俗に観音蕎麦に地蔵菜と云《いふ》事あり。観音は十八日（二百十日比《ころ》にあたる也）、地蔵は十（廿カ）四日也。是彼岸より此日数ほど前に蒔てよしと云事也。蕎麦は廿四時には生へるもの也」とある。なお、欄外注には「蕎麦は大豆跡に直に二百十日に生へ出るやうに蒔付る吉《よし》。不可忘」「俗、彼岸のつまみ菜と云」と記してある。

そばじょうちゅう【蕎麦焼酎】

原料のソバを蒸して白米の麹と掛け合わせるか、ソバ麹にソバまたは白米を合わせて発酵させて作られる。原料のソバは挽き割りかそば米が使われるが、量産するには作業性のよいそば米が適している。ソバは七〇％の糖質を含んでいるので、原料一t当たり四一〇～四二〇ℓの純アルコールが得られる。製品は一般的にはアルコール分二五度に調整されているが、なかには三五～四五度のウイスキー並みの商品もある。好みに応じて水割り、お湯割り（そば湯割り）、オンザロックスなどにして飲まれる。

そばしるこ【蕎麦汁粉】

小ぶりのそばがきを入れた汁粉。あずき餡をかけたり、そばがきの代わりにそば切りを使う場合もある。そばぜんざいは関西風の呼称。また、そば粉に砂糖を加えて汁粉風にしたものもある。

そばす【蕎麦酢】

そば米を原料にして常法により製麹し、糖化、発酵させてアルコール五％前後に調整したのち、種酢を加えて酢酸《さくさん》発酵させた醸造酢。色はやや茶褐色を呈しており、酢酸は米酢、りんご酢、ぶどう酢などと同様に四～五％だが、エキス分が多いので味はまろやかでコクがある。たんぱく質の多いソバを原料にしているのでアミノ酸が多く、必須アミノ酸など一六種のアミノ酸は一〇〇㎖中五二〇㎎も含まれている。ちなみに米酢は一八〇㎎、りんご酢四〇㎎、ぶどう酢一五㎎程度である。また、アルギニン、リジン、ヒスチジンなど塩基性アミノ酸の多いのも特徴の一つである。酢はもともと健康によい調味料だが、そば酢は口当たりが軟らかく各種の料理によく合う。まだ量産されていないが、自然食品店などで売られている。

そばすき【蕎麦すき】

そばと季節の魚介、野菜を使った鍋物だが、基本的には店側がサービスする提供法を採っているのが特徴。まず一口、さっとそばをゆでて味わってもらう。次に、魚介、続いて野菜を一種類ずつ煮、それぞれほどよい煮え加減ですすめる。最後に再びそばを、好みの量だけ提供する。手打ちそばはゆですぎてはその持ち味が生かされないので、小ぶりの振りざるに一口分を入れ、鍋のなかでさっとゆがいて食べるような方法がよい。

そばずし【蕎麦鮨】

干瓢、シイタケ、卵焼き、三ツ葉などを芯に入れた海苔巻き、伊達巻きなどの巻きものが最もそばに合う。このほか稲荷、茶巾、ちらし、押しずしもある。そばずしがいつごろから始められたかは定かではないが、幕末ごろ江戸で売られていたことが、稲荷堀《とうかんぼり》（日本橋小網町三丁目の東、現在の蠣殻町のあたり）にあったすし店「松露《しょうろ》寿し」の開店報条でわかる。連板《れんいた》の図案の中に「そば寿し　御好次第」と書かれている。

ソバ・スナック

そば米は加熱条件を変えることにより形、食感、香りの異なるスナックができる。麦などを焙焼する砂炒り機にかけて三〜四倍に膨化させると、香ばしい歯ごたえのよいあられ風のスナックとなる。

また、爆弾あられといわれる「とっかん方式」で七〜八倍に膨化させると、大きさが大豆ほどのポップコーン風のスナックになる。パフマシン（エキストルーダー）で約一〇倍に膨化させると、さくっとした棒状スナックとなる。いずれも塩味や調味料で味つけしたり砂糖やチョコレートをコーティングして食べられる。このほかに、調味料、青海苔、エビなどを混ぜて、一定の容器内で加熱加圧した「そばぽんせんべい」も昔なつかしい新しいスナック菓子である。↓そばがし

そばすべり【蕎麦すべり】

高知県高岡郡佐川町荷稲《かいな》で、乙子《おとご》の朔日《ついたち》（旧暦十二月一日に行なう祝い）に炊かれるそばおじやのこと。乙子の朔日に、そばすべりと称して、そばおじやを炊いて乙子様に供え、今年の無事と来年の健康を祈ってから食べる。名称の由来は、昔そば粉に小豆を入れてこねたそばがきに油をつけて食べたことからといわれ、年越しまでの一ヵ月は、息災ですべるように年を越すことを祈っての祭りという。材料は米・田芋・じゃこ・そば粉・ニンニクの葉・ニンジン・ネギなど。同県安芸郡馬路《うまじ》村日浦でも「そばすべり」と呼び、乙子の日にそばを

食べる。

そばずり【蕎麦ずり】

野菜汁を作り、そのなかへそば粉を入れてかきまわしたもの。コマカ汁ともいう。（岡山県御津郡加茂川町豊岡（現・吉備中央町））

そばせいふん【蕎麦製粉】

→いしうす、ロールせいふん

●そばずし

そばぜんしょ【蕎麦全書】

日新舎友蕎子《にっしんしゃゆうきょうし》著。寛延四年（一七五一）十月に脱稿した三巻一冊本で、総丁数は六〇丁である。著者は元禄十年（一六九七）版『本朝食鑑』を引用しつつ解説を加え、上巻にそば打ちと役味の概略、江戸のそば屋の名目。中巻に友蕎子自家製のそば、そば汁、役味、それに役味の解説。下巻にそばのつなぎ、変わり麺の製法、諸国のそば

●『蕎麦全書』　日新舎友蕎子著の『蕎麦全書』の一部

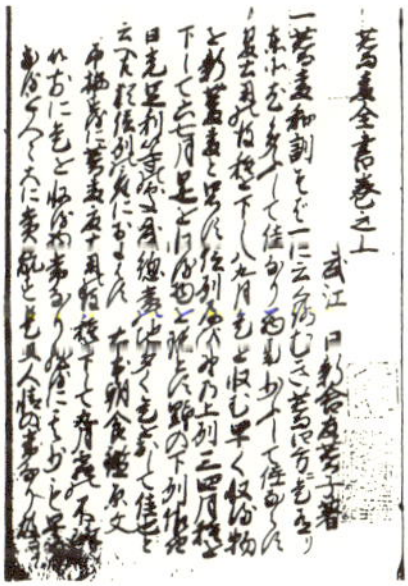
蕎麦全書巻之上
武江　日新舎友蕎子著

産地と有名そば、江戸のそば屋七二軒と粉屋六軒をあげている。「けんどんそば始りの事」と「新吉原蕎麦切屋始りの事」などの起源に触れた個所には誤りが見受けられるが、江戸時代に著されたそばの本で本書の右に出るものはない、といっても過言ではない。

そばせんべい【蕎麦煎餅】

天明七年（一七八七）版『七十五日』には、菓子所として「五味せんへい五香せんへい所　相州様東手門前　伊藤長十郎」が紹介されており、その中に「雑穀　そはせんへい、粟せんへい、きびせんへい、稗せんへい、もろこしせんへい」とあり、そばせんべいが当時、売られていたことがわかる。

そばぞうすい【蕎麦雑炊】

ソバの実を雑炊に仕立てたもの。ソバの実を研いで水を切り、かつお節のだしにしばらく浸しておく。ここに昆布を入れて火にかけ、浸しておいただしごと、粥を炊く要領で炊く。炊き上がったら塩か醤油などの調味料で味をつける。鶏や山鳥（キジなど）のだしもそばによく合う。

そばそしん【蕎麦祖神】

第四十四代元正天皇（女帝）は「民に失業なからしめよ、役人に汚行なからしめよ」とうたわれ、善政をしかれたことで知られる。また養老六年（七二二）七月十九日に詔を発し、旱害不作の備荒対策としてソバの栽培を奨励したと『続日本紀《しょくにほんぎ》』巻九にあり、これはわが国におけるソバ栽培の最初の記録とされる。これにより同天皇を蕎麦祖神として奉戴することが昭和八年（一九三三）、京都で開催された全国麺業大会で提議され、五月二十六日（新暦による崩御の日）を祭日と定めた。以後、同日には御陵（奈良県奈良市奈保山西陵）に参拝しそばを献上し感謝祭が行なわれている。主に京阪神中心の行事。これとは別に山神にそばを供えて祭る風習は各地でみられるが、一般に祖神としては元正天皇をいう。↓げんしょうてんのう

そばだい【蕎麦台】

そば店で使用する膳。角膳（店用）、横膳（主として店用）、台（出前用）がある。一般に、蓋をかぶせたかけ丼がいくつ乗るかによって、「二つのり」「三つのり」などと称し、通常「八つのり」まであった。

そばたくはつ【蕎麦托鉢】

托鉢の際に、ソバの施しを受けて回ること。群馬県碓氷郡（現・安中市）と長野県北佐久郡との境にある碓氷峠の熊野神社の神主は、ソバが収穫される時期に御札を持って農家を回り、ソバを一升ずつ集めた。御札は家内安全、嵐除け、虫除け、火難除けなど。

そばだね【蕎麦種】

諺嫁にいかないで長く生家で暮らしている女性のこと。「蕎麦は七十五日」というほど短期間に収穫されるものなので、種で家に置かれる期間が長いことから。（香川県仲多度郡、三豊郡大野原町五郷（現・観音寺市））

愛媛県北宇和郡三間町（現・宇和島市）では、ソバ種は黒く角張っていることから、醜い娘を指すとの説もある。↓そばむすめ

そばだねさんかく　えかきはごがく【蕎麦種三角　絵描きは五岳】

諺極めて明白なことをいう。平野五岳は豊後日田の詩画僧で、その名声は天下に

噴々《さくさく》だった。三角と五岳を対照させ、五岳を五角にかけたもの。（大分県）

そばちゃ【蕎麦茶】

茶葉から作られる緑茶、大麦を煎った麦茶、玄米を煎った玄米茶などは古くから嗜好飲料として親しまれ常飲されているが、そば茶はソバの栄養素を飲用する健康茶の一種。昭和五十三年（一九七八）に市販製品として開発された。ソバの芳ばしい香りとまろやかな風味に特徴がある。製法は玄ソバを蒸気で蒸したのちに黒い殻を取り除いたソバの実（そば米）を焙煎するもので、焙煎後の体積がもとの粒子の二倍以下になるように水分、温度、焙煎時間を調整すると好ましい風味がかもし出される。成分はソバ一〇〇％であり、たんぱく質、ビタミン類、ルチンなどが多く、タンニンやカフェインのような刺激性成分はほとんど含まれていないので睡眠を妨げることもなく、また煎じ薬的なクセもないので、毎日飲用できる健康茶として定着するものと思われる。

そばちょく【蕎麦猪口】

訛って「ちょこ」。江戸時代には猪口にはさまざまな型があり、それぞれの用途があったが、中型の猪口が汁入れに手頃とあって使われるようになったと思われる。宝暦・明和（一七五一〜七二）ごろ江戸の夜そば売りが使用していたが、そば猪口と呼ばれるようになったのは明治に入ってからであろう。日常雑器である伊万里の猪口と庶民の食べ物であるそばとの結びつきは、伊万里焼の量産に負うところが大きい。

そばつう【蕎麦通】

村瀬忠太郎著。昭和五年（一九三〇）、四六書院「通叢書」の一冊として発行。四六判（ほぼ今のB六判）洋装、本文二一五頁で定価七〇銭だった。村瀬は東京滝野川区中里町（現・北区）にあった日月庵・やぶ忠という手打ちそば屋の主人で、安政六年（一八五九）生まれ。本書は名人やぶ忠を掘り出した文筆家高岸拓川《たかぎしたくせん》が、村瀬の口述をもとに該博な知識と史料を駆使してまとめたものである。『蕎麦志』や『蕎麦考』から引用しているとはいえ、著者の見聞や体験を中心にして記述したのが大半を占め、しかもその部分が生彩を放っている。蕎麦の産地および産額を示し、製粉、そばと汁の製法を詳説、地方の郷土そばや食習も取り上げ、栄養価に至るまで記してある。↓やぶちゅう

そばづくし【蕎麦尽】

作者は鈍亭魯文。幕末から明治にかけての戯作者・新聞記者で知られた仮名垣魯文と同一人物と思われる。安政二年（一八五五）新春発行の『新板厄払』に収録。

アアラ　めでたいなめでたいな
またあら玉の新蕎麦に
御祝儀めでたき手打そば
親子南ばん仲もよく
女夫《めおと》ちんちん鴨そばで
暮れるとすぐにねぎ南ばん
上から夜着をぶつかけそば
たがいに汗をしつぽくそば
てんとたまらぬ天ぷらそば
かみがみさんへあんかけの
その御利益《ごりやく》はあられそば
やがてお座の玉子とじ
あつもりおいて育てあげ
蝶よ花よもてはやし
かかるめでたきおりからに
悪魔うどんが飛んでいで

薬味からみをぬかすなら
大根卸しでおろしつけ
（けんどん箱の蒸籠より）
したじの中へさらりさらり
ちんちん鴨は花街語、略してちんちん、男女の睦み合い。暮れるとすぐにねぎは、寝着と葱《ねぎ》。てん（ずん）とたまらぬ天ぷらそば。御利益はあらり（歴然）とあられそば。玉のように美しい子と玉子とじ、子守りと熱もり、蝶よ花よと花巻そばというように掛け言葉が多い。ここではそばが主役なので、うどんは悪魔に仕立てられた。

そばづくし【蕎麦尽くし】
そば料理だけでコースの献立に仕立てたもの。懐石、あるいは会席料理の伝統と技術を取り入れ、洗練された趣向と高い料理性を持つものや、郷土の味覚をふんだんに取り入れたものなど、さまざまな形に発展している。↓そばりょうり

そばつくり【蕎麦作り】
正月十五日の夜、山桑の木の枝にそば団子を犬などの形に作ってさして飾る。この犬は鳥獣を追う呪《まじな》いだという。（岩手県九戸《くのへ》郡山形村〔現・久慈市〕）

そばづくりにききんなし【蕎麦作りに飢饉なし】
諺凶作のとき、すぐにソバをまけば、米・麦の補いになる。（茨城県）
滋賀県伊香郡余呉町上丹生（現・長浜市）では、「蕎麦は飢え知らず」といわれている。↓がしそば

そばつぶやま【蕎麦粒山】
山容が玄ソバの粒の形に似ているところから、各地に蕎麦粒山の呼称が生まれた。静岡県榛原郡本川根町（現・川根本町）と周智郡春野町（現・浜松市）の北境にある

山（標高一六二七m）、奥多摩から埼玉県秩父市浦山に通じる仙元峠に連なる山（一四七三m）、岐阜県揖斐《いび》郡徳山村（現・揖斐川町）・坂内村境にあるもの（一二九七m）、長野県北安曇郡白馬・美麻村（現・大町市）と上水内郡小川村の境の山（一〇七二m）、の四山のほかに、「蕎麦角《かど》山」が山梨県北都留郡丹波山《たばやま》村（一四六〇m）、岐阜県吉城《よしき》郡宮川村（現・飛騨市）一二二二m）、の二山あり、山口市の「蕎麦ケ岳」は五五七mで最も低い。なお、国土地理院発行の地図には掲載されていないが、富山県東礪波郡利賀《とが》村（現・南砺市）にも「蕎麦角山」（一三六三m）がある。

そばつゆ【蕎麦露】
　→つゆ

そばでくびくくる【蕎麦で首くくる】
　諺できるはずがないこと。「蕎麦にて首くゝるといふは、儂《わたし》やお前のそばがよき都々逸よりも、古き俚諺《ことわざ》なりと」斎藤緑雨「ひかへ帳」三（明治三十一年・一八九八版『あられ酒』）。

そばてびきぐさ【そば手引草】
　本書は縦一七・五×一二・五㎝の横本で、一二丁からなる稿本一冊。著者の旭堂開明は雅号、そばを愛好した蘭学の書生であろう。末尾に「乙《きのと》の未《ひつじ》の初春」とあるだけで、元号の記載はないが安永四年（一七七五）の脱稿と考えられる。目録を掲げていないが、ソバの栽培から書き始め、効用、産地、製法、蕎麦皮などの項目を立てている。製法の条では、生そば、いもつなぎ、外一・内一の打ち方、茶そば、大根そば、煮かけ、花まき、しっぽく、そば掻き（茶で掻く法）、浪人そば、そば湯、そば粘りなどを記述したそば入門書。

そばどうぐ【蕎麦道具】

そばを作り食べるために必要な道具の総称。長い歴史のなかで合理性・機能性が追求された結果、実用本位に作られている が、洗練された美しさをも合わせ持つものが少なくない。そばを作る道具としては、木鉢、めん棒、包丁、こま板、生舟など。そばをゆで、洗うための道具としては、揚げざる、ためざる、振りざるなど。汁を作る道具では、返しがめ、土たんぽなど。供する道具としては、せいろ、ざる、猪口、湯桶、丼、薬味箱などがある。

そばどうちゅうき【蕎麦道中記】

『雙六蕎麦愚案戯書《すごろくそばぐあんぎしょ》』とも。そば好きで八十歳になる山崎頴山《やまざきえいざん》が、安政二年（一八五五）正月に脱稿、総丁数二〇丁の写本である。そばの食べある記を行なったのは文政十三年（一八三〇）ごろで、江戸日本橋を出発して東海道五十三次を京都へ上り、京都逗留中に大坂新町の砂場そば、それから須磨の敦盛そばまで足をのばし、中山道を経て板橋に帰着するまでのそば行脚の狂歌紀行である。道中宿駅の名物そばを書き抜くと、次のとおりである。

神奈川・旭そば、藤沢・緑そば、小田原・明月そば（ゑびすや）、沼津・山吹そば、由比・濤《なみ》そば、府中（静岡）・笹屋そば、掛川・白菊そば（唐木屋森蔵）、浜松・ざざんざそば（音羽屋安右衛門）、岡崎・三日月そば、亀山・宝来そば、高宮・松がゐそば、柏原・常盤そば（常盤屋松次郎）、加納・延命そば（茗荷屋徳次郎）、上松・寝覚そば、洗馬・翁そば（大根入り）、八幡・志良賀《しらが》そば、高崎・浪花そば（梅林）、熊谷・地紙そば（代屋）

そばどうふ【蕎麦豆腐】
そば粉に葛粉を加えたものに冷やしたかけ汁を入れて混ぜ、湯せんしつつ硬くこねる。これを型に入れ自然に冷やす。もり汁、あるいは醬油などのつゆをかけて食す。また、水で溶いたそば粉にでんぷんを入れて煮つめ、蒸し固める方法などもある。

そばとおおむぎ【蕎麦と大麦】
諺ソバと大麦の種は何年たっても芽が出る。凶年だと感づけば、急いでまくのにいい作物である。大麦粉で打ったのが大麦切り、略して「麦切り」という。（長野県上伊那郡辰野町）

そばどじょう【蕎麦泥鰌】
そばを九〜一二㎝の長さにして六㎜ぐらいの幅に切る。ちょうどドジョウぐらいの太めのそばである。ゆで上げたものに、つぶし餡をかけたもの。新潟県佐渡郡佐和田町（現・佐渡市）で作られる。石川県鳳至《ふげし》郡（現・鳳珠《ほうす》郡）穴水町では、大鍋に煮込んだ小豆汁を作り、つなぎを使わずに打ったそばをドジョウぐらいの太さに切り、生のまま一緒に煮込み、味噌味で仕上げる。

そばとぼうずはいなかがよい【蕎麦と坊主は田舎がよい】
諺ソバと僧侶とは、都からよいものが出ない。（『譬喩尽《たとえづくし》』三）

そばとみずのよいところは　ほめるものでない【蕎麦と水のよい所は　ほめるものでない】
諺群馬県利根郡新治《にいはる》村（現・みなかみ町）での言い伝え。そういう所は山家に決まっているから。信濃では、「水と蕎麦の自慢をいうとお里が知れる」と。

そばなえ【蕎麦苗】
＝そばもやし

そばなべ【蕎麦鍋】

寄せ鍋のように、その場で鍋にそばを入れ、ゆでたてを各種の薬味を使って食べる。出雲地方のそばの食べ方の一つ。

そばにきじ【蕎麦に雉子】

諺食い合わせ。「雉子を食えば三年の古疵も出る」（キジは悪食するから、または脂肪が強いので、三年前の古傷がうみを持つ）と言われているためだと思われる。だが、信州の郷土食に「雉子そば」があるから心配はないはず。キジは落としてから四日目ぐらいがうまいが、だしだけに使い、肉をみせないのが一番ぜいたくな食べ方である。

そばにすいか【蕎麦に西瓜】

諺食い合わせ。甲斐徳本『喰合禁物集』に、「のちごひはせぬまへかたにこゝろえよ、そばにすいくわは大どくとしれ」とある。近世の食い合わせに見られる傾向の一つとして、外来植物を避けるのが特徴である。寛永年間（一六二四～四四）、中国から琉球を経て、薩摩で栽培し始めたスイカが、普及したのは近世である（寛永期伝来説に対して、『十輪院内府記』や『蔗軒日録』をひき、文明・一四六九～八七ころすでに栽培が行なわれたとの説もある）。めん類も禁食の一方の雄であるから、両者の組み合わせが大毒とされた理由であろう。「四十一の前厄に蕎切《そばきり》と西瓜と喰い合はせて死んだり」（元禄七年・一六九四『好色萬金丹』一）、「はりました・そば喰て西瓜南無三宝」（元禄十五年・一七〇二『俳諧楊梅』段々付）。「多く蕎麦を食ひて同じく西瓜を食へば、則ち煩悶して死に至る者有り。但し西瓜を先にし蕎麦を後にすれば、則ち害あらず。蓋し西瓜は水にして速く下る故、合食の難を遁《のが》るか」（正徳五年・一七一五版『和漢三才図会』）。

そばにたにし【蕎麦に田螺】

諺食い合わせ。秋田、山形、栃木、茨城、新潟県佐渡郡（現・佐渡市）、佐賀、鹿児島の諸県では、大毒、または腹痛、胃病を起こすという。タニシはもともとこれが悪いのが、その一因である。しかし、タニシをつぶしたのをそば粉と練り合わせたものは、瘤につけると治る（宇都宮市、長野県安曇《あずみ》地方）、足の土ふまずに貼ると腎臓の腫れによく（青森県三戸《さんのへ》郡）、足のひらにつけると産褥熱にきく（群馬県邑楽《おうら》郡）、腫物のうみを出すのに効く（神奈川県相模湖町内郷〔現・相模原市〕）ばかりでなく、馬の脚の痛みにも効能がある（群馬県利根郡新治村〔現・みなかみ町〕）、といった効用も伝わっている。

そばにはえがさんびきとまったらかれ【蕎麦に蠅が三匹留まったら刈れ】

隠秋の彼岸のころになると、ソバの白い花のなかに、あたかもハエが留まったかのように、いく粒かの実が黒く色づく。それが刈り取りの適期だという言い伝え。（飛驒）

ソバは完熟すると脱粒しやすいので、七割ぐらいが成熟して黒色に変わったら収穫する。朝露のあるうちに刈り取り、上部の未成熟の実は後熟させる。

青森県三戸《さんのへ》郡五戸《ごのへ》町では「蕎麦は黒粒三つぶら下がれば刈ってよい」という。

そばにはかかしはきかぬ【蕎麦には案山子は効かぬ】

諺山深い焼き畑にソバを作った場合は山鳥・野兎・まみ（穴熊）に荒されやすく、案山子もきかないし、収穫までは苦労が絶

えない。対策としては、夜に畑の周囲をいぶし回しておくとよい。（福島県会津地方）

そばにゅう

ソバを刈るとき、手で三つかみを一把とし、その三把をまとめて立てたもの。（長野県南安曇郡奈川村〔現・松本市〕）

そばねっけ

そばがきのこと。（千葉）↓そばがき

そばねっとう

汁を作っておき、その中にそば粉を入れてかきまわす。（群馬県吾妻郡六合《くに》村世立〔現・中之条町〕）

新潟県岩船郡山北《さんぽく》町八幡〔現・村上市〕では、碗がきをソバネットウ・ネットウといい、山形県西置賜《にしおきたま》郡小国《おぐに》町と東田川郡朝日村大泉（現・鶴岡市）ではソバネットという。

そばねり【蕎麦練り】

そばがきのこと。（北海道、東北、越後）＝そばがき

そばのあかすね【蕎麦の赤すね】

諺ソバ茎（すね）があまり赤く鮮やかなのは、実が多く穫れないが、香りがよい。ソバは肥料が足りないと、茎が細くて赤くなる。これをセンコソバ（線香蕎麦）という。ソバは一〇cmぐらいまでの小さいうちは茎が赤いが、あとは根際のほかは水色か、白く透き通るのがいいソバだという。（長野県）

そばのさんち【ソバの産地】

ソバは沖縄と北海道の北部を除けば、日本各地で栽培が可能である。したがって、明治中ごろのソバの作付の最も多かった時代には、ほとんどの道府県で栽培されていた。しかし、その後の農業事情の変化によ

ってソバ栽培に力を入れる都道府県は次第に減少し、限られた地域で集中的に栽培される傾向になっている。主な産地は北海道を筆頭に鹿児島、茨城、宮崎、青森、岩手、長野、栃木、福島などがある。一方、国内産ソバ全体の生産状況を見ると、明治三十一年（一八九八）の一三万四二〇〇t・一七万八五〇〇haをピークに漸減傾向をたどり、昭和五十年（一九七五）の作付面積はピーク時の一割強の一万八三〇〇haにまで落ち込んだ。しかし、昭和五十四年には契約栽培を基軸として新たにソバ流通安定化対策事業が発足した他、稲作転作対策の特定作物にソバが指定されたこともあって、ようやく復調・増産の傾向が現れてきている。平成二年（一九九〇）度の収穫量は二万一〇〇〇t・作付面積は二万七八〇〇haであった。その後も作付面積は漸増しており、収穫量が二万五〇〇〇t近い年もある。ただ、転作（水田作）ソバの作付が年々増加し、国内産ソバ栽培の中心になりつつある（平成二年度の水田作面積の対作付割合は六五・四%）。世界的にみると旧ソ連・中国を筆頭にヨーロッパ各国、北米、南米、カナダ、オーストラリア、アフリカの諸国がソバの生産国となっており、世界的に広く分布している。

そばのじまんはおさとがしれる【蕎麦の自慢はお里が知れる】

諺よいソバが穫れる所は土地が冷涼で、米を作るには適しないゆえ、ソバ自慢はあまり自慢にならない。（長野県）

そばのせんぞぼう【蕎麦のせんぞぼう】

ダイコンのせん切りとそばの煮汁。（新潟県佐渡郡海府〔現・佐渡市〕）→だいこんそば

そばのとうろうつく【蕎麦の灯籠つく】

諺ソバの実いりは、はじめに青く、それから三角灯籠がついて赤くなり、そのうちに茶色になり、しまいに黒くなる。白い花を加えると、五色に変化する。「灯籠がつく」というのは、三角灯籠がついて赤くなり始めた時期をいう。〔長野県上水内《かみみのち》郡戸隠村〔現・長野市〕〕

そばのはしゅ【ソバの播種】

ソバは播種から収穫までの期間が稲、麦などに比べ非常に短く、種播き後、四～五日で発芽し、三〇～三五日目ごろに開花最盛期を迎え、七〇～八〇日で収穫適期となる。そして火山灰地や開墾地、やせ地でもよく生育するのを特徴とする。組織的な育種はほとんど行なわれておらず、収穫時期によって夏ソバ、秋ソバに大別されている。「夏ソバ」播種は四月上旬（九州）から六月下旬（北海道）、収穫は六月中旬（九州）から八月中旬（北海道）となる。「秋ソバ」播種は七月上旬（北海道）から九月上旬（九州）、収穫は九月中旬（北海道）から十一月中旬（九州）となる。↓なつそば、あきそば

そばのはながさけば あゆがくだりはじめる【蕎麦の花が咲けば 鮎が下り始める】

下りアユ（落ちアユ）の時期は、ソバの花の咲くころ。アユの味は七、八月ごろが一番よく、九月になると腹に熟卵を持つようになってまずい。水温が二〇度C以下になると川を下り始めるが、その時期は九月中旬から十月にかけてである。〔三重県度《わた》会《らい》郡大内山村〔現・大紀町〕、広島県〕

そばのはなははちのさけ【蕎麦の花は蜂の酒】

諺越後で蝶のことを「酒別当」と呼ぶの

にならって、蜂がソバの花の蜜を吸いにくるので蜂の酒と名づけたもの。(正徳四年・一七一四『才磨評伊丹発句合』)

ソバの花には八から九個の瘤状の蜜腺があって、多量の蜜を分泌して高い香りを放つ。そば蜜は色が暗褐色で香りが強く、味も濃厚で、鉄分の含有量も多い。わが国では一般に淡白なものが好まれるが、中国やフランスではそば蜜の特殊な風味が好まれ、名声の高いブルターニュ蜜もやはりそば蜜である。

そばのひとふき【蕎麦の一吹き】

諺ソバは涼しい気候の山地や開墾したてのやせ地でもよく生育し、乾燥にもよく耐える作物だが、風には至って弱い。とくに開花期から成熟期にかけて強風が一吹きすると、倒伏して大被害を受けるので、豊凶を左右する台風に用心すべきことを戒めている。

そばのひとむずり【蕎麦の一むずり】

諺そばを食べて体をひとねじりすると、すぐ腹がすく意で、ムズリは曲がりに当たる方言。そばはすぐ腹のすくものの例えにされ、これから独立してそばのことを「一むずり」と呼ぶ。(山形県最上郡最上町)

朝鮮の諺にも「そば食ったおなか」というのがある。

そばのひんしゅ【ソバの品種】

ソバは他花受精の植物なので他の品種と交雑しやすい。そのため、他の作物のようなはっきりとした品種区分をつけにくく、選抜・隔離などによって品種として固定されたものは数えるほどしかなかった。近年、品種改良や新品種の開発が進められているが、まだ数は少ない。主なものに、階《はし》上早生《かみわせ》、信濃一号、常陸《ひたち》秋そば、キタワセソバなどがある。

そばのみかえり【蕎麦の三返り】

諺そばをゆでるには、火加減が難しく、火が強すぎても空煮《そらに》えの心配がある。釜に入れたそばが三回かえったときに煮上がるのが、最もよい火加減とされている。火力に薪を使っていた当時の言い伝えであるから、現在では必ずしも基準にはならない。

そばはいぜんしょ【蕎麦配膳書】

四条流家元六代目石井治兵衛の遺稿『料理秘伝抄』巻十四、配膳門にある、古式にのっとったそば配膳法は次のとおりである。

一　御蕎麦膳　　差上
一　御代り重　　差上
一　御蓋取通　　差上
（通＝かよい。飲食物を乗せて運ぶ器）
一　御汁次　　差上
一　御再進御代り重　　差上
前御蕎麦重　　下る
右御ことわりのある迄かくのごとく、御汁つぎ御役味等も御用意致し申すべき事、御充分の御沙汰これあり候へば
御代り重　　下る
御汁次　　下る
御　通　　下る
一　御吸物　　差上
御向へ御引盃据込
一　御銚子　燗酒　　差上
御吸物にて一献、御中皿にて一献、御猪口にて一献、都合三献なり
一　御中皿肴　　差上
御吸物椀の御右の向へ据込
御台ばかり　　下る
一　御猪口肴　　差上
御吸物椀の御左の向へ据込
御台ばかり　　下る

御銚子　　　　　　　　　　　下る
御吸物膳　　　　　　　　　　下る
一　御　湯　　　　　　　　　差上
御　湯　　　　　　　　　　　下る
御蕎麦膳　　　　　　　　　　下る

右の内御略式は、御吸物より末これなく、尤も御吸物豆腐は蕎麦の毒消し故、此吸物は差上げ申度候。　以上

そばはいっかくかくればはえる【蕎麦は一角隠れば生える】

諺「蕎麦は種の一隅が土に入っていれば根が出る」（長崎県対馬）ともいわれ、発芽力が強いことをいう。（『成形図説』十七）

そばはかく【蕎麦は角】

諺ソバは稜麦・角麦とも呼ばれるが、打ったそばの切り口は本来、真四角でなければならない。ところが、のしが面倒なので、江戸時代の職人は楽な「切りべら二十三本」を定法とした。機械打ちの場合は汁つきをよくするため、そばは「切りべら」、うどんは「のしべら」にする。↓きりべら、のしべら

そばはさんぶ【蕎麦は三分】

諺そばの食べ方は好きずきで結構だが、昔はそばつゆが辛口だったので、三分だけつゆをつけ、そばの香りや風味を味わうのが、正しい食べ方とされた。（東京都）

そばはしちじゅうごにち【蕎麦は七十五日】

諺ソバは播種してから収穫までの期間が約七五日間かかる。短期間で収穫できる作物であることから、ほかにも同様の諺がある。また、ソバは製粉の手間がかかるため、その日の夕飯にという諺も多い。例を次にいくつか列記する。

蕎麦は七十五日たてば旧へ返る（信濃）
蕎麦は七十五日で鎌を持って行け（岩手県）
蕎麦は七十五日の食い切り（熊本県八代郡泉村〔現・八代市〕）
蕎麦は七十五日の晩そばになる（広島県比婆《ひば》郡西城町〔現・庄原町〕）
蕎麦は七十五日の夕鍋に食え（岡山県川上郡備中町平川〔現・高梁市〕）
蕎麦は七十五日の夕飯になる（紀伊）
蕎麦は七十五日の夕飯に、小豆は七十五日の朝飯に（薩摩）

そばはちみつ【蕎麦蜂蜜】

ソバの花は、ミツバチが好む花の一つ。ソバの花からは黒くて強烈な風味をもつ蜂蜜を生産することができる。↓そばのはなははちのさけ

そばはっすん【蕎麦八寸】

そばのちょうどいい長さをいったもの。八寸は約二四cm。箸にかけるとき、二つに垂れ下がる具合のいい寸法から割り出されたものか。めんの太さにも関係し、中打ち、細打ち程度のものに適した長さ。一般にさらしなそばなど細めのそばには八寸の長さが昔から定まりとなっている。対して、「うどん一尺」との言葉があり、太めのめんは長くなるのが決まりである。例外として、俗に「どじょうそば」といわれる、太くごく短いものもある。

そばはっと【蕎麦法度】

生そばのこと。（岩手県二戸郡）山形県天童市では短冊形に切ったのをいう。

青森県五戸《ごのへ》町ではハットともいい、昔は味噌からとった澄まし汁で食べた。

そばははえるようになるとまずい【蕎麦は生えるようになるとまずい】

諺秋ソバが生えるころは夏の盛りで、端境期の陳《ひね》ソバを使うため、そばがまずくなる。（信濃）

そばひとくみ【蕎麦一組】

幕末ごろでは人に祝儀を贈る場合、包み紙にこう書き、一朱（一両の八分の一）を入れる。「蒸籠一組」と書けば、倍の一分《ぶ》（四朱）をやるのが仕来りだった。（江戸）

そばひょうろうがん【蕎麦兵粮丸】

兵食とくに籠城用の特殊兵食である兵粮丸は、小さくて効能が高いことが要求される。この兵粮丸の一味としてそば粉がよく用いられた。栄養強壮剤としての一面が高く評価されたもので、そば粉を「仙粉」と称したことからもうかがい知れる。そば粉を使った兵粮丸には鬼一法眼兵粮丸・原氏兵糧丸・忍術兵粮丸・忍術精進兵粮丸・義経不食丸・飢餲丸・上杉家兵粮丸・尾張藩兵粮丸のほか乾氏兵粮丸・鈴木氏第一兵粮丸・陣中携帯糧食などがあげられている。ちなみに、原氏とは水戸藩医官の原南陽、乾氏は乾長孝、鈴木氏は鈴木梅城のこと。（『日本兵食史』下）

そばふるまい【蕎麦振る舞い】

そばどころでみられる風習で、一部では「縁者呼び」ともいっている。そば会を開くに当たっては、まず酒が供される。これを「そば前《まえ》」と称するが、そのあとにそばが出される。手打ちであるから途中でひと休みがあり、そこで「中割り」といってまた酒が出る。ちょっとした休憩であるから、少したしなむ程度でまたそばの続きとなる。最後に納めの酒が出される。これを「箸洗い」という。

そばべんとう【蕎麦弁当】

大正のころ、静岡市の桜そば・河内庵が考案した箱膳といえるもので、天ぷらとそばを盛り合わせた天盛りの始まり。いまは同市の岩久本店の「箱そば」が東海道の名物そばとなっている。こちらのほうは同じ重箱入りで外側が黒塗り、内側朱塗り、そばに汁入れ、猪口、薬味、箸を収めている。

そばボーロ【蕎麦ボーロ】

ボーロ（ポルトガル語でBôlo）は、小麦粉に卵を加え、砂糖を混ぜて焼いた菓子。この南蛮菓子の製法をそば菓子に応用したもの。京都の「河道屋」の名物そば菓子として古くから知られる。そば粉と小麦粉に卵、砂糖、蜂蜜、それに重曹などの膨張剤を混ぜて生地を作り、梅型に抜いてオーブンで焼いたもの。製品名としては、「蕎麦ほうる」「蕎麦ぼうろ」がある。

そばぼっとり【蕎麦ぼっとり】

山の神祭りの供物の一つで、「そばもち」ともいう。供物はほかに小豆飯、味噌をつけない御幣餅など、いずれも味をつけないで作る。北設楽《したら》郡ではそば団子のこと。（愛知県）

静岡県磐田《いわた》郡水窪町大野区大沢（現・浜松市）では、そば焼き餅をいう。↓そばもち

そばまえ【蕎麦前】

そばを食べる前に飲む酒をいう。宝暦七年（一七五七）版『評判龍美野子《ひょうばんたつのみやこ》』中に、「先づそば前に一っぱい致そう。のめる肴二、三種頼む」とある。↓そばふるまい

そばまき【蕎麦蒔き】

諺蟬《せみ》の一種で、ソバをまく時期に鳴くた

め。（山形県東置賜《おきたま》郡上郷村（現・米沢市））

そばまきいちご【蕎麦蒔き苺】

諺ナワシロイチゴのことで、花赤く実の粒が粗い。腹下しの薬。七月末から八月はじめにかけて熟《う》むと、「蕎麦蒔き苺熟んだら蕎麦蒔け」といって、ソバまきの旬を示す。（長野県上水内《かみみのち》郡鬼無里《きなさ》村（現・長野市））

北安曇《あずみ》郡美麻村新行（現・大町市）や大町市稲尾では、エビガライチゴのことをそう呼ぶ。

そばまきとんぼ【蕎麦蒔き蜻蛉】

諺赤くて小さいトンボのこと。これが鍬の柄の高さに飛ぶときに、ソバをまけばよいとの意。（和歌山県西牟婁《むろ》郡二川村（現・田辺市）、岡山県勝田郡）

群馬県勢多郡北橘村下箱田（現・渋川市）でも、「蕎麦蒔き蜻蛉が飛ぶ時が蕎麦のほんしんだ」と伝えられている。ホンシンは本旬の転訛か、または本芯（本当の中心となる時期）で、まき旬に変わりない。

群馬県利根郡片品村、静岡県磐田《いわた》郡水窪町（現・浜松市）では、ミヤマアカネ・赤トンボを指す。

そばまきぼし【蕎麦蒔き星】

諺清少納言の『枕草子』は、『源氏物語』とともに平安女流文学の双璧と称されている。そのなかに、「星は　すばる。ひこぼし。ゆふづつ。よばひ星、すこしをかし。尾だになからましかば、まいて」と、最初に書かれているすばる（昴）は、牡牛座に属する散開星団である。六個ほどの星が個々に群れて目立ち、黄道にあるので空の真中を通り、農耕漁獲などの季節を測知するのによい目安になる。すばる星の中空に達したのを目安に、ソバのまき時としている。

ひこぼしは牽牛星の異名で、鷲座の主星。天の川を隔てて、織女星と相対し、年に一度再会する七夕にそうめんを供え、めん類を食べる習俗がある。ゆふづつは宵の明星、すなわち金星。よばひ星は流星。

そばまつり【蕎麦祭り】

鹿児島県伊佐郡菱刈町下手（現・伊佐市）では戦前、下手水天神社の祭礼にそば踊りが奉納され、運そばを食べた。現在は十一月二十八日に「無礼講そば食い」が催される。このほか最近では町や村おこしの一環として、そば祭りが行なわれている。実施されている地域は次のとおり。北海道幌加内《ほろかない》町、岩手県盛岡市・花巻市、福島県山都《やまと》町（現・喜多方市）・檜枝岐《ひのえまた》村、富山県利賀《とが》村（現・南砺市）、福井県今庄町（現・南越前町）、栃木県馬頭《ばとう》町（現・那珂川町）、山梨県三富村（現・山梨市）、長野県長谷村（現・伊那市）・戸隠村（現・長野市）・美麻村（現・大町市）・開田村（現・木曽町）・信濃町、兵庫県出石《いずし》町（現・豊岡市）、広島県豊平《とよひら》町（現・北広島町）など。

そばまんじゅう【蕎麦饅頭】

そば粉と上新粉または小麦粉にヤマイモをすり込んで練り合わせ、広げて皮を作り、白餡、つぶし餡、こし餡などを包んで蒸し上げる。土産物として売られている一般的なものから、口ざわりが軽く、ソバの香り豊かな名店の銘菓まで、そば粉の多少により品質はまちまちである。そばは変質しやすいので早目に食べること。『守貞漫稿』には、蕎麦饅頭について二つの記述がある。一つは「そばは非か、饅頭の皮を薯蕷を以て制す。故に京坂にはじやうよ饅頭と云」。もう一つは「江戸近年の制なるべし。そば粉を以て皮とし、舶来霜糖を以て小豆餡を製し精製也。形小にして貴価也。普通饅頭形　蕎麦万十・薯蕷饅頭形（腰高）二図ともに側面也。」↓じょうよまんじゅう、もりさだまんこう

そばみそ【蕎麦味噌】

　そば味噌には二つのタイプがあり、一つは嘗《なめ》味噌タイプのもので〝藪そば御三家〟の秘伝とされている。甘口の江戸味噌と砂糖を充分に練り上げたところへ、煎った抜きソバ（挽き割り）や白ゴマを混ぜ、さらにみりんや唐辛子粉を加えて練り合わせて作られる。香ばしく口当たりもよいのでお通しに好適である。

　一方は普通味噌タイプのそば味噌で、昭和五十年（一九七五）ごろ商品化されたもの。米麹の代わりにソバ麹を使用する。そば粉や挽き割りでは作業上、吸水や蒸熱が困難だったが、そば米（アルファー化したソバ粒）が量産されるようになったので、これを麹にして大豆とともに発酵させて作られる。ソバ麹は白米麹にして大豆とともに発酵させて作られる。ソバ麹は白米麹に比べて菌糸のはぜ込みもよく、プロテアーゼ活性が強いのでたんぱく質の分解がよく、製品中にアミノ酸が多くなり濃厚な旨

●そば饅頭　そば饅頭の形を示した図（『守貞漫稿』より）

みが得られる。味噌全体の四分の一程度がソバの実で、味噌汁にすると三角のソバの実が点在し、風味がよく嗜好性と栄養価がすぐれた味噌として賞味される。

そばむぎ【蕎麦】
ソバのこと。↓そば

そばむし【蕎麦蒸し】
＝しんしゅうむし

そばむすめ【蕎麦娘】
諺いつまでも独り身でロマンスの花を咲かせながら、私生児をこしらえていく浮気娘をいう。次つぎと花が咲いて実っていくから。（伊予）
栃木県那須郡西那須野町三島（現・那須塩原市）では、晩婚の娘をさす。↓そばだね

そばめし【蕎麦飯】
ご飯と一緒にソバの実（抜き）を炊いたり、蒸したご飯。新ソバで炊いたそば飯は色合いと香りがよく、懐石で喜ばれる変わり飯の一つでもある。雑炊仕立てでも食される。
享和元年（一八〇一）版『料理早指南』二、苗字《めうじ》飯《めし》秋の部に、

新蕎麦ひきぬきの宜しきを麦の加減にえましてよく洗ひ、笊に入れて水を切りおき、さて飯をこはくほろ〳〵とする加減に炊きおき、蕎麦をまぜて甑《こしき》に入れて蒸すなり。
加役　ねぎせん（繊切り）・たうがらし・けし・ちんぴ・ゆず・もみのり・やきみそ・わさび。
汁　すまし。

とある。また、その翌年に刊行された『名飯部類』上、名品飯の部の蕎麦飯には、
去皮蕎麦《かはむぎ》（信州より出る俗にそば米と云

ふ〕四合、粳米六合の量《はかり》にてまず合し洗ひ、炊水一升三合余を以て常のごとく炊熟す。達失《だし》汁《じる》。加料。

そば飯の販売については、天明二年（一七八二）序の報条集『ひろふ神』に、本膳亭坪平が江戸小舟町の一丁目新道の料理屋岡田屋清兵衛のため、前年の九月に書いたそば飯売り出しの報条が収録してあり、末尾に「御贔屓《ひいき》の薫りうれしゝそばの飯」と詠んでいる。

そばもち【蕎麦餅】

そばがきのままと、そばがきに漬物やアズキ餡をくるむものとがある。飛騨地方のアズキハラマセは、そばがきに塩味のアズキ餡を包んでゆでたもの。そば餅をもう一度焼いたのが「そば焼餅」。囲炉裏の熱灰に埋めて蒸し焼きにするのがイビキリモチ（青森、岩手）、ホドヤキ（岩手）、ソバボットリ（静岡、愛知）、ハイヤケ（高知）、ソバヤキ（島根県隠岐）という。「芋焼餅」はそば粉とサトイモを練り合わせて焼き上げたもの。島崎藤村が小説『夜明け前』のなかで記述している。「そば煎餅」は焙烙にといたそば粉を薄く流して焼くウスヤキ・パンパ（長野）、タラシ・ボチ（群馬）、縦　三cm、横一二cm、厚さ一・五cmほどの団扇型に固めたものを串にさして

●蕎麦めし　止働堂馬呑戯作の洒落本『忠世ものかたり』の挿絵（天明二年・一七八二の刊行と思われる）。江戸の芝、春日野辺の奈良茶を売る店の出格子に、「秋ハ蕎麦めし」の連板がかかっている

焼くウチワヤキ・ウチワソバ（岩手県大迫町〔現・花巻市〕）、ウチワモチ（秋田県北部）がある。クルミ味噌をつけて食べる。

そばものがたり【蕎麦物語】

表口庵有理著。寛延四年（一七五一）六月に書きあげた戯文で、自序と目録が三丁、本文が三三丁。内容は蕎麦が役味である大根・葱・山葵・紫菜《のり》・花松魚《はなかつお》など一族を引きつれ、米に対して謀反を起こすのを擬人化した異類合戦物語が前半を占めている。後半は浅草の草庵にこもった蕎麦のもとに、茄子・朝顔・芍薬《しゃくやく》・鳳仙花・薑《はじかみ》・蕃椒等が集まり、清談するかたちをとった本草物語である。

そばもやし【蕎麦萌し】

ソバの実を播いて発芽させ、貝割れ菜くらいになったもの。「そばなえ」ともいう。文化元年（一八〇四）序『料理早指南』四「談合集」秘伝物の部に「もやしのこしらへやう」として次のように書いてある。「豆・小豆・さゝげ・八重なり（緑豆）・蕎麦・ぶんどう（文豆。えんどう）、右のるい水につけ置き、折敷（おしき。四方に縁を回した角盆）にさら土をもり、よきほどに水うちまき置き、室《むろ》へ入れば、やがて芽を出す。一寸四、五分のびた時つかふ。又白水（しろみず。米のとぎ水）をかけ藁に包みておけば、一夜にして芽出るなり」。ソバモヤシはルチンを多量に含んでおり、おひたし・和えもの・吸いものなどに利用すれば一石二鳥の効果がある。また、すり鉢ですり、そばを打つときに加えて着色に用いることもある。

青森県南津軽郡大鰐町名物ソバモヤシは、温泉の地熱を利用して一週間ほどで三〇cmほどまで生育させる。江戸時代から栽培され、主に野菜不足に悩む雪国の冬の時期に栽培が行なわれる。

そばもやしつなぎ【蕎麦萌繫ぎ】

ソバモヤシを入れて打つそば。プランターに土を入れるか、水盆に桐生砂のような荒い土を入れて、そこへソバをまく。二～三日で芽を出し、一週間で一五cm、一〇日で二〇cm以上にのびる。それを抜き、根だけを取り除き、葉と茎をミキサーですりつぶす。少し水を加える。そば粉一kgに対して四〇〇～五〇〇gを混ぜ込む。湯ごねにせず糊仕立てとする。緑色でさわやかなそばができる。梅雨が明けるとソバの品質が落ち色も衰える。そこでソバの葉をすりつぶして加え、そばの色を整える方法も行なわれている。

そばやき【蕎麦焼き】

そば餅の一種。（島根県隠岐）→そばもち

そばやきもち【蕎麦焼き餅】

そば餅をもう一度焼いたもの。→そばもち

そばやしょくせい【蕎麦屋職制】

そば店が一つの独立した営業の姿をみせてきたのは江戸中期・寛延年間（一七四八～五一）あたりからで、これと併行して仕事の持ち場、職制がはっきりしてきた。板前から釜前、中台、花番、外番（出前）と分業化が進んでいった。このほかに補助的な役目も行なう脇釜、脇中、まごつきなどの持ち場も出てきた。大店では「盛り出し」「そば洗い」「膳くずし」「洗い方」「汁まわし」「箱前」など、それを専門にする役を置くところもあった。→いたまえ、う

えした、かままえ、そとばん、なかだい、はなばん、まごつき

そばやのかぜぐすり【蕎麦屋の風薬】

大阪の末広勝風堂（うどん屋から薬屋になったという）が明治中期に売り出した「うどんや風一夜薬」が大当たりしたことから、関東ではこれをヒントに「そば屋の風薬」「そばや風一夜薬」というのが売り出された。そもそもは玉子酒と熱いうどんに解熱剤の組み合わせがヒントだったという。

そばやのけんか【蕎麦屋の喧嘩】

諺 そばと「側《そば》」の洒落で、そばにいる者がたまらぬ。

そばやのさけ【蕎麦屋の酒】

諺 斎藤緑雨の『ひかへ帳』三に、「よからぬを蕎麦屋の酒と、以前は譬喩《たとへ》にも引きしに、神田本郷の繁昌ならびなき藪にては、客人を見るより早くお誂へはと言はず、御酒《ごしゅ》はといふも時世《ときよ》の故《せい》にや」とあるが、これは二八そば屋のことで、老舗は上酒を置いたものだ。この伝統はいまも継承されている。

そばやのしゅこう【蕎麦屋の酒肴】

海苔、かまぼこ、卵、エビ、鶏肉、ヤマイモなど、ふだんの仕事で使う材料を上手に利用しているのが特徴、これらを甘汁、辛汁、かえしという、そば屋ならではの調味料で味つけする。

そばやのとっくり【蕎麦屋の徳利】

諺 ①くくりつけの洒落で、禁足されること。夜鷹そばの汁入れ徳利は、倒れないように屋台の柱にくくりつけてあることから。「蕎麦屋のとっくりで、くくりつけてじゃ」（『風流すいことは』）

②徳利が縄で巻いてくくりつけてあり、

これを「縄巻《なま》け」としたところから、怠けていること。

そばやのゆとう【蕎麦屋の湯桶】

諺 そば湯を入れる漆塗りの湯桶は角につぎ口がついているので、他人の話に横から口を出すうるさい奴をいう。

そばゆ【蕎麦湯】

そばを食べたあと、そば湯を飲む風習は元禄（一六八八～一七〇四）のころからあり、『本朝食鑑』元禄十年（一六九七）に「蕎麦切の煮湯を呼て、蕎麦湯と称して言ふ。蕎麦切を喫して後、此の湯を飲まざれば必ず中傷せらる。若し多く食し飽脹すと雖も、此の湯を飲むときは則害無し」と記してある。信州から起こり、江戸に広まったのは寛延（一七四八～五一）以降と推定される。ソバのたんぱく質は水に溶けやすく、ゆでたそば湯のなかには溶け出した栄養素が豊富に含まれている。昔の人は暮らしの知恵でそのことを知っていた。

そばゆべし【蕎麦柚餅子】

ユズを主原料としたものだが、現在では米の粉に小麦粉、味噌、砂糖を混ぜ、これにユズの汁か皮を入れて蒸し上げている。そば粉と赤味噌・白ゴマ・トウガラシを練り合わせ、上部からえぐりぬいたユズに詰め、蒸してからわらづとに入れて寒ざらしにしたものが本来のそばゆべし。和歌山県本宮《ほんぐう》町上地《かみち》（現・田辺市）に古くから伝えられてきた名品である。

そばゆわり【蕎麦湯割り】

焼酎をそば湯で割って楽しむのは、そば屋ならではのオツな飲み方。とくにそば焼酎との相性がいい。↓そばじょうちゅう

そばようかん【蕎麦羊羹】

そば菓子の一つ。そば粉を混ぜて作った

羊羹。水に浸けてもどした寒天と砂糖を湯に入れて煮溶かす。冷めた時点でそば粉を加えてよく混ぜ合わせ、さらに小豆餡を加えて軽く炊き、型に流して冷やし固める。

そばよせなべ【蕎麦寄せ鍋】

幕末・明治初期の文人斎藤月岑《さいとうげっしん》はそば愛好家で、その日記には、そばを食べ歩いた記録が非常に多いことで知られている。そのなかで慶応三年（一八六七）正月十日の項に「芝口〔ちとせ庵〕そばよせ鍋食す」とある。百十余年前にそば寄せ鍋が創作されていたことがわかる。

そばらくがん【蕎麦落雁】

落雁は京都を中心に作られた日本古来の打ちもの干菓子の一つである。そば落雁は、そば粉を軽く煎るか蒸したところへ、アルファー化したもち米の粉を混ぜ、砂糖を加えてよくもみほぐし、いろいろな形の木型に詰めて抜き取り乾かしたもの。ぱりっとしてしかもとろりとした舌ざわりと、ソバ独特の風味に特徴がある。近年では抜きソバをパフマシンで加熱処理した粘りのあるそば粉を利用して、そば一〇〇％の落雁も作られるようになった。

そばりょうり【蕎麦料理】

そばを調理素材とした各種の料理。そば料理に関する本には村井政善著『新らしき研究栄養と蕎麦応用料理集成』（昭和九年・一九三四刊）が知られ、約一三〇種にのぼる応用料理を紹介している。昭和十一年ごろ、並木藪蕎麦の初代堀田勝三がそば寿司を軸にしたそば料理を売り出し、普及宣伝に努めた。また、そばの会を通じてそば料理の開拓推進もみられる。

そばる【蕎麦る】

隠そば一杯で辛抱する。昭和二十年代ご

ろ、学生の間ではやった言葉。

そばをけすくすり【蕎麦を消す薬】
　そばを食べすぎたとき腹を癒す薬としてあげられているもの。『蕎麦全書』下で「楊梅皮」（ヤマモモの樹皮、渋木またはモモカワとも）、「桔梗湯」（キキョウを濃く煎じたもの）、「煉松脂」（松やにを煎じてかためたもの）の三つをあげており、ほかに寛延二年（一七四九）序の多田義俊著『南嶺子』では荒海布《あらめ》の特効を強調している。→あらめ、ききょうとう

そま【曾麻】
　ソバおよびそば切りの方言。（大分県宇佐郡・熊本県八代郡・宮崎県西諸県《にしもろかた》郡高原《たかはる》町・北諸県郡・鹿児島県）
「曾婆今曾婆《ソバ》の音転《うつり》て曾麻とも曾布とも呼べり」（文化元年・一八〇四版の曾槃《そうはん》〔占《せん》春《しゅん》〕・白尾国柱編『成形図説』十七）

そまけ
　もち米を蒸すか煮上げたものにそば粉を入れ、練りつつ塩少々を加えて団子にする。砂糖か醤油をつけて食べる。（鹿児島県曽於《そお》郡志布志《しぶし》町〔現・志布志市〕）

そまげ
　そばがきのこと。（鹿児島県肝属《きもつき》郡）肝属郡内之浦町（現・肝付町）では、そば粉にカライモ（サツマイモ）と米を少し加えて炊き、それを練り合わせて適宜の大きさに丸めたものをいう。

そらにえ【空煮え】
　ゆでるときの火加減が強すぎて、そばの表面はゆで上がっているが、芯が残っていること。この芯は「こし」ではないが、混同されやすい。江戸言葉でうそを「空っこと」ということから。

た

だい【台】
　出前用の台で出前膳ともいう。縁が檜《ひのき》、底板は栗材を使った。大きさによって二つ台から八つ台まであり、かけ丼の乗る数によって、「二つ台・二つ乗り」（二つ）、「横膳・三つ乗り」（三つ）、「大横《おおよこ》」（四つ）、「小台《こだい》」（五つ）、「中台《ちゅうだい》」（六つ）、「大中台《おおちゅうだい》」（七つ）、「大台《おおだい》」（八つ）という名前がついている。もりせいろを乗せる場合は、「大中台」を例に上げると、せいろ四段重ねで五列、計二〇個、これに猪口と汁徳利がつく。

だいがわり【台変わり】
　隠通し言葉。あんかけ、かき玉などは本来うどんと決まっているが、そばで作るように注文があったとき「台がわりであんかけ一杯」と通す。また天ぷらなどそば台に決まっているものをうどんで出す場合は、必ず「うどんで」とことわる。

たいきり【鯛切り】
　タイのすり身をさらしな粉に練り込んだ変わりそば。タイを三枚におろし、皮を引いたあと、身を包丁でよく叩いてから、みりんと酒を一対一で合わせて煮きったものを加え、ミキサーでよくすりつぶす。裏ごしにかけたものをそば粉と一緒に練り込む。分量はすり身が粉の重量の四〇%、つまり粉一kgに対して三〇〇〜四〇〇gを入れる。

だいくずし【台崩し】
　台立ての反対。出前などから下がってきた道具類を整理すること。↓だいたて

だいこそば【大根蕎麦】

手打ちそばの煮かけにダイコンのせん切りを湯煮したものを混ぜ、ざるにあげ、つけ汁で食べるそばをいう。（青森県三戸《さんのへ》郡五戸《ごのへ》町）

島根県隠岐郡知夫《ちぶ》村ではデェコソバといって醤油味の汁にする。

だいこべんじょ

大晦日の晩に食べる大根そばをいう。（青森県三戸郡五戸町）

だいこんそば【大根蕎麦】

ダイコンをせん切り、または細かく刻み、ゆでたものをそば切りと和えたもの。ダイコンは消化を助けるが、めん類にダイコンをつける慣習は中国から伝わった。

十返舎一九《じっぺんしゃいっく》の『諸国道中金草鞋《しょこくどうちゅうかねのわらじ》』奥州路之巻に、矢吹の宿（福島県西白河郡矢吹町）のそば屋で弥次郎兵衛と喜多八が「こいつは大根そばではない。そば大根だ」と名物の大根そばを食べてこぼすくだりがある。つまり、そばが少しでダイコンばかりだ、というわけである。ダイコンのせん切りを混ぜたそばを岩手では「ひきなそば」、佐渡の海府地方では「そばのセンゾボウ」（繊蘿蔔《せんろふ》の方言）、鹿児島では「大根そば汁」などと呼んだ。青森県上北郡七戸

●大根そば　十返舎一九『諸国道中金草鞋』より、大根そばをめぐる場面

町では、ダイコンを細かに刻み、ゆでてからそば粉に打ちこむ変わりそばの「大根そば切り」がある。茨城県東茨城郡御前山村野口（現・常陸大宮市）では、胸やけがしないといって、ダイコンをせん切りにしてそばと一緒にゆでる。群馬県新田郡生品村（現・太田市）ではダイコンとそばを同量で合わせる。また、静岡県御殿場《ごてんば》市山之尻では、つゆに油揚げやシイタケをせん切りにして入れ、醬油で味つけし、つけたり、かけたりして食べる。ほかに、栃木県河内郡上河内町（現・宇都宮市）・那須郡西那須野町三島（現・那須塩原市）・小山市生《き》良《ら》、山梨県南巨摩《こま》郡身延町下山、新潟県佐渡郡真野町（現・佐渡市）などでも同様のものがみられる。山梨県北巨摩《こま》郡高根町東井出（現・北杜市）では大根うどんにする。

だいしこうそば【大師講蕎麦】

十一月二十三日に、弘法大師を祀るために家ごとにそばを打つ習わし。（岐阜県揖《い》斐《び》郡坂内村川上（現・揖斐川町））

三重県志摩郡志摩町越賀《こしが》（現・志摩市）では、太く打って短く切ったそばを赤飯に入れる。そばを入れるのは、弘法大師がそば好きだからという。

新潟県東蒲原《かんばら》郡上川村室谷（現・阿賀町）では、小豆粥《がゆ》のなかにそば団子を入れる。

「武相の俗十一月四日に大師粥とて、小豆粥に河漏《そばきり》をかてゝ（さらに）喫《くふ》事あり」（『松屋筆記』八十八）

だいせんそば【大山蕎麦】

伯耆《ほうき》富士の名がつく大山は、鳥取県西部の白山火山帯にある標高一七二九ｍの山。山麓一帯にソバが栽培され、大山ソバとして知られる。そば店でも大山そばを名乗るところもある。

だいたて【台立て】

膳（台）に汁徳利、薬味、箸などを乗せて用意すること。「お膳を作る」と同意語。出前の用意のほか店内の注文に備えた。この反対が「台崩し」で、出前などから下がってきた道具類を整理する。

だいみょうけんどん【大名慳貪】

大名けんどんの語源について山崎美成は、「諸侯がたの船をかず〳〵絵がけるをもつて也けり。此後世に憚《はばか》りてあだし（他の）くさ〴〵の絵様をゑがきても、猶その名は残りし也」と、そもそもは大名諸侯の船の絵をけんどん箱に描いたためであると『耽奇《たんき》漫録《まんろく》』に記している。普通の簡素な出前用のけんどん箱に対して、大名など特権階級が来客に供した金蒔絵の豪華な道具をいう。内部は吹きぬきで、せいろ・そば椀・汁次・薬味皿・盆などが納まるようにセットされている。松本藩主戸田家旧蔵の大名けんどんは、葛の葉の文様が描かれている。→けんどんばこ

だいもんじそば【大文字蕎麦】

毎年、盆に京都東山の大文字焼きの夜に食べるそば。明治維新までは、京の御所では宮廷の人々が廊下に出て御所の池の面に映る大文字の火をごらんになり、女官以下

●大名けんどん　葛の葉紋大名けんどん（松本藩主戸田家旧蔵）

下働きの衆にまでそば振る舞いがあった。廊下でいただくので「お廊下」ともいった。この習慣が民間に伝わって大文字の夜のそばとなったという。

『筆満可勢《ふでまかせ》』巻五、天保六年（一八三五）七月十六日の条に「此火燃る内蕎麦を一盃宛食、消ぬ先に食仕舞ば悪事災難を除ると言て、我勝に皆々此火を見ながら物干杯《など》へ上りて食ふ」と、大文字焼きの夜の様子が記されている。

たかとおそば【高遠蕎麦】

ダイコンおろしの絞り汁に醤油か焼き味噌で味をつけた汁で食べるそばのこと。長野県高遠地方（現・伊那市）に特別の山ダイコン（辛味ダイコン）が産出され、これがためにこの種の食べ方が起こったが、後に高遠の保科氏が山形を経て寛永二十年（一六四三）に会津若松へ移封せられたため、福島県会津地方や新潟県東蒲原・中蒲原地方にも同じ食べ方が伝わった。

たかもりそば【高盛り蕎麦】

神奈川県川崎市宮前区にある白幡八幡大神では、三月の初卯の日に歩射《ぶしゃ》神事が行なわれる。歩射とは、馬を駆って的を射る騎射すなわち流鏑馬《やぶさめ》に対して、徒歩で的を射ること。その年の豊凶を占う年占であるとともに、破魔の目的も兼ねている。行事が終了すると、「高盛り」といって、そばが溢れるほど盛られたものと、大盛りにされた米飯が振る舞われる。これらを食べ残さぬことを吉兆としている。現在は、神前に供えるだけになっている。

だき【抱】

隠エビの天ぷらの二本揚げのこと。抱き合った形で揚げる意。これが三本になると「三本つまみ」という。

たきそば【瀧蕎麦】

江戸本所松井町一丁目の河岸通りに面し、竪川《たてがわ》の滝そばと弘化（一八四四～四八）ごろから評判が高かった。主人の名前は、縁起のよい鶴亀大吉。

たくぞうすいなり【澤蔵司稲荷】

東京小石川の無量山伝通院《でんづういん》境内に祀られ（慈眼院）、都内三稲荷の一つに数えられる。文化十一年（一八一四）序、釈敬順著『十方庵遊歴雑記』初編下、伝通院澤蔵司稲荷の条に、そのいわれの詳述がある。それによれば、澤蔵司は熱心な修行僧であったが、あるとき熟睡していて尾を出し、キツネであることが知れてしまう。後に山内に祠を建て、澤蔵司稲荷として祀られたという。

あるとき、伝通院が火事にみまわれ、ことごとく焼けてしまう。ときの住職はキツネは霊獣にして火防《ひぶせ》の神であり、山内に祀っているにもかかわらず火災を鎮めなかったと怒り、日頃の恩を知らずと追い払おうとした。ところが、澤蔵司が住職の枕元にたち、仰るとおりで、ご恩に応えるべく八方手を尽くしたが、手下もいない自分一人では、走り回ったが防ぎきれなかった。どうか天災と思ってほしいと謝り、詫びを申し立てた。澤蔵司を不憫に思った住職は、

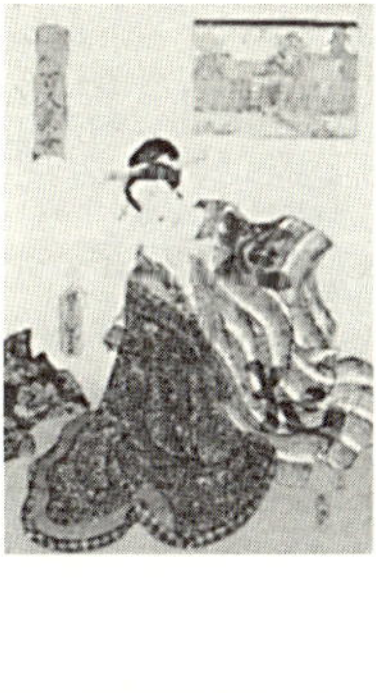

●瀧そば　豊國画「江戸名所百人美女　竪川」の絵の右上に、川畔のそば屋として描かれている

社を建て、正一位を与え、正一位澤蔵司稲荷大明神として崇めた。

この澤蔵司が学寮で修行のとき、そば切りをこよなく好んでいたため、その神前にそばが供されるようになった。才学衆人に卓越した学僧であったためか、進学、就職から、各種試験などの願掛けに訪れる参詣者が多く、願解きには必ずそばを供えることになっている。↓そばきりいなり

たけながし【竹流し】

青森県弘前市にある「大阪屋」の名物そば菓子。京八ッ橋に似た風雅な味で知られている。大阪屋は創業三六〇年余の、初代より津軽藩の御用菓子司をつとめてきた老舗。竹流しは、大阪屋四代目福井三郎右衛門橘包純《たちばなのかねずみ》が安永二年（一七七三）に創製したものといわれ、津軽の金鉱で、青竹を縦に割り、節と節との間に金を流し固めているのを見て考案したという。当初は長さ一八cm、幅六cmほどもあったが、のちに食べやすく小さくした。そば粉（一番粉）に小麦粉と砂糖を加えて水で練り上げた生地をめん棒で丸くのし、四つだたみにして縦七cm、横三cmほどの短冊型に切る。これを鉄板に並べて焼き上げる。

だし【出し・出汁】

かつお節、煮干類や昆布、シイタケなどを湯のなかで煮出したもの。料理材料での不足している食味を補う役目を持つ。節類の動物性と昆布など植物性のものを併用する方法も効果的である。関東では味つけしない状態のものを指すが、関西では醤油、塩などで調味ずみのもの、すなわち関東でいう甘汁と同義語に使われる。関西で調味していないだしは、「白だし」という。だしをとることを「引く」というが、これは

抽出するの意。

タスマニアソバ

南半球のオーストラリア南端のタスマニア島で栽培されているソバ。北半球と南半球では季節が逆で、南半球での栽培が可能になれば、日本の玄ソバの品質が落ちる初夏のころに新ソバが穫れるという着想から白鳥製粉（千葉県習志野市）が実現に努力し、日本の秋ソバの種子を移植して契約栽培にこぎつけた。昭和六十三年（一九八八）から本格収穫が始まり、毎年六月ごろに日本に入荷する。

だそば【駄蕎麦】

二八そばが一六文の値段を意味した江戸中期はまだしも、時代が下がるにつれて品質の低下が目立ち、ついに二八は駄そばすなわち粗雑なそばの代名詞になってしまう。一方、高級店は座敷をしつらい、「手打ち」ないしは「生《き》蕎麦」を看板にし、二八との格差を強調した。

たたみ【畳み】

のし終えた生地をそば切り包丁で切るための準備の作業。切りやすいように生地を折り返す。長方形の生地を打ち台に横向きに置き、横方向に一回折り返し、それを縦方向に二回折り返して仕上げるのが一般的。

●竹流し

たちあがり【立ち上がり】

こま板の一方に張りつけられている堅木の定規のこと。高さ一・五cmほどの細板で、黒檀《こくたん》を使ったものもある。黒檀を使うのは、目の疲れを保護し、手を怪我から守るため。↓こまいた

たちそば【立ち蕎麦】

婚礼の披露宴が終わり、嫁の両親が帰るときに出すそばをいう。娘がこの家に細く長くいられるように、との願いがこめられている。（福井県坂井郡坂井町〈現・坂井市〉）

新潟県北魚沼郡堀之内町下島（現・魚沼市）では、タチハソバと呼ぶ。

たちそば【裁ち蕎麦】

福島県南会津郡檜枝岐《ひのえまた》村は、徳島県の祖谷《いや》と並んで平家の落人集落の秘境として、またソバどころとしても知られている。その檜枝岐に伝わる、独特の手法で打つ郷土そば。そば粉を熱湯でよくもんで両手に入るくらいの玉を四〜五個作る。これを一つずつ長さ八〇cm、直径八cmほどの太く短いめん棒でのばす。両手で静かにのばして直径約六〇cmの円形にする。のばしたもの全部を重ね、こま板を使わずに包丁切りを行なう。ちょうど布を裁断するように、包丁を手前に引いて切るので、裁ちそばの名がつけられた。

たちは【起端】

婚礼の酒宴が終わると席を移した座敷でそばを出す。新潟県上越市高田での方言。肴はムシリザカナといって、一尾の魚を箸でとり分けて皆で食べる。「たちは」は立ち去るべき時期の意で、そばを食べたら揃って退座するならわしになっている。福井県大野市森山でも「たちは」といい、同勝

山市河合と福島県会津若松市では「後段のそば」と呼んでいる。岩手県二戸郡一戸町姉帯《あねたい》にも、これに似た食習がある。

ダッタンそば【韃靼ソバ】

栽培ソバの一種で、ダッタン種、別名苦《にが》ソバともいう。その名称は、ダッタン（韃靼）人が好んで栽培したことに由来しているといわれる。旧ソ連、中国、韓国と北朝鮮の一部、モンゴル、ヒマラヤならびにインド周辺の国々、東欧諸国、カナダおよびアメリカ北部などで食用や飼料として古くから栽培されている。種実の形は普通ソバと異なり、稜は発達せず一見小麦の種実によく似ており、花の色は淡緑色である。ダッタンソバが普通ソバと大きく異なる点は、ルチンと黄色色素成分および苦味成分の含有量が極めて高いことである。めんにしてゆでたりすると、鮮やかな黄色に変わ

●立ち上がり　写真左端、包丁のあたっている部分が、こま板の立ち上がり

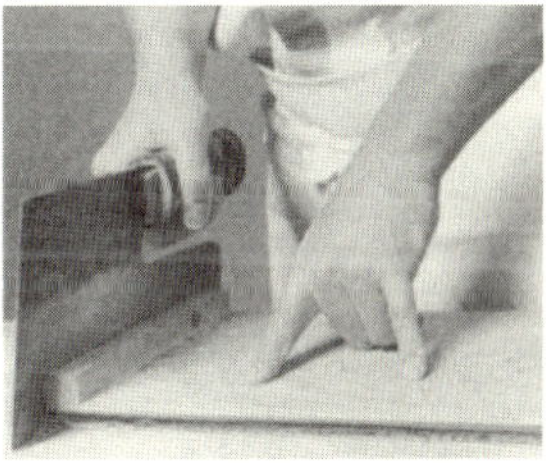

●裁ちそば　円形にのばし、重ねて、手ごまで切る

る。ルチンをはじめ、薬効効果のある成分が多く含まれている点で、最近、わが国でも注目されている。ちなみに、中国では、ダッタンソバを原料とした乾めん、即席めんを中心にソバ茶、パン、クッキーや味噌、醤油、食用酢、ソバ酒などの発酵・醸造食品、医薬、機能性食品などに利用されている。↓そば

たでか【タデ科】
双子葉植物の一科。温帯に多く、草本、まれに低木。葉は単葉で互生し、花は小型、果実は堅果。タデ、ソバ、アイ、イタドリなどがタデ科に属する。

たてこ【立粉】
そば粉などを熱湯でかきたてたもの。（長野県東筑摩郡）
静岡県磐田《いわた》郡水窪《みさくぼ》町大野区大沢（現・浜松市）では、ソバタテコという。

たてまえそば【建前蕎麦】
↓むねあげそば

たぬき【狸】
たぬきそばの略。
①天ぷらの揚げ玉（天かす）を使うところから「揚げ玉そば（うどん）」とも呼ばれる。大正時代に大阪で「ハイカラ」といわれていた種物。鍋に汁を煮立てて縦割りのネギ（長さ五～六㎝）を入れる。ネギが軟らかくなったところでおろす。温めたそばまたはうどんの上に平しゃくし一杯の揚げ玉を乗せ、鍋の汁を上からかける。手早く客に出すのがコツ。揚げ玉はエビ天など天ぷらのものを使うこと。小麦粉を溶いて作った揚げ玉では本当の味が出ない。また、油がまわったような揚げ玉は厳禁である。戦時中「バクダンそば」の別名もあった。大阪のうどん店では天かすも天ぷらの

上に乗せてより大きく見せる習慣があるから、天かすはあまり残らない。それでもこれをうどんに入れた「大正うどん」「ハイカラうどん」が大正時代に売り出された。

②きつねうどんをそば台にしたもの。大阪ではキツネがタヌキに化けたとして「お化け」とも通す。また京都では甘揚げに葛だしをかける。たぬきほど地方によってまちまちな解釈をされる種物はない。

たぬきそば【狸蕎麦】

江戸末期の四壁庵茂蔦の著書のなかに「広尾狸蕎麦」があり、嘉永七年（一八五四）刊の尾張屋版江戸切絵図『白金絵図』にも載るほど、当時庶民の間で名物の一つにあげられていた。広尾が原は幕府朱引きに際して、近年まで天現寺で渋谷川に合流する笄《かんざし》川を境に「麻布広尾」と「渋谷広尾」と二つに分かれ、文政期（一八一八～三〇）にはすでに町並みに化していたので、麻布広尾の一部にあったものと思われる。「狸そば」と称する店は、大正九年（一九二〇）まで現在の慶応幼稚舎（福沢桃介の旧別荘地で桜の名所だった）のわきを流れる渋谷川の天現寺橋のつぎにかかる狸橋のたもとにあった。二間間口のささやかなそば店だった。人々はこの店を狸そばといった。

たねじる【種汁】

具を煮るためかけ汁より少々薄口にした、種物に使う甘汁。辛汁を基本に使う場合は辛汁一対二番だし二の比率で作られる。また、かえしとかけ汁用のだしを合わせる場合は、かえし一に対してだし一〇の比率で合わせて作る。

たねぶた【種蓋】

そばの丼にかぶせる蓋には、種蓋とかけ

蓋とがある。種蓋は種物用の種丼に使用するもので、標準で外径一七・五㎝（丼の直径は一六㎝）。蓋の角は面取りがなされている。塗りがほどこされ、昔は天ぷら用の種蓋にはえび、波千鳥などの沈金細工をほどこしたものもあった。また、花巻き専用の「巻蓋」もあったが、現在は見かけない。かけ蓋の外径は標準で一六・五㎝。↓たねもの

たねもの【種物】

おかめそば、天ぷらそば、玉子とじ、鴨南蛮などの総称で、そば・うどんを台に具をあしらったもの。

たまごそばきり【玉子蕎麦切り】

そば粉を主体とした変わりそばの作り方は、『料理山海郷』（寛延三年・一七五〇）に出てくる「玉子蕎麦切」を最初とする。そば粉一升に小玉子一〇個入れるとある。さらに天明五年（一七八五）版『萬寶料理秘密箱』には「上々の蕎麦の粉一升ほどに、地たまご十五の内、七ツは黄身ともに割りこみ、八ツは白身ばかりをいれ、よくかき拌《まぜ》て、打粉に少し糖を合せて……」と詳しく説明している。

その後「蘭めん」の語が当てられ、また黄身だけのものを「卵《らん》切り」、白身だけ入れたものを「白卵切り《びやくらん》」と使い分けるようになった。徳川時代は「切り」と「めん」とが混用されていたので、卵めんといってもにわかに判定しにくいが、そば粉のときは卵切り、小麦粉ならば卵めんと呼ぶべきだろう。なお、岩手県江刺市（現・奥州市）の名物に乾めんで「蘭めん」（近年は「卵めん」の表記が一般的）があるが、これも卵めんからきたものであろう。

たまごとじ【玉子綴】

そば店の種物の代表的なもの。江戸時代の品書きに登場するが、江戸末期の資料によれば、そばが一六文に対し、玉子とじは三二文で、天ぷらそばと同じ値段であった。当時、卵が貴重品であったことを物語っている。かき玉を作るのと同じ要領だが玉子とじは片栗粉を使わない。卵はただむやみに攪拌するのではなく、卵黄と卵白が遊離することのない程度にとどめ、かきすぎは仕上がりがよくない。本来は、そばの上に海苔を敷いて卵をとじた汁をかけるが、とじた卵に海苔を置く場合もある。「鶏卵《けいらん》」ともいう。↓かきたま

たまや【玉屋】

①江戸堀江町玉屋。道具類をすべて朱塗りにし「玉垣蕎麦」と称した。堀留にあった富田屋の名目をまねたもので、よほどはやったが、故あって断絶した。

②大坂生玉塩町通玉屋。安永六年（一七七七）版『富貴地座位』に、和泉屋（砂場）・寂称とともに、そばの名店としてあげられた。

ためざる【溜笊】

ゆで上がったそばをためておくざる。揚げざるで水洗いされたそばを少しずつつまんでためざるに移す。ざるの中央を空ける

●種蓋

ように、周囲に円形にそばを取り分ける。水切れがよくなり、そばの味が落ちない。

たらし【垂らし】

そば粉をゆるく溶いて、焙烙の上に垂らし焼きしたもので、主食に食べる。ジリヤキとも。（群馬県利根郡片品村栗生）

たれ【垂れ】

垂れ味噌の略したものが、たれである。明和四年（一七六七）の庄内方言集『浜荻』に、「うどん蕎麦切の汁をたれといふ事、江戸にて通ぜず、是は味噌の煮汁を桶へたるゝ故の名なれど、江戸にては一切たれの場へ醬油をつかふ故、たれといふ物を知らず」とある。劇作家真山青果も、「仙台にては蕎麦の汁、天ぷらのつゆ、鰻につくるもの総てたれといふ」と『仙台方言考』に書いている。醬油を使うようになってからは、したじ（下地）ともいった。たれは方言としては正しいが、蒲焼き・焼き鳥などの濃厚な汁が連想され、淡泊なそばの風味には調和しないばかりでなく、料理用語としても適切ではない。なお、垂れ味噌については寛永二十年（一六四三）版『料理物語』に、味噌一升に水三升五合を加えて三升に煮詰めたあと、袋に入れてたらす、とある。さらに元禄十年版『本朝食鑑』には、垂れ味噌一升に好《よ》い酒五合をかき混ぜ、鰹節のかけら四〇〜五〇銭（約一五〇〜一九〇g）を加えて一時間ばかり煮る。ぬる火でなく、もっと弱いとろ火で煮るほうがよい。よく煮えたら、塩・溜醬油で調味し、それから再び温める必要がある、と述べられている。

たんごそば【端午蕎麦】

五月五日の端午の節句にそばを食べる慣習のこと。雛祭に食べる雛そばと比べると、そうした慣習は少ない。

　最も古い記録としては、元禄八年（一六九五）に日光東照宮に端午の祝儀としてそば粉が献上されたとあり、恒例の行事となっていることから、献上のそば粉でそばを打ったものと思われる。『御番所日記』元禄八年（一六九五）五月四日の条に「一御門主様江《へ》端午之御祝儀そばこ七升献上　惣社家中」とある。

　『小堀屋秘伝書』（享和三年・一八〇三）には、季節の品書きとして「五月菖蒲《あやめ》わり粉（小麦粉）壱升に、せうぶ細かにきり入れもむべし」と、菖蒲麺を挙げている。葉を刻むか、根をおろして小麦粉に加えたもので、そば粉を使えば菖蒲切りである。邪気を祓う端午にふさわしいめん類である。

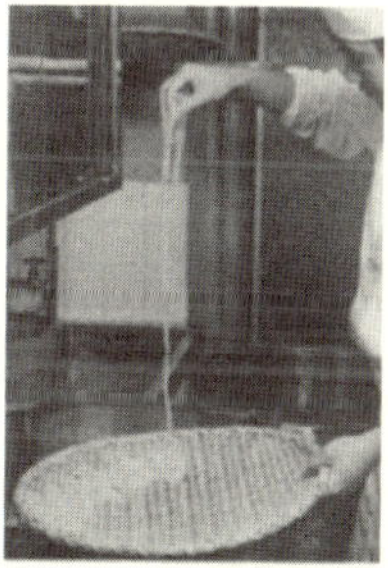
●ためざる

たんぽ【湯婆】
　湯煎するときに用いる、つけ汁を入れる容器（昔は、素焼きのままのものが多かった）。外側が茶色の陶製で、深さ三〇cm、内径一八cmが標準。約六ℓ入る。これに事

●たんぽ　陶製素焼きの土たんぽ

前に作っておいた冷えたつけ汁を入れて三〇分～一時間湯煎すると、汁の味が一段とまろやかになる。焼きものであるところから「土《ど》たんぽ」とも呼ばれる。たんぽは一般につけ汁（辛汁）用の「汁たんぽ」を意味するが、「ばかたんぽ」といって、二番だしを湯煎するものもある。甘汁を温めておくのに用いるものには、金《かな》たんぽが使われる。↓どたんぽ

たんぽわく【湯婆枠】

辛汁を湯煎するとき、土たんぽを破損したり釜の湯が汁のなかに入らないようにするため、前銅壺にはめる枠。昔は木の曲げ物などが使われた。↓たんぽ、どうこ

ち

ちきゅうあん【地久庵】

神保町地久庵（小林久四郎）の屋号の由来について、長谷川兼太郎は次のように記している。神保伊豆の屋敷跡は長い間荒廃のままだったので、幕府はこの地への商家移住を推奨し、その際麴町二丁目のそば店砂場というのが移転命令を受け引っ越してきた。しかし従来の屋号では土地繁盛の縁起にならぬため、地の久しかるべき吉祥を願い地久庵と名づけたという。創業年代に触れていないが、昭和三十六年（一九六一）ごろ廃業した。

ちとせそば

①江戸万町（中央区日本橋通一丁目）にあった常陸屋の名目。（『蕎麦全書』上）

②芝口・ちとせ庵。慶応三年（一八六七）、すでに「そば寄せ鍋」を創作した。

ちゃきり【茶切り】
＝ちゃそば

ちゃそば【茶蕎麦】
抹茶をそば粉に練り込んだ変わりそば。抹茶の量はそば粉一kgに約三〇gだが、ところによってまちまちである。抹茶は水分をよく吸収するので加水量をやや多めにするとよい。ゆで上げて水洗いするが、客に出すときは、さらにもう一度湯通しして熱もりにするのが本来の仕立て方。このほうがお茶とそばの香りが生きてくる。またお茶の緑がそばに映えて食欲をそそる。乾めんとしても製造されている。安田屋本店（静岡県静岡市）の「茶っきりそば」は「ちゃっきり節」からとったもので、茶切りと茶摘みのはさみの音の語呂合わせ。静岡の郷土そば。

ちゃっきりそば【茶っきり蕎麦】
＝ちゃそば

ちゃわんがき【茶碗掻き】
茶碗のなかに湯を注ぎ、そば粉を入れ、塩を加えてかき混ぜる。（岡山県川上郡備中町富家〔現・高梁市〕）↓そばがき、わんがき

●たんぽ枠　銅壺にたんぽ枠をはめ、土たんぽの中の辛汁を湯煎する

ちゅうやそば【昼夜蕎麦】
二種類の色の異なったそば生地（めん帯）を重ね合わせて打った「合わせそば」をいう。色彩が対照するものを表裏に選ぶ。赤と白は祝儀に、茶と白は不祝儀にも応用できる。白はさらしなそばを使い、赤や茶は、色物の変わりそばを使う。

ちょうじきり【丁字切り】
チョウジの粉末をそば粉に練り込んだ変わりそば。香辛料であるチョウジ（クローブ）を粉末にしたものをそば粉に二％ほど加えてそば切りに仕立てる。丁字油を用いてもよい。

ちょく【猪口】
猪口の語源は、新井白石著『東雅』（享保四年・一七一九）巻十一、盃の項に「鐘の字読でサカヅキといふ也。即今瓷器《じき》にしてチョクといふもの是也。鐘をよびてチョクといふは、福建及び朝鮮の方言なるを、近俗かの方言の如くに呼びし也」とあるのが最初であろうか。猪口はチョクと読むのが正しく、チョコはなまりである。越谷吾山著『物類称呼』（安永四年・一七七五）巻四には、「猪口　ちよく薩州にてのぞきと云　江戸にても底深きをのぞきちよくと云」と、方言を挙げている。越後では古くから「ちょく」と正確に呼びならわしていた。猪口の用途は当初、湯桶と同じく酒器または湯飲みに用い、後に酢・醤油などの液体調味料を入れて食膳に置き、さらに天保ごろには和え物などを盛るようになった。江戸中期からそばつゆ入れに使われたが、「そば猪口」と呼ばれたのは明治以降であろう。
「夜たかそばちよくで手水《ちょうず》をかけて遣り」（明和二年・一七六五　梅4）↓そばちょく

ちりこ【散り粉】
絹ぶるいで粉をふるうとき、ふるいの蓋や四方へついた飛び粉のこと。貝原篤信（益軒）著『大和本草』巻四、麪の条に、「小麦粉也、細ナル篩ニテフルヒタルヲ飛《ひ》羅《ら》麪《めん》ト云」とあり、平麪でなく飛羅麪が正字である。
「平麪といふちり粉の蕎麦をもてなされし折に、平麪の生所《しやうしよ》も知らず宿もなし　ちり粉つもつて山盛のそば」（寛政十年・一七九八版、秋里籬島著『摂津名所図会』大坂四下）→ひらめん

ちんぴ【陳皮】
ミカンやダイダイなどかんきつ類の皮を乾燥させたもの。七味唐辛子にも入っている。→やくみ

つ

ついたちそば【朔日蕎麦】
古代の日本では一日の始まりは夕方からと考えられており、新年の行事が大晦日の夜から始まる風習と考え合わせると、除夜の鐘を聞いてから食べる年越しそばは「ついたちそば」または「元日そば」でもある。雑俳では寛政七年（一七九五）の『俳諧觿《けい》』に、「蕎麦祝ふ国ぶりもあり今朝の春」と詠まれている。いまなお地方の旧家では、元日に若水を汲んだあとそば膳で祝う嘉例が少なくない。→としこしそば

つがるそば【津軽蕎麦】
津軽地方独特のそば作り。そば粉に大豆粉を三％混ぜてそばがきをまず作り、これをそば粉に入れて練り上げる。こね上げて

水に浸け、翌日にそば粉をまぶして打ち上げる。ゆで上げ、玉にとってからの保存性が高く、江戸から明治時代の夜そば売りに適応した製法だった。だしは焼き干しと昆布を主体に醤油だけで味つけする。かけ用の丼で熱々を食べる。薬味はネギ、紅葉おろし。享和二年（一八〇二）写本『拾玉智恵庫』にも「蕎麦粉をこねる時、大豆の呉汁を少し入れて打つべし。打ちて後一日置きてもそこねず」とある。↓ごじる

つきなみ【月並】

隠かつて職人あるいは雇主が寄子《よりこ》部屋（現在の調理師紹介所）に支払う月々の手数料のこと。また、雇用の有無にかかわらず納める手数料をステツキナミといった。

つきのわ【月の輪】

汁をとるとき、うどんを煮るときなどに使用する、ゆで釜の上のふちのまわりにセットするもの。檜《ひのき》の薄板をまるく曲げて作る。高さ八～九㎝。最近はほとんどステンレス製になった。ゆで湯の吹きこぼれを防いだりする。このほかに高さ約四㎝の「半月の輪」もある。現在のそば釜でステンレス製のものは、半月の輪の高さ程度のふちが作られている。

つきみそば【月見蕎麦】

生卵を乗せた代表的な種物。正式には温かいそばの上に四ツ切りの海苔を敷いて、卵を乗せたのち汁を張る。卵の白身が汁の熱さに白雲のようにかえり、海苔の夜空にくっきりと黄身が月を表す。青味を見越しの松に見立てて、青ユズを添えると、秋の味わいとなる。

つく

隠通し言葉で、一個を指す。「天つき三杯の巻き」は天ぷらそば一杯、花巻きそば

二杯の意味。はじめの品物が一つで、総数を続け、あとからいう品物は総数から一個少なくなるしくみ。

つけじる【つけ汁】

辛汁のこと。「もり汁」と「ざる汁」とがある。東京ではこれを「からむ汁」、甘汁のことを「吸う汁」とも呼ぶ。↓からじる、ざるじる、もりじる

つけとろ

ヤマイモを用いた種物の一つ。もりそばに別の容器に入れたとろろ汁を添えて提供する。「とろそば」とも。とろろ汁は、ヤマイモをすりおろし、同割のもり汁でのばす。↓とろろそば、やまかけそば

つごもりそば【晦蕎麦】

つごもりは月の下旬、末日。みそか。↓みそかそば

つしまそば【対馬蕎麦】

長崎県対馬は博多から船で六時間、釜山まで三時間、国境の島である。昔からソバの栽培が盛んで、かつては朝鮮へまで輸出していた。対州一〇万石の城下町厳原《いづはら》町(現・対馬市)に、藩主宗家御用達で弘化元年(一八四四)創業の「中村屋」がある(近年廃業)。島内産ソバ七分挽き、つなぎを一切使わず水でこね上げる。そばを盛る甑《こしき》(せいろ)は三〇cm角で小指ほどの女竹をそのまま編んでいる。野趣に富み、そばは意外に白めでさっぱりした枯淡の味わいがある。「こしきそば」とも。↓こしきそば

つたや【蔦屋】

江戸時代後期のそば店。↓やぶそば

つつけもち【つつけ餅】

↓かたもち

つなぎ【繋ぎ】
　そばを打つとき、より打ちやすくそばが切れないようにするために混ぜるもの。普通は小麦粉だが鶏卵、ヤマイモなどのほかにヨモギ、山ゴボウの葉（オヤマボクチ）、フノリ、豆乳、豆腐なども使われる。これに対して、そば粉だけでそばを打つことを「生粉《きこ》打ち」という。↓きこうち

つなぎのわりあい【繋ぎの割合】
　二八、七三、四六、同割（半々）、外《そと》一、外二などの配合の呼び方がある。二八はそば粉八に対してつなぎの小麦粉が二であり、外一はそば粉一〇につなぎ一をいう。↓にはちそば

つなぶちせっく【綱打ち節句】
　一月二十日、赤飯を炊いて神様に供え、近隣五、六軒が集まって藁ゴミ（わらのしん）で縄をつくる。夕食にそばなどを作って食べるが、当屋は輪番でする。（山梨県北巨摩《こま》郡高根町樫山〔現・北杜市〕）

つのおし【角押し】
　製粉に先立って、玄ソバの果皮（殻）に付着しているゴミや泥、へたの屑などを取り除く作業のこと。むしろの上に乾燥を終えた玄ソバを広げ、その上を足裏で踏む。力や体重をかけすぎるとソバが潰れてしまうので、慎重に行なう。

つのこだんご【つのこ団子】
　↓やなぎば

つのだし【角出し】
　↓よつだし

つのだしせいろ【角出し蒸籠】
　四隅に耳の出た形のせいろ。江戸から明治初期にかけてのものは正方形で分厚く、頑丈そのものだった。↓せいろ

つぶぐくり

そばがきのこと。（『和訓栞《わくんのしおり》』後篇十・出羽）

つめり【摘めり】

そば粉をこねて寝かせたのを取り出し、のばしてからちぎり、ダイコンやネギなどの野菜と一緒に煮る。（岩手県二戸郡一戸町）

岩手県水沢ではツメリ、北上ではヒッツミ、県南ではトッテナゲと呼ぶ。

つゆ【汁】

だし汁や下地の女房言葉。「おつゆ」「そばつゆ」というように使われる。汁を露に見立てたもの。「そばつゆ」は関東ではもり汁、かけ汁の両方に使い、いずれも濃口醤油を使った濃厚な感じのものが多いが、関西では「かけつゆ」には淡口醤油を用いる。関東がうま煮系の味を喜ぶのに対して、関西での料理材料の味を生かす調理法はそばつゆにも影響している。また、だしでかつお節類と昆布の併用は関西から始まったもので、最近は関東にも淡口醤油と昆布の使用が浸透しつつある。つゆはだし汁と醤油を合わせたそのときから味が変化し始めるので、その使用時、分量を見計らって仕込みを決めるように注意すべきである。

●つの出しせいろ　昭和初期まで使われていたつの出しせいろ（東京「室町砂場」）

つゆとっくり【汁徳利】

＝しるとっくり

つらだし【面出し】

↓くくり

つらみず【面水】

ゆで上がったそばに、揚げざるですくい上げられた直後にかけられる水のこと。大きな手桶で水をそばに三、四回かけて荒熱をとる。水が平均にかかるように水を一度手のひらに当てて散らす。これを「面水《つらみず》」という。面水することでそばがしまり、おいしくなる。↓あらい

つるべそば【釣瓶蕎麦】

吉原の五十間口にあったそば店。「八、九年前、土手の下り口に釣瓶そばと云ふありて、大きにもてはやれり。其器物升形釣瓶の様にして、提げて持行きしとなり。至極よろしき製なりと。今はなし。若松屋幸助と云ふ者拵へしとなり」（『蕎麦全書』上）。八、九年前というと、寛保二、三年（一七四二～四三）ごろである。しかし、明和四年（一七六七）春の細見《さいけん》（妓楼や遊女の名などを記した江戸吉原の案内書）『初紅葉』に、若松屋のあとへ再び「つるべそば　増田屋次郎介」が出現し、続いて九年には伏見町に「増田屋清吉」が開店し、ともども吉原名物となった、とある。五十間道増田屋は半次郎が安永四年（一七七五）に家業を継いだが、天明三年（一七八三）春には半四郎と名義が変わり、同五年には廃絶した。

て

てうち【手打ち】

手打ちそばの略。一般的に手打ちとは、

製めん機などの機械を使わずにそば道具を使って手によってこねる、のばす、切るといった作業を経てそばやうどんを作ること。そば切りが江戸で市販されてから、しかも機械打ちのなかった時代に「手打そば」という言葉があらわれた。これは当時の「駄そば」（二八そばとも）に対抗した言葉で、生粉《きこ》打ちの上製という意味である。「駄は粗なり」の意とされるから、手打ちを看板とした店は、自ら　級店を名乗ったものと察せられる。

てうちふうせいめんき【手打ち風製麺機】

こねる、のばす、切るといった手打ちによる人力作業を機械の動きに置き換えた製めん機。普通の製めん機は加水量が少ないめんしかできないが、これだと手打ちと同様の多加水めんを作ることができる。

●面水

●手打ち「そば打つ所」と題した挿絵（寛文年間・一六六一～七三版『酒餅論』より）

ておけ【手桶】

片方に取っ手のある水桶で、ゆで釜に水をたしたり、そばに面水《つらみず》、化粧水をかけるときに使う。片手桶ともいう。↓かたておけ

でがわりそば【出替わり蕎麦】

出替わりは奉公人の年季を更改し、入れ替わる日である。女中・下男などは昔は一季または半季の契約で奉公し、その契約更改期を江戸では古くは二月二日、八月二日と定めていた。これは、信濃・越後あたりから出稼ぎに来る者と、その土地の農業の都合を考慮したものであったろう。出替わりの日に雇い主は必ずそばを振る舞う仕来たりがあり、このそばを出替わりそばといった。なお、斎藤月岑《さいとうげっしん》著『東都歳事記』(天保九年・一八三八)の三月四日・五日の条に、「奉公人出替り　今日僕婢、旧主を辞して、新主に仕う。江戸奉公人出代りの事以前は二月二日なりしが、明暦三年(一六五七)丁酉正月十八日の大火により て、其年三月五日に出代りすべきよし、公より御沙汰あり。夫より改りて三月五日になれりとぞ」と記されている。そのため、けんどん屋は、雛そばと出替わりそばとで、てんてこ舞いするほど忙しい様子が川柳や俳句に詠まれている。

「出替わりに雛打まぜけんどん屋」(宝暦八年・一七五八版『菊丈評万句合』)

てこすりだんご【手擦り団子】

そば粉を熱湯でこねて、軟らかくまとめる。これをちぎって手のひらの間でこすり、指の太さほどにしたのを、両手で押さえて細長い葉の形にする。これを味噌汁に入れて煮てから、せん切りダイコンを加える。農家の常食の一つだった。ヤナギダン

ゴ（青森県上北郡七戸町）ともいう。岩手県二戸郡では紡錘形に作る。→やなぎはっと

てごま【手小間】

そばを切るときに、小間板を使わずに手を生地にそえて定規代わりにして切ること。→こまいた

でっち【捏ち】

残飯を温めて粥状にしてからそば粉を入れ、こねて焼き、味噌をつけて食べる。ゴボウの葉などのカテモノを必ず混ぜたもので、捏《でっ》ちるからきた名称らしい。（福島県南会津郡檜枝《ひのえ》岐《また》村）

でっちる【捏ちる】

そばを作る工程のうち、「くくり」から「へそ出し」までの一連の作業をいう。→へそだし

てぶす【手打す】

方言で手打ちそばのこと。（山形県最上郡最上町）

てぶりそば【手振り蕎麦】

新潟県の小千谷《おぢや》や十日町では、洗い水から親指にひと口分のそばをからませて軽く手を振って水を切ることを「手振り」とい

●手振りそば　ひと口分のそばを親指にかけて巻き、へぎに並べて盛る

う。手振りにして、ひと口分ずつ小分けにしたそばをせいろに盛ったものを「手振りそば」といい、小千谷そば商組合が昭和五十二年（一九七七）に商標登録。↓おぢやそば

でまえ【出前】

料理を配達して客前に届け出すこと。これを運ぶ人を「外番」「かつぎ」、ないしは「出前持ち」という。すでに享保（一七一六〜三六）ごろ「そば切りゆでて、紅がら塗りの桶に入れ、汁《つゆ》を徳利に入て添きたる」（『還魂紙料』下）とある。出前膳に山と積まれたせいろや丼を「手持ち」「肩持ち」で運ぶのは特殊技術といえる。そば屋の外番には、江戸時代からの寄子の古い伝統があって、生《いき》のよい一種の侠気が流れていた。けんどん箱に天秤棒の昔のかつぎはさておいて、明治になっても「長半纏、黒襟の無双に紅絹裏《もみうら》」という芝居さながらの格好で、寒中も素足に麻裏（麻裏草履）というのが決まりだったという。

でまえき【出前機】

出前用に開発された、品物の運搬装置。自転車やバイクの荷台に取りつけて用いる。坂道でも水平を保ち、凸凹道でもショックを受けない緩衝装置であることが条件となる。そば店の当麻庄司（東京都目黒区）が発明した。昭和三十年（一九五五）に実用化され、四十年（一九六五）には装置販売の会社が設立されている。出前機は、出前膳に山と積んだものを安全迅速に運搬するために考案されたもので、交通事故の防止もかねている。特許登録されたが、正式な名称は「出前品運搬機」である。

でまえりょう【出前料】
出前の運び料として定価に加算されるもの。大正九年（一九二〇）、東京・京橋区鈴木町八番地（現・中央区京橋）の藪伊豆の主人・野川仲吉は、人手不足のため従来のもり・かけ一〇銭を、出前に限り一五銭とする広告を出した。出前料の先駆者といえる。

てらかたそば【寺方蕎麦】
寺院でそばを打って僧たちが食していたものをいう。古来、寺院が外来文化普及の窓口となったのは遣隋使、遣唐使の例を引くまでもない。うどん・そばも寺における振る舞いが多く、また各地の寺の門前町にそば店が多いのもこれと関連している。福井県永平寺町にある曹洞宗の大本山永平寺（開山は道元）、東京都調布市にある天台宗の深大寺（満功の開山）、長野の善光寺や戸隠神社、島根県の出雲大社などの門前では、そば店が軒を並べている。↓もんぜんそば

てんきょう【甜蕎】
普通種のソバは気味が甘いのでこの名がつけられた。「甜」は甘いという意味。「甜蕎麦」「甜莜麦《きょうばく》」とも。これに対してダッタン種のソバを「苦蕎麦《にがそば》」という。

てんざる【天笊】
ざるそばにエビの天ぷらを別につけて出したもの。↓てんせいろ

てんすい【天吸い】
「天抜き」と同じ。天ぷらそばのそば抜きで、天ぷら吸い物の略称。ほかに「鴨吸い」もあり、酒の肴に喜ばれた。

てんせいろ【天蒸籠】
別盛りにした天ぷらのついたもりそば。辛汁だけでなく天つゆを別に出す店や、温

めたつけ汁にかき揚げを入れて出す店もある。天ぷらそばは江戸時代からの品書きだが、天せいろは昭和に入ってから考案されたもの。天もり、天ざるも同じ。

てんそば【甜蕎麦】

↓てんきょう

てんだね【天種】

天ぷらそばの種。「天ちらし」ともいう。略して「天ちら」。そば店での酒の肴に格好。

てんちら（し）【天散ら（し）】

天ぷらそばの種のこと。天ちらしを略して天ちらともいう。↓てんだね

てんとじ【天綴じ】

天ぷらそばの上にさらに卵をとじた種物。↓とじ

てんなんばん【天南蛮】

ネギをあしらった天ぷらそば。天ぷらそばの天ぷらよりも小さい、あるいはエビが少ないなどで、その分ネギを多く使っていることが多い。一般に天ぷらそばより価格も低く設定される。略して「てんなん」ともいう。

てんぬき【天抜き】

＝てんすい

てんぷら【天麩羅】

①魚介類や野菜に衣をつけて油で揚げたもの。ポルトガル語の揚げ物（Tempora）からきた言葉といわれているが定説はない。いずれにしても南蛮料理の一種だったことはたしか。十九世紀初期の『嬉遊笑覧』には「およそ菓子何にしても、砂糖を衣にかくるをてんふらと云ふ。蛮語なるべし。小麦粉をねりて、魚物などにつけて油あげにするをも云ふ。その形同じければなり」とある。

②隠解雇されること。油で揚げるにかけて、部屋へ上げられるからか。

てんぷらそば【天麩羅蕎麦】

タイショウエビ、クルマエビなどの天ぷらをかけそばの上にのせたもの。かき揚げにする場合もある。『守貞漫稿』に「芝海老の油あげ、三、四を加ふ」とあり、また文政十年（一八二七）の川柳にも「沢蔵主《たくぞうす》天麩羅蕎麦が御意に入り」と詠まれていることから、文政（一八一八～二〇）ごろには売られていた。

てんもくざん【天目山】

山梨県北部（東山梨郡大和村木賊《とくさ》（現・甲州市））にある、そば切り発祥の地とされる場所の一つ。天野信景《さだかげ》が著した雑録『塩尻』の宝永年間（一七〇四～一一）の記事に、甲州の天目山（臨済宗棲雲寺《せいうんじ》の山号に由来）からそば切りが始まったとあ

●天ぷらそば　芝エビのかき揚げをのせた天ぷらそば

●天目山　天目山に建てられた「蕎麦切発祥の地」の石碑

る。棲雲寺開祖の業海《ごっかい》本浄和尚が中国の元の天目山（浙江省）に参り、中峰明本国師に参禅、帰朝後の貞和四年（一三四八）に建立した。↓そばきり

てんもり【天盛り】

もりそばにエビの天ぷらを別につけて出したもの。東京・室町の砂場が昭和二十五年（一九五〇）以降に売り出したといわれる。↓てんせいろ

と

とうかそば【十日蕎麦】

生後十日目と二十日目にめん類を作り、神棚に供えて、子供の健やかな成長を祈る風習。厄よけになるという。取上婆（産婆）と近所に配る。（栃木県塩谷郡栗山村〔現・日光市〕）

とうかまちそば【十日町蕎麦】

フノリをつなぎに用いたそば。小千谷そばと同じく郷土そばとして知られる。↓おぢやそば、ふのりそば

とうがらしきり【唐辛子切り】

トウガラシの粉末をそば粉に練り込んだ変わりそば。一味唐辛子をもう一度ミキサーにかけて粉砕する。ふるいにかけるが、できるだけ赤く皮だけのものを選ぶようにする。そば粉に対し二％ほどを混入する。食べてみてそう辛くはなく、よい香りが出る。さらしな粉で湯ごねで仕上げるのが最適である。

とうきょうあん【東橋庵】

江戸末期からの評判店だったことは、明治になっても、東橋庵のトレードマークであった丸の中に「東」と描かれた出前用の半纏姿を新聞、雑誌でよく見かけることか

らもわかる。この店は日本橋通一丁目にあり、天ぷらそばで売っていた二八そば店。広重画の『名所江戸百景』には白木屋と並んでいる。

どうこ【銅壺】

そばのゆで釜である中釜をかこんで、中釜の二倍ほどの湯をたたえておくもの。明治後期ごろまでは銅製だったところからその名がある。その後、鉄製となり、近年はステンレス製に変わっている。銅壺の湯は中釜でそばをゆでる余熱で八〇度Cほどに熱せられており、釜の湯張り替え、たんぽ（湯せん）、振り物用に使われる。「前銅壺」と「後銅壺」とがあり、前後に直径二四cmの丸い口が二つずつあけられており、振り物や汁たんぽなどに使い分けられる。

どうこうあん【道光庵】

江戸・浅草の称往院の院内にあった支院

●東橋庵　広重画『名所江戸百景　日本橋通一丁目略図』より

●道光庵「そば切ハとりわけ江戸を盛美とす。中にも浅草道好庵の手うちそばハ第一の名物なり」とある（絵本『浅紫』より）

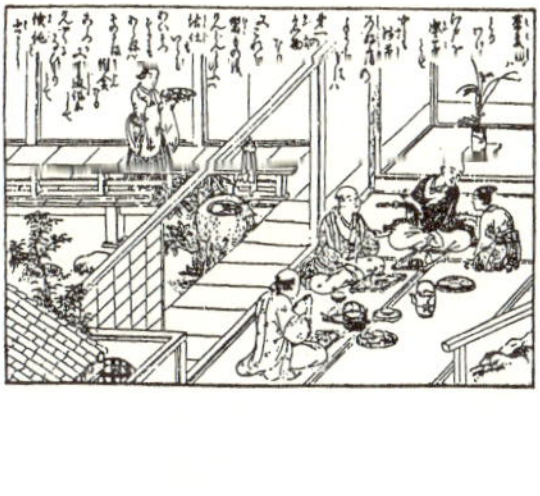

で、信州出身の庵主が、そば打ちの名手として知られた。参詣者に手打ちのそばを振る舞い（そば粉は白い御膳粉を用い、つゆは精進汁で辛味ダイコンの絞り汁だった）、これがことのほか美味であったので評判となり、江戸中のそば好きが押し寄せた。このため寺だかそば店だかわからなくなってしまった。親寺の称往院ではみるにみかねて再三の注意を行なったが、内証でそば振る舞いが続けられたため、天明六年（一七八六）にそば禁断の石碑をたててそば党に門前払いをくらわすとともに、道光庵のそば切りも三代で打ち切られた。そば店に庵号のつく屋号が多いのは、この道光庵にあやかったもので、文化（一八〇四～一八）のころにはその極に達した。↓あん、そばきんだんのせきひ

どうこのゆでうぶゆをつかう【銅壺の湯で産湯を使う】

諺江戸っ子は、「玉川上水で産湯を使った」といって自慢したものだ。そば釜の銅壺の湯で産湯を使えるのも、そば屋の生まれなればこそで、誇るときにいう言葉。（東京）

とうじかご【湯じ籠】

一人前ほどのそばやうどんを入れて、ゆで釜につけて温めるかご。竹で口径九㎝ほどの椀状に編み、三〇㎝くらいの長さの柄をつける。

とうじそば【冬至蕎麦】

十二月二十二日、二十三日ごろの冬至の日に食べるそば。この日にはカボチャ、コンニャクを食べ、柚子湯に入る風習が多いが、そばを食べるのは岡山県長船町行幸（現・瀬戸内市）・笠岡市神島《こうのしま》、福島県磐城《いわき》

地方など。この日にふさわしい変わりそばは柚子切りが筆頭だろう。

どうじょうそば【道城蕎麦】

秋田県北秋田郡合川町（現・北秋田市）の道城集落に昔から伝承されてきたそば。つなぎに豆乳を使う。大豆を一昼夜水に浸け、すり鉢で白くなるまですりおろす。できた豆乳でそばを練り上げる。ゆで上げるとつるつるとして引き締まった味で、土地では絶品と自慢する。

どうづき【胴搗き】

ソバ製粉の一形式。餅をつくように、杵でついて製粉する。古くは田舎の水車小屋の粉挽きに始まり、現在はこれを機械化したもの。最も自然な形の粉砕方法であるから、ソバの風味を損なわずに製粉される。製粉時の発熱はほとんどみられない。製粉工程に無理がなく、分子構成が不揃いであるところから、そばを打つときのつながりがよい。ただし、粉の仕分けの点では、他の製粉方法に比べ難点がある。

とうふきり【豆腐切り】

『小堀屋秘伝書』に挙がっている変わりめんの一つ。

とうふつなぎ【豆腐繋ぎ】

豆腐をそのまま崩し、これをこね水の代わりにしてそばを練り上げる。豆腐の量はそば粉の四〇～四五％必要で、粉一kgに対し豆腐四〇〇～五〇〇g、ほぼ一丁半を使う。寛永二十年（一六四三）版『料理物語』の蕎麦きりの条に「又とうふをすり水にてこね申す事もあり」とあり、製法が記されており、古くから行なわれていた。

どうわり【同割】

そば粉と小麦粉を同じ量ずつで混合すること。↓きばちした

とおしことば【通し言葉】

そば店では（一般に料理屋でも）、客の注文を調理場へ伝えることを「通す」といい、注文品を「出物」「通し物」という。その際、手短かにかつわかりやすく伝える表現として使われる独特の用語。主な通し言葉を以下に紹介する。

〔つく〕一個を指す。「天つき三杯の巻き」は天ぷらそば一杯、花巻きそば二杯の意味。あとからいわれる出物の数は全体の数よりつねに一個だけ少なく計算する。

〔まじり〕二個を指す。「かけまじり七枚もり」は、かけそば二杯、もりそば五枚計七個の意味。枚はもり、ざるの単位、杯は種物の単位となる。

〔かち〕二種類の出物が五個以上の奇数で注文されたとき、多い方を先にしてかちをつける。「天ぷら勝って七杯かも」は、天ぷらそば四杯、鴨南蛮三杯の意味。偶数のときは「と」が使われ「とじとまきで四杯」は玉子とじ、花巻き各二杯の意味。

〔まく〕出物が三種類以上にわたる場合は「まくで……」と続け、一緒の客だから同時に出してほしいという意味を持つ。「おかめが勝って七杯天ぷら、まくで、うどんとそばかも四杯」は、おかめそば四杯、天ぷらそば三杯、うどんとそばの鴨南蛮各二杯の合計一一杯となる。まくで一緒に通しても二組の客からの注文であれば「うどんかも二杯は離れです」といって、仕事場の都合で別に出してもよいことを知らせる。また全部がうどんの場合は「総うどんで……」といって最後まで通してしまう。

〔台がわり〕あんかけ、かき玉などは本来うどんと決まっているが、そばで作るように注文があったとき「台がわりであんかけ一杯」と通す。また天ぷらなどそば台に決まっているものをうどんで出す場合は、必ず「うどんで」とことわる。

〔おかわり〕一人の客で二杯の注文は「おかわりつきもり二枚」という。当然つけ汁の徳利は二汁となる。また新規の客は「お新規」または「本膳」という。「もり一枚お新規（本膳）」。

〔お声がかり〕酒の注文は「お燗つき」とか「御酒《ごしゅ》」と通すが、そばを出すのは酒を飲み終わって、客のお声がかかってからの意。

〔どよかん〕どよは「土用」、かんは「寒」で、「どよかんでもり二枚」は湯通しのあつもりと冷たいもり各一枚のこと。熱いと冷たいを一緒にあらわした洒落た言葉。

〔さくら〕そばの量を少なめに盛って出すこと。「おかわり、台はさくらで願います」となる。「きれい」ともいう。

〔きん〕さくらの反対で、そばの量を多くして出す。「きんで願います」となる。

〔おか〕岡のこと。岡にあがっているということから「岡で天ぷら」と通されると、天ぷらだけ別の皿に盛って出される。

とおしもの【通し物】

そば店で、注文品のこと。→とおしことば

●戸隠そば　伝統のぼっち盛りのそば。竹で編んだざるも戸隠独特のもの

とがくしそば【戸隠蕎麦】

信州そばの一つ。戸隠山は山岳修験者の霊山で、宿坊ではそばが常食で歴史も古い。冷水で打った腰の強い手打ちそばを、水洗いしてから食べやすいように手で巻くようにして小分けにして竹製のざるに盛る。そば切りが戸隠の古文書に出てくるのは、宝永六年（一七〇九）の『奥院灯明役勤方覚帳』で、年四回ハレの日にそば切りが振る舞われたとある。江戸中期には戸隠そばの名声は全国に知られていたが、門前そばのにぎわいは戦後になってからである。↓しんしゅうそば

ときそば【時蕎麦】

夜そば売りを描いた落語。三代目柳家小さんが、上方落語『時うどん』を東京に移入した咄。そば屋の勘定を払うさい、一文銭を一つから八つまで数え、「何時だい」、「九つで」、「十、十一、十二……」と一文ごまかすのを見た男が、まねをして、「七つ、八つ、何時だい」、「四つで」、「五つ、六つ、七つ……」と損をした珍談。原話は、江戸鎌倉河岸で仲間《ちゅうげん》がそばを食べた咄として、享保十一年（一七二六）刊の笑話本『軽口初笑』にあり、三代目小さんの改作以前から、江戸っ子と『時そば』の縁は深い。

ときわそば【常磐蕎麦】

山崎纇山著、安政二年（一八五五）の『蕎麦道中記』に出てくる信州柏原の名物そば。↓そばどうちゅうき

とじ【綴じ】

閉じる、ふさぐ、まとめるの意味で、料理では卵を使ってとじるのが一般的。昭和の初期までは鶏卵は「ぎょく」とも呼ばれ、高価なものだったので、玉子とじは相

応の高価メニューとなっていた。

としこしそば【年越し蕎麦】

大晦日に食べるそば。現代も歳末の風物詩となっているが、江戸時代から庶民の間に定着をみた食習慣となっている。その由来については、次のような諸説がある。別名は「歳取りそば」「大年《おおとし》そば」「大晦《おおつごもり》そば」「大晦日《おおみそか》そば」など。

①鎌倉時代、博多の承天寺で年の瀬を越せない町人に〝世直しそば〟と称して、そば餅を振る舞ったところ、翌年からみな運が向いてきたため、大晦日に「運そば」を食べるならわしが生じたという。「運気そば」「福そば」とも。

②室町時代、関東三長者の一人増渕民部が毎年の大晦日に無事息災を祝い「世の中にめでたいものは蕎麦の種、花咲き実りみかどおさまる」と歌い、家人ともどもそばがきを食べたのがおこりとする三角《みかど》縁起説。

③そば切りは長くのびるので、延命長寿や身代が細く長くのびるようにと願う形状説。「寿命そば」「のびそば」ともいう。逆にそばは切れやすいから、旧年の労苦や災厄をきれいバッサリ切り捨てようと「縁切りそば」「年切りそば」。あるいは一年中の借金を打ち切る意味で「借銭切り」「勘定そば」といい、必ず残さずに食べなければいけない。従って、縁起をかつぐ地方では

●年越しそば　大晦日そばを食う図（寛政五年・一七九三版『どうけ百人一首』より）

太く長かれと「運どん」（饂飩）を食べる。

④金銀細工師が散らかった金粉を寄せるのにそば粉を使うため、金を集める縁起で始まったという。

⑤『本朝食鑑』に「蕎麦は気を降し腸を寛《ゆるく》し、能《よ》く腸胃の滓穢《しわい》積滞を錬《ね》る」とあり、新陳代謝により体内を清浄にして新年を迎えるというそば効能説。ネギを添えるのも、清め祓《はら》う神官の禰宜《ねぎ》に通じるからだという。

⑥ソバは少々の風雨に当たっても、翌日陽がさせばすぐ起き直る。それにあやかって、来年こそはと、捲土重来を期して食べるという。また、旧年を回顧し反省する「思案そば」もある。

としとりそば【歳取り蕎麦】

→としこしそば

どじょうそば【泥鰌蕎麦】

①そばをドジョウぐらいの太さに切り、味噌汁に入れたもの。（新潟県佐渡郡佐和田町河原田〔現・佐渡市〕）

岡山県笠岡市ではドジョウジルという。

②野菜汁に太めのそば切りを入れて煮たもの。（徳島県美馬郡）

どたんぽ【土湯婆】

つけ汁を湯せんするときに用いる陶製の容器。→たんぽ

とちめんぼう【栃麺棒】

栃めんをのばす棒。また、栃めんを作るためには、手早くしなければ冷えて固まり、のしづらくなるため、急いでめん棒を使うことから、狼狽する、あわてる意味の表現にも使われる。

とちりそば【とちり蕎麦】

役者が舞台でせりふを間違えたり、出番

に遅れたりして、そそうやとちりをおかしたとき、自腹で楽屋中に振る舞うそばのこと。川柳に「間の悪い役者そばやの一旦那」「一言絶句楽屋中そばだらけ」などと、とちりそばを詠んだものがある。

とびこ【飛び粉】
→うばこ、ちりこ

とまり【泊り】
隠前夜の残りの材料を翌日に持ち越すこと。→ばく

とみくらそば【富倉蕎麦】
長野県飯山《いいやま》市富倉のそばは、山ゴボウ（オヤマボクチ）の葉をつなぎにして打つ。山ゴボウの葉は六月中旬ごろ、山野に自生しているものをつみ取り、よく乾燥させてから手でもんで、葉脈（モグサのスジのようなもの）だけを残す。炭酸ソーダで煮て、葉脈だけにしたものを水洗いしてもよい。県下の山村ではそば打ちに同様のつなぎを使う土地が多い。

ともこ【友粉】
そばを打つときに、そば粉と同じ粉を打ち粉に使う場合を指す。一般には、打ち粉には端粉《はなこ》やさらしな粉を用いる。また、友つなぎといって、つなぎに同じそば粉を使う場合も指す。→ともつなぎ

●富倉そば　山ゴボウの葉の繊維を打ち込み、のばしてからしばらく乾燥させる。生地は紙のように薄い（長野・野沢温泉）

ともつなぎ【友繋ぎ】

そばを打つとき、つなぎに「友粉」つまり同じそば粉を用いること。粉の一部を湯に溶き、そばの「糊」（共糊ともいう）を作る。これを水代わりに練り込むことでつなぎの役割をする。生そばの打ち方の一種。そばのつながりが弱いときにこの手法がとられる。『蕎麦全書』下の蕎麦煮湯煉の条にも「そば湯の濃きもの、そばねりの薄き物にて煉る也。此法至極よろし」とある。

とものり【共糊】

＝ともつなぎ

どようそば【土用蕎麦】

立秋の前十八日間を夏の土用という。その初めの日を土用の入りといい、七月二十日ごろにあたる。この土用の入りの日に食べるそばをいう。岡山県吉備郡真備《まび》町（現・倉敷市）では、そば練りを食べると腹痛がしない、また笠岡市神島《こうのしま》では、そばを食べると暑気当たりしない、と伝承されている。

どよかん【土用寒】

隠通し言葉。「どよ」は「土用」、「かん」は「寒」。「どよかんでもり二枚」は湯通しの熱もりと冷たいもり各一枚のこと。熱いと冷たいを一緒にあらわした洒落た言葉。

とりきり【鳥切り】

鳥（鶏）のささ身をそばに練り込んだ変わりそば。そば粉一kgに対して、ささ身二五〇gに煮切り一〇〇〜二〇〇mlを加えてミキサーにかけ糊状になるまですり込んで裏ごししたものを加える。鳥肉が入るため煮上がりに時間がかかる。独特の風味を出す。

とりそば【鳥蕎麦】

＝とりなんばん

とりなんばん【鳥南蛮】

鴨南蛮の流れで、鴨、合鴨の肉の代わりに鶏肉としたもの。「鳥そば」「若鶏そば」「かしわ南蛮」とも。

とろそば【とろ蕎麦】

＝とろろそば

●とろそば　巴町砂場の「趣味のとろそば」。同店の看板商品

とろろそば【薯蕷蕎麦】

ざるそばの辛汁に代えてとろろ汁をセットする。とろろ汁は、山かけそばのときと同じように、ヤマトイモ（銀杏イモ）の皮をむき、すり鉢のなかで回しながらおろしたのち、すりこぎでよくすり、これと同量のざる汁を入れて作る。最後にとろろ汁のなかに卵の黄身だけを入れる。「とろそば」とも呼ぶ。

●丼　豊國画「當龝八幡祭（できあきやはたまつり）南与兵衛」に描かれた屋台そばの丼

どんじる【丼汁】
天丼に用いる汁のこと。天ぷら店ではかつおだしに濃口醬油、みりん、砂糖、酒などを加えて作るが、そば店ではかえしを利用するのが普通。うなぎのたれと同じで「万年」といい、使い減りした分を補充しながら何年も使い続けるが、それには、浮いた油や天カスをまめに取り除くなど、手入れが肝心である。

どんぶり【丼】
かけや種物を盛るそばうどん用の陶磁器の食器。同じく、ご飯物用の食器。形としては、浅めの朝顔形が一般的で、出前用には曲物漆塗りに屋号を書き込んだ共蓋が用いられる。種物の丼は、深めで共蓋付きが多く、縁の立上がりが真直ぐな切立《きったて》、端反《はぞ》り、段付など、蓋を取ったときになかが広く、豪華に見えるように配慮され、色絵を施したものも多い。天丼や親子丼などのご飯物用の丼も、色絵を施した錦手のものが多い。江戸時代から昭和の初期までは、丼の大きさは手で持てる小ぶりのものが主流であったが、戦後は徐々に大きめのものがふえ、近年、種物用は特に大きく豪華になっている。丼の語源としては、だんぶくろ(更紗、緞子などで作った袋。何事もこの袋一つで事足りた)の転訛か、朝鮮語の湯器(タンパル)からの転訛といわれている。いずれにしろ江戸時代に入ってからの言葉である。

な

ないしょう【内証】
隠ないしょ（内所）ともいう。
①奥向き。うちうちの意味にも使われる。
②遊女屋で主人の居間あるいは帳場のこと。→ごないしょ

ないとうりゅう【内藤流】
明治時代、長野県松本市で手打ちの名人といわれた「峯吉楼」店主・内藤峯吉の技法。現在、その流れを汲むそば店が数店ある。信州内藤流とも。

ながしゃり【長舎利】
隠うどん、そば、そうめん、めん類全般。文政十三年（一八三〇）版『潮来婦志』後編に、「さつき（先刻）のながじゃり（そば）はどうだ」「なんばん（とうがらし）をしたゝか入れたら今にひりひりする。あれはてうしやのながじやりだらう」と、香具師《やし》符帳が使われている。「ながしゃりや」はうどん屋、そば屋。

なかだい【中台】
そば屋の職制の一つ。種物を作ったり天ぷらを揚げたり、汁の加減をみたりする調理場のなかの重要な役目の人。花番が通すいろいろな注文を手際よくさばく技能が要求される。また中台の脇にいて汁かけなどの手伝いをやる役を「脇中」という。

なかのそば【中野蕎麦】
江戸中期にそばの需要は急増をみたが、それに見合うソバの供給が主として中野、淀橋、練馬の業者により行なわれた。とくに中野は青梅街道から江戸への入り口に位置していたところからソバをはじめ雑穀類

の集散地として栄えた。現在の荻窪、高井戸、吉祥寺、小金井、深大寺など江戸西北部で産するソバはもとより、青梅に通ずる三多摩地方のソバが馬の背に乗せられて運び込まれた。業者はこの玄ソバを精選・剝皮し、これを「抜き」と称して江戸市中に供給した。これらは当時〝中野のソバ〟として江戸で人気を得た。このような地理的関係から、明治初期に中野には浅田・飯田・高野（葛西屋）・栗原（川武）・石森（吉野屋）、練馬に宮本・宮広・佐久間、横浜の保土ケ谷に北川（多田屋）などの業者が知られ、その数は六〇軒にも達していた。

なかわり【中割り】
↓そばふるまい

なそばしょうがつ【菜蕎麦正月】
静岡県志太郡岡部町殿《との》（現・藤枝市）では、焼き畑に秋ソバを、畑にはダイコンや菜類の種子を播き終わると、畑仕事が一段落する九月十四日から十六日までの三日間を「菜そば正月」という。この三日間は、仕事を休み、嫁は実家に帰ってくつろぐ。

なつしん【夏新】
夏に収穫された新ソバのこと。一般的には秋新をさして新ソバというが、それと区別するためにこう呼んだ。夏の盛りに収穫される夏ソバは、日照時間が少ないため雌しべが発育不全で、秋ソバと比べて味、色、香りともに劣ってしまう。

なつそば【夏ソバ】
ソバは播種時期によって夏ソバと秋ソバに大別されている（↓そば）。一般に、夏ソバは、四月上旬（九州）から六月下旬（北海道）に播種、六月中旬（九州）から八月中旬（北海道）に収穫される。夏ソバの特性としては、長日条件でも三〇日前後で開花し、夏の高温下でもよく結実する。逆に晩播きになるほど結実が劣る傾向がある。一般に温度への感応性が大きい。主に北海道で栽培され、品種としては牡丹ソバやキタワセソバが代表である。↓きたわせそば、ぼたんそば

なつそばはつか【夏蕎麦二十日】

諺「ソバは七十五日」といわれるほど、アワ・キビと同様に播種から収穫までの期間が短い。夏ソバは六〇日から七五日、秋ソバは七〇日から八〇日かかるので、二〇日は誇張しすぎるが、それくらい早く生育し刈り取ることができるという意。

なっとうそば【納豆蕎麦】

昭和三十年（一九五五）ごろ、そば粉と納豆の産地物産展での披露が最初か。食べよいように納豆を刻み、さっとかき混ぜてそばに上置きする。花かつお、刻みネギ、からし、卵黄を加え、もみ海苔などを散らす。辛汁を加えると好風味の栄養そばとなる。

なつのそばは いぬさえくわぬ【夏の蕎麦は 犬さえ食わぬ】

諺（新潟県佐渡郡〔現・佐渡市〕）↓そばははえるようになるとまずい

なつのそばは ままこにやれ【夏の蕎麦は 継子にやれ】

諺夏のそばは、端境期の陳《ひね》ソバを使うため。そばは一般にまずくなる。↓そばははえるようになるとまずい

なないろとうがらし【七色唐辛子】

「七味《しちみ》唐辛子」とも。略して「七色」「七味」。江戸初期に作られたといわれ、江戸時代からすでに、そば・うどんの薬味とし

て用いられていた。東京・浅草、京都、長野・善光寺前の三店の老舗が有名。ブレンドの仕方は地域や業者によって多少違う。トウガラシのほか、ゴマ、サンショウ、アサの実を加えるのはほぼ共通しているが、陳皮、シソの実、ケシの実、青海苔などは必ず加えるとは決まっていない。七色唐辛子がとくに温かいそば・うどんに合うのは、トウガラシの辛さが熱に対して安定した性質のため。

なにわそば【浪花蕎麦】
江戸末期の『蕎麦道中記』に出てくる高崎の名物そばのひとつ。↓そばどうちゅうき

なべがき【鍋掻き】
そばがきの作り方の一つ。火にかけた鍋のなかでそば粉を練る。分量はそば粉一に対して水一・五倍が標準。同量の場合もある。水から練る方法と沸騰した湯にそば粉を入れて作る方法とがある。火にかけずに練るのを碗がきという。↓そばがき、わんがき

なべそば【鍋蕎麦】
島根県の東部・出雲地方の割子そばに対して、西部・石見《いわみ》地方のそば料理。鳥そぼろ、いり卵、ゴマ、かつお、ネギ、海苔、紅葉おろしなどの具を好みでつゆに入れ、ゆがいた手打ちそばをつけて食べる。釜あげそばの一種。↓かまあげそば

なまがえし【生返し】
かえしの種類の一つ。水に砂糖を加えて煮溶かしたものを醤油に加え、熟成させて作る。醤油自体を加熱しないのが特徴。↓かえし、ほんがえし

なまそば【生蕎麦】
そばを包丁切りして、ゆでる前の状態の

ものを生《なま》という。生めんのこと。そば店ではそばを作ることを「生をつくる」ともいう。生《き》そばとは意味が異なる。

なまだな【生棚】

生《なま》そばを入れた生舟を積み上げておくための棚。元桶・洗い桶の真上に設置するのが原則。生そばの取り出しに便利なだけでなく、水桶の真上は厨房内でも温度が低く、生そばの保管に最適な場所のため。

なまぶね【生舟】

蓋つきの長方形の浅い木箱。そばの生《なま》を収めておくのに使う。材質は、さわら、杉が多いが、湿度を調整してくれる桐も適している。昔は、平べったい容器を「舟」といったことから、その名がある。漆を塗ったものもある。

なみこ【並み粉】

一般のそば店で使用されているそば粉。二番粉以下の粉を混合したもので、その混合割合によって細かく区分されている。また、とくに需要の多い並み粉を標準粉とも呼ぶ。→そばこ

なみそば【濤蕎麦】

『蕎麦道中記』に出てくる江戸末期の由比の名物そば。→そばどうちゅうき

●生舟　桐製のもの

なめこそば【滑子蕎麦】
東北地方の特産であるナメコをそばの上置きとしたもの。ナメコはモエギタケ科の食用キノコの一種で、粘液による独特の舌ざわりとそばの食感がよく合っている。なめこそばに用いるものは中粒のものがよく、ダイコンおろしを薬味に添える。

なんばん【南蛮】
そば店ではネギのことをいう。場合によってはトウガラシの意に転用することもある。なお、大阪では江戸時代に難波がネギの産地であったことから、現在でもネギのことを「なんば」という人もいる。

に

にかけ【煮掛け】
①だし汁に好みの野菜、豆腐、油揚げなどを入れてよく煮込み、そばやうどんにかけて食べる。清汁《すましじる》でも味噌仕立てでもよい。薬味はネギ、ダイコンおろしなど。「お煮かけ汁」ともいう。囲炉裏があった当時多くみられた農山村のめん食。寛政元年（一七八九）序、菅江真澄著『かたゐ袋』には、「しなのゝ国に、にかけといふあつものあり。小麦・蕎麦などにいろいろのあはせしてたうびぬ。みちのおくに、これと凡似たるあつものをはつとうといへり」とある。

『裏見寒話』巻五に、「冷麦抔《など》の類を汁に入れ、茄子《なすび》・小《さ》（大《さ》）角豆《げ》・笋《たけのこ》等を入れ、入れたる汁に浸して食すると云《いふ》」とあり、柳里恭（柳沢淇園）著『独寝《ひとりね》』も、「ひや麦は味噌汁をかけて食ふ。これを名づけてニカケといふなり。珍しき料理なり」と、甲斐の煮掛けについて述べている。また『和訓栞《わくんのしおり》』には、「信濃軽井沢の辺にて温飩の下に竹ノ子・大根類の時の物を敷て、汁はたれみそを用ひて、かきまぜて食すといふ。しつぽくの如し」とある。

②ゆでためん類を一人前ずつ小さな竹籠（とうじ籠）に入れ、煮たった汁に通して盛りつける。これに汁と実とをかけて客人へ供する。オニカケとも。元禄（一六八八～一七〇四）ごろからあった郷土めんで、文化（一八〇四～一八）ごろから信州では、うどんよりそばが用いられ、トウジソバともいう。（山梨県、長野県東筑摩郡・北安曇郡小谷村・上伊那郡高遠町三義〔現・伊那市〕、岡山県川上郡湯野村〔現・高梁市〕・岡山市内山下《うらさんげ》）

③煮掛け汁。だし汁に野菜・油揚げ・豆腐などいろいろの具をまぜた汁で、うどんにかける。（岡山県川上郡〔現・高梁市〕）

にがそば【苦ソバ】

ダッタン種のソバ。普通種のソバが甘みがあるのに比べて苦みがあることから。→ダッタンそば、てんきょう

にきり【煮切り】

みりんを鍋に入れ、とろ火で加熱する。アルコールの湯気が立ったときに火をつけて、アルコール分を〝煮切った〟ものを指す。酒も同様である。こうすることによっ

●なめこそば　山形「萬盛庵」の「なめ子そば売出し」のチラシ（昭和七年ごろ）

てアルコール臭をなくし、風味は生かすことができる。

にぎりそば【握り蕎麦】

諺山陰地方では「二百十日の握り蕎麦」といって、二百十日にあたる九月一日ごろに片手で握れる程度まで（約六㎝）ソバの茎が伸びているのが望ましいとされる。二百十日の前後は台風が来ることが多いが、この程度まで生長していれば、大風が吹いても吹き倒される心配はない。「つかみそば」ともいう。

にぎわいそば【賑い蕎麦】

岩手県のわんこそばにヒントを得て、大阪の「美々卯」が創出した、地元の材料を生かした振る舞いそば（商標登録）。割子に入れた少量のそばとともに、十数種類の具を次々に味わい、空いた割子は積み上げていく。具は、はもちり、刺身、天ぷら、とろろ、鳥そぼろなど。薬味には海苔、削り節、紅葉おろし、ネギなどを添える。

にくわけ【肉分け】

手打ちののしの工程のなかの一つ。四つ出しを終えた状態では、正方形にのした生地の四辺の真ん中あたりの部分はいずれも厚めになっている。そこで、長いめん棒を辺に直角にあてがって前後に転がし、生地の厚さをならすと同時に「幅出し」も決めてしまう。この作業を肉分けと呼ぶ。玉が小さいときは省略される。↓のし、よつだし

にしきそば【錦蕎麦】

↓ふくやまそば

にしんそば【鰊蕎麦】

ニシンを煮て具にした種物。身欠きニシンを二日間水で戻し、軟らかくなるまで甘辛く煮る。煮上がったニシンを丼の底へ置

き、その上にそばを盛り、汁を張る。そばとニシンの陸と海の味のとり合わせで、明治十五年（一八八二）ごろ京都の「松葉」二代目松野与三吉により考案された。かつて北陸から陸送されてきたニシンや棒ダラを料理にうまく生かした京都人の知恵の産物といえよう。薬味はきざみネギと七味唐辛子である。ニシンの棒煮は市販されており、家庭でもその味が楽しめる。

にちげつあん【日月庵】

昭和初期に東京滝野川にあった手打ちそばの名店。正式には「日月庵やぶ忠」だが、やぶ忠として知られる。↓やぶちゅう

にっけいきり【肉桂切り】

ニッケイの粉末をそば粉に練り込んだ変わりそば。ニッケイ（肉桂）はいわゆるニッキで、シナモンのこと。粉末にしてそば粉一kgに二〇gほど添加すればよい。添加量が多くならないよう注意する。ニッキの香り高いそばができる。

にっしんしゃゆうきょうし【日新舎友蕎子】

寛延四年（一七五一）脱稿の『蕎麦全書』の著者。江戸の住人であること以外は、経歴などの詳細は不明。↓そばぜんしょ

●にしんそば（京都「松葉」）

になわそば【荷縄蕎麦】

盆中、多くは十五日にめん類を打ち、盆棚の飾り縄にしたり、またはナスやキュウリで作った馬の背にかけるのをいう。「荷縄」「背負い縄」「鞍縄」ともいう。これは仏が帰るとき、馳走を馬につけていくためということから。元禄十六年（一七〇三）江戸版の雑俳『たから船』にも「細ぼそと・そうめん餓鬼の荷付縄」の冠付けが見られ、習俗の古いことがわかる。

長野県飯田市では十五日、新潟県中魚沼郡津南《つなん》町上郷宮野原・谷内《やち》では十六日にそば、佐渡郡羽茂《はもち》町大崎（現・佐渡市）ではうどんを仏様の荷縄と呼ぶ。

群馬県勢多郡東《あずま》村（現・みどり市）・利根郡片品村、神奈川県足柄上郡、鹿児島県肝属《きもつき》郡高山《こうやま》町（現・肝付町）では、生うどんが背負い縄になる。

香川県の小豆島や長崎県五島の久賀島（福江市（現・五島市））では、そうめんを負い縄に用いる。

群馬県吾妻郡六合《くに》村和光原（現・中之条町）では、送り盆のうどんを仏様のカチンナワ（背負い縄の方言）というが、それを取っておいてムシ（胃酸過多症）が出るときに食べると治るという。

にはちそば【二八蕎麦】

『享保世説』の享保十三年（一七二八）の個所に「仕出したは即坐麦めし二八そばみその賃づき茶のほうじ売」の落首がのっており、二八そばの起こりはこのころと思われる。二八そばの解釈をめぐって、二八は一六文の代価説と、そば粉八割につなぎの小麦粉二割の配合率説に分かれるが、これは時代を区分せずに論議してきたため。そばの値段が二〇文を超えた慶応年間（一八六五～六八）を一つの境にして、それ以前は二六、三四は一二文、二八は一六文の代価説。慶応以後は配合率説をとるのが正しい。そうしないと、二八うどんの説明がつかないことになる。二八そばも時代が下がるにつれ品質が低下し、ついに二八は駄そば（粗雑なそば）の代名詞と化した。一方高級店は座敷をしつらい、「手打ち」あるいは「生《き》蕎麦」を看板にして、二八そばとの差異を強調した。

にばんこ【二番粉】

一番粉をとってさらに挽砕を続けると一番粉で砕けた以外の胚乳部分や子葉部が製粉される。これが二番粉となる。ソバの栄養素や香味成分に富み、淡緑黄色を呈している。中層粉ともいう。

にばんだし【二番出し】

一番だしのだしがらをもう一度煮出して取っただし。一番だしのときの半分の量の湯で一〇分間ほど煮沸する。二番だしの溶出エキスは、一番だしの取り方いかんで大きな差異がある。関東では二番だしを「ばかだし」ともいう。

にひゃくとおかのにぎりそば【二百十日の握り蕎麦】

諺→にぎりそば

●二八そば　豊國画「花街模様薊色縫（いろもようあざみのいろぬい）鬼あざみ清吉」。「二八」の文字が大きく描かれている

にほんからはし【二本からはし】

ソバの収穫後、脱穀のときに実を叩き落とすための二股になった棒。コデボウ、ソバタタキともいう。（群馬県多野郡万場町〔現・神流《かんな》町〕）

にほんそばきょうかい【日本蕎麦協会】

玄ソバ、そば粉またはそばを生産、もしくは加工または販売する者、および関係者が、ソバの長期安定的供給の確保、品質の向上、および加工・流通の改善を図ることを通じて、そばが国民の自然栄養食品としての位置づけを確保し、その消費啓蒙を図り、食生活の改善合理化に資することを目的として、昭和五十年（一九七五）に設立。主な事業としては、①ソバの生産、加工または流通の近代化、合理化を図るための調査、研究および指導、②国内産玄ソバの契約栽培の指導推進および優良品種の普及、その他生産の振興および流通の安定化に関する事業、③外国産玄ソバの長期安定的供給の確保に関する事業など。会員としては、そば粉を原料とするめん類の製造業者、または販売業者の団体、そば製粉業者の団体、玄ソバの輸入業者の団体、玄ソバを取扱う業者の団体、玄ソバの生産者の団体。

にほんめんるいぎょうだんたいれんごうかい【日本麺類業団体連合会】

昭和恐慌下の昭和六年（一九三一）、めん類業界の振興を目的として、全国各地の麺類組合が大同団結して大日本麺類業組合同盟会を設立。日本麺類業組合連合会の前身となる。昭和五十八年（一九八三）に、それまでの任意団体から農林水産省より社団法人日本麺類業団体連合会として認可を受け、公益法人となり、現在に至る。平成十一年現在、全国四二都道府県に会員（麺類業団体）があり、傘下に、そばうどん店約一万九〇〇〇人が加入している。主な事業としては、①情報事業（機関誌『めん』の発行、麺類店経営動向調査、統計資料集の制作など）、②原料対策事業（国内産玄ソバの振興事業、中国産玄ソバ輸入事業など）、③めん食文化事業（出版物の刊行、そば・うどん村おこしネットワークなど）、④宣伝事業（そばの花観察運動、マスコミ等への情報提供など）、⑤経営振興に関する事業（めん産業展の共催など）、⑥組織に関する事業（全国麺類業者大会の年一回開催など）など。

にゅうめんそば【煮麺蕎麦】
そばを味噌汁に入れ、ごった煮にしたもの。（栃木県芳賀郡）

にろくそば【二六蕎麦】
江戸慶応年間（一八六五～六八）以前は、二六、三四などといって、そばの代価を示していたとされる。二六そばは一二文のこと。江戸中期のめん類店を多く紹介している『蕎麦全書』のなかにも、二六そばとして富岡屋、亀屋、若松屋、甲州屋が登場している。→えどちゅうきのめんるいてん

●二六そば「二六」の看板を掲げた街道筋のそば屋（十返舎一九『諸国道中金草鞋』より）

にんぎょうゆい【人形結い】
産土《うぶすな》神社の縁日である六月十五日に、茅《かや》・わらなどを使って身長三mほどの男女一対の人形を作り、集落の入り口に立てて悪魔の侵入を防ぐ風習。子孫繁栄のため、男女二体とも生殖器をつける。人形にはジユウネ（荏胡麻《えごま》）味噌をつけたそば餅を、桂で作った串に本家は五枚、分家は三枚つけ、二本の串を一本ずつ人形の胸にさし、御神酒を供えて祈る。御神酒を飲み、そば餅を食べれば、その年は無病息災だと信じられている。（青森県十和田市梅）

人形結いは戦前まで陰暦六月二十四日、虫追い（虫送り）の日に行なわれたが、青森県三戸郡でも同じ日に家の錠の口（門口）にわら人形を立て、二十六日の夕方に送る慣習がある。そのとき、そば餅を家族と牛馬の数だけ作り、各自の体にこすってから串にさし、人形に添えて村境まで送る。五戸町《ごのへ》では人形の腹が減らぬよう、ムギハット（手打ちうどん）を腹部に入れて送る。上北郡七戸町でも六月二十四日に行なわれる。

ぬ

ぬき【抜き】
殻（果皮）を取り除いたソバの実。

ぬき【抜き】
隠種物のそばを抜いたもの。「ぬきで天ぷら」は天ぷらの吸い物になる。（東京）
↓てんすい

ね

ねぎ【葱】

ナガネギともいう。ネギ特有の香りと辛みがめん類の薬味としてよく合う。関東では白ネギ（根深ネギ）、関西では青ネギ（葉ネギ）が好まれる。鴨南蛮、鍋焼うどんの具としても欠かせないが、薬味効果を考えると完全に火を通さない半生のほうが風味が出る。ネギが薬味として使われるようになったのは江戸初期からといわれており、昭和十五年（一九四〇）ごろまで東京のそば店では「千住ネギ」が使われた。東京千住（足立区）近在で作られていたもので、一般の惣菜用ネギより値段が五倍もして最高級ネギとして知られていた。また大阪では難波付近で作られていたという「難波ネギ」が知られ、めん類の薬味として重宝がられたという。↓やくみ

ねこ【寝粉】

①長くしまっておいたため、古びて使えなくなった粉。ひねこ（陳粉）とも。（東京、和歌山、岡山、愛媛、徳島県美馬郡）「捨てものにして打つて見る寝粉温飩」（寛政二年・一七九〇版・三河『川社《かわやしろ》』）

②小麦粉などを水で溶くときの溶けそこ

●人形結い　わらなどで作った人形に、そば餅を刺し、無病息災を願う（青森・十和田市）

ない。ままこ。（京都、大阪）

ねこいた【猫板】

ゆで釜と前銅壺の間に置く厚板のこと。長火鉢の猫板と同類。丼が銅壺に当たって割れるのを防いだり、銅壺の上に手をついても熱くないように敷物に使う。また釜の湯が吹き始めたら素早く蓋を開け、猫板か小板を乗せて〝波返し〟にする。

ねざめそば【寝覚蕎麦】

木曽川の急流が造り上げた奇勝、寝覚の床近くの旧中仙道沿い（現・中央本線上松駅近く）にあった立場茶屋「寝覚茶屋」で出していたそばをいう。江戸時代、この寝覚茶屋で、大名らが休息をとった。寝覚茶屋には越前屋と田瀬屋があったが、越前屋は国道一九号線沿いに店を移し、田瀬屋は一度廃業したあと、民宿「たせや」を再開した。木曽路の旅人でにぎわい、大田蜀山《おおたしよくさん》人《じん》は「蕎麦切と木曽路の旅は山に坂　兎角からみで上るがよい」とうたい、「空身」と「辛味大根」、「上がる」と「食べる」を引っかけた洒落をいっている。

ねりくり【練りくり】

鍋にそば粉とカンショ（サツマイモ）を入れて煮て、塩味をつけたもの。（岡山県浅口郡鴨方町（現・浅口市））

山梨県郡内地方では、そば粉や麦粉などを味噌汁に入れて練ったものをさす。

ねりげ【練り餉】

そば粉とカンショ（サツマイモ）の雑炊、またはそばがき。

〽志摩のあねらは　何食《く》て肥える
蕎麦のねりげに　塩辛添《ゆ》いて
うまいうまいと　言て肥える
コラコイ　コラコイ　――茶揉み唄
（三重県志摩郡（現・志摩市））

ねんきりそば【年切り蕎麦】
そばは切れやすいため、旧年の労苦や災厄をバッサリ切り捨てようと、食べる年越しそばをいう。（岡山県）↓としこしそば

の

のし【延し】
生地を均一な厚さで平らにのばすこと。めん棒を三本使う江戸流の手法では、丸出し、四つ出し（角出し）、幅出し、肉分け、本のし、仕上げ、たたみの七つの作業に分けられる。

のしこみ【伸し込み】
↓おばぶ

のしだい【延し台】
＝めんだい

のしべら【延しべら】
「切りべら」の反対で、薄くのした「厚さ」より、包丁切りした「幅」のほうが広いことをいう。名古屋のきしめんの形はのしべらの代表的なもの。↓きりべら

のしぼう【延し棒】
三本のめん棒を使う江戸風の打ち方で、生地の上で押しころがして生地をのばすために使う、短いほうのめん棒の呼び名。通

●寝覚そば　十返舎一九『諸国道中金草鞋』木曽街道より、「上松、ねざめ」の項に描かれたそばを食う光景。「越前屋」とのれんにある

常、長さは九〇㎝、太さは三㎝。↓めんぼう

ののじぐい【のの字食い】

そばの曲食いの一種。江戸時代から明治中ごろまで行なわれたもので、二本の箸先をそばのなかに差し込みのの字を書く風にして、ひとすくいにそばをかっ込んでしまう食べ方。「のの字しの字に喰ひこぼすそば」（文政四年・一八二一版・江戸『俳諧觿《けい》』二五）は、下手な曲食いをあざ笑った句。ほかに出雲地方の「拍子木食い」も代表的な曲食いである。↓ひょうしぎぐい

のびそば【延び蕎麦】

↓としこしそば

のりきり【海苔切り】

浅草海苔をよくあぶり、粉になりやすいようにしてからミキサーにかけて粉砕、ふるい出した粉を入れる。ほとんど粉になりむだがない。海苔一枚が二gの粉末となる。そば粉一kgに対し四％ほど必要となるから、海苔を二〇枚ほど用意する。黒い色物そばができる。「黒切り」とも。

のりばこ【海苔箱】

焼き海苔を入れて出すための蓋物の小箱。蓋を取ると、海苔を乗せる和紙が張られた二重箱になっている。和紙の下には小さな火入れの陶器に炭火が入れてあり、海苔の湿気を防ぐようになっている。多くは桐製で、塗り物もあった。

のれん【暖簾】

そもそもは、帳《とばり》（たれぎぬ）をつるして日除け、ちり除け、目隠し用として使われていた。後に屋号や商標などを染め抜いて看板や広告の目的がつけ加えられるようになった。江戸は寛永（一六二四～四四）のころに始まったとされているが、その後は

大いに流行した。布は木綿製、地は紺、屋号や文字は白く抜くのが一般的だった。下が地面にまで着くような長いものは「長暖簾」という。後に、のれん名、つまり屋号をも示すようになった。〝暖簾を誇る〟というのは老舗《しにせ》の形容である。

のれんかい【暖簾会】

同じのれん（屋号）のもとに相互扶助と繁栄を期するためのそば店の組織。一族や弟子が結束するほか、同郷出身者で結成された会もある。材料の共同購入や事業の拡大などのため協同組合化する例も。通常は全店が同一の屋号を用い、盟主の店は総本店とか総本家などと名乗ることが多い。同じ屋号のそば店でものれん会は別だったり、屋号が商標登録されている例もある。

東京を中心とした首都圏に多く、平成十一年現在の主なものとしては、長寿会（長寿庵）、増田屋のれん会（増田屋）、満留賀会麺業協同組合（満留賀）、朝日屋会（朝日屋）、一家会麺業協同組合（砂場、大むら、大橋屋）、東京松月庵麺類協同組合（松月庵）、実成会麺業協同組合（長寿庵）、巴屋同盟会（巴屋）、大むら親子会（大むら）、大むら会（大むら）、砂場会（砂場）、浅和会（浅野屋）、藪睦会（藪蕎麦）、寿美吉麺業協同組合（寿美吉）、屋張屋のれん会（屋張屋）などがあり、首都圏

●海苔箱　下に炭火を入れ、海苔の湿気を防ぐような構造になっている

以外では、静岡の岩久のれん会（岩久）、北海道の東家会（東家）などが、のれん会として活動している。※（　）内は、屋号。

のれんわけ【暖簾分け】

江戸時代には、「のれん」が店の権利、信用なども意味するようになり、一族や番頭などが独立する場合を、「のれん分け」といった。丁稚制度における丁稚・手代・番頭の各段階を経て別家になる資格が与えられること。独立に当たっては主家の屋号を分与され、同業を営む。奉公人にとっては大変名誉なことであり、のれんを汚すまいと商売に励むことになる。

は

はいから【ハイカラ】
　揚げ玉を乗せた種物。たぬきのことで、大正時代に、とくに「ハイカラ」といわれた。＝たぬき

はいころがし【灰転がし】
　小麦粉やそば粉をこねたものをひとにぎりほどの玉にして、囲炉裏の熱灰のなかにころがし込んで焼くところからこの名が出た。ほかに「灰ころばし」「へいころがし」「灰焼き餅」などの呼び名がある。主に長野県地方で伝えられたもの。

はいやきもち【灰焼き餅】
　＝はいころがし

はえそば【蠅蕎麦】
　諺秋の彼岸ごろ、ちょうどハエが留まったように、実がポツポツ黒くなるくらいが、ソバの刈りごろとされることからいう。（長野）
　中国では、清の道光十六年（一八三六）祁寯藻《きしゅんそう》著『馬首農言』に、「蚤多収黍　蠅多収蕎麦」とあり、ノミが多いとキビ、ハエが多いとソバが豊作とされる。あるいは、ノミがふえたらキビ、ハエがふえたらソバを刈る意にもとれる。

ばかだし【馬鹿出汁】
　関東で二番だしのこと。＝にばんだし

ばかたんぽ【馬鹿湯婆】
　二番だしを湯煎するたんぽ。「金《かな》たんぽ」のこと。↓かなたんぽ、たんぽ

ばく【泊】
　隠前日に仕込んだもの。「とまり」ともいう。「ばくそば」「ばく汁」などと使う。

ばくだんそば【バクダン蕎麦】
揚げ玉を乗せた種物。たぬき。第二次大戦下にこの名が登場した。＝たぬき

はこそば【箱蕎麦】
重箱式の箱のなかにそば玉、汁入れ、猪口、卵、薬味皿、箸のいっさいを納めたもので、高級感を出した箱膳の一種。江戸時代に大名の屋敷などへ届けたときの器に模した趣向である。箱は外側黒塗り、内側朱塗りのものや、若狭塗りがある。元祖は東京「やぶ忠」と長野の「岡沢屋」から発したものとに分けられ、発売当初から評判をとった。

はごね【葉捏ね】
新ソバに変わる直前ごろは、そば粉の色があせ、香気も失なわれるため、夏ソバの若葉をそばにもみ込んで打つのをいう。（出雲）

はこびぜん【運び膳】
品物を運ぶために用いる膳。↓ぜん

はしかみわせ【階上早生】
青森県南東部の階上地方の在来系統から選抜されたソバの品種で、育成の歴史は古い。大正七年（一九一八）、青森農業試験場が在来種より選抜した品種。夏～中間型で、粒はやや大きく、色は黒褐色。冷害年にもかなりの収量をあげて以来、青森および岩手県の主要品種。

はしばこ【箸箱】
店内の卓に置く、箸や楊子などを入れておく塗りの箱。長方形で上部の蓋にガラスをはめ込んだものが多い。塗りは店の好みによるが、朱か黒が一般的。箸は袋に入れたものを使用するのが望ましい。立て型の「箸立て」もある。

はちけん【八間】

大きな番傘をひろげたような姿のもので「八方行灯」ともいう。江戸時代に駄そば、けんどん飯を売る店で、夜に灯油によるカンテラ風のものをともしたが、油煙があがり店内がくすぶるので、これを防ぐため八けんを用いた。これは光の照り返しにも役立った。八間四方を照らすという意味か。

はっと【法度】

↓そばはっと

はっとう

そば粉をこね、三cmくらいの菱形で厚さが三mmくらいのそば餅を作り、これをゆでて荏胡麻《えごま》味噌をつけて食べる。ハッツウともいう。（福島県檜枝岐《ひのえまた》村）

「蕎麦かいもちひ、うすゝみやうのものに小豆いれたるをハツトウといひ、これをみそしるにしてくふ、此名をセンゾウボウといふをたうび（食び）たり」（『菅江真澄遊覧記』寛政四年・一七九二に著した「牧の冬枯」の田名部《たなぶ》〔現・青森県むつ市〕での記述）

はっぽう【八方】

大坂で「八間」のこと。＝はちけん

はっぽうじる【八方汁】

だし汁に醤油、砂糖、またはみりんをバランスよく混合しておく下地のこと。すべての料理の下地として八方に使えるということからこの名がついた。そばつゆも、結果的に八方汁の組成となっているので、下地という別名で呼ばれている。

はつみそかそば【初晦日蕎麦】

初晦日に食べるそばのこと。新潟県南魚沼郡六日町〔現・南魚沼市〕などでは、正月の末日を初晦日といい、この日にそばを食べ、十二月の大晦日には食べない習わしがある。富山県東礪波《となみ》郡平村上梨（現・南砺市）でも、この日に「大年《おおとし》そば」を食べる。

はなこ【端粉】

玄ソバを挽いたとき最初に出てくる粒子の荒い粉。打ち粉に用いることも多い。「花粉」とも書く。↓うちこ、そばこ

はなぱじき【鼻弾き】

手打ちそばのこと。そばは粉が粗く色も黒いし、それに太くて硬いため、食べながら鼻先にぶつかり弾くことがあるところから。（岩手県二戸郡福岡町〔現・二戸市〕）

はなばん【花番】

そば屋の職制の一つ。客の注文を奥に通したり、できたそばを運んだりする役。店の「はし」（端）または「はな」のところにいるので「はなを守っている人」の意味で「はな番」といい、主に女性が受け持つ場合が多いので聞こえよく「花番」となった。調理場へ客の注文を通す独特の「通し言葉」をいうのも花番の役。↓そばやしょくせい

はなまき【花巻き】

「花巻きそば」の略。かけそばに焼き海苔を乗せ、薬味はおろしワサビが決まりでネギはつけない。海苔の香りとそばの味を楽しむ趣向。安永（一七七二〜八一）ごろからある古い種物。文政八年（一八二五）版『今様職人尽歌合』下に、「夜ざくらをみにくる人に売らんとて　花まき蕎麦のにほふゆふぐれ」と詠まれている。

はばだし【幅出し】

四つ出しの作業で、正方形の生地の一辺の長さを決めること。次の本のしでは生地を縦方向にのばしていくから、この一辺の

長さは生地の横幅となり、これ以後は変わらない。この横幅によって、そばの長さも決まる。↓のし、ほんのし、よつだし

はまり【塡】

隠その店が直接雇用している店員で、かつては住み込みが慣習であった。部屋（職人派遣業者）から派遣される職人とは区別される。長く務め上げれば、のれん分けが許されることもある。

はやす

包丁でそばを切ること。（長野県諏訪郡）

はやそば【早蕎麦】

湯の中にダイコンのせん切りを入れ、ダイコンが柔らかくなる前に水で溶いたそば粉を注いでかき混ぜ、ドロドロの状態にする。これを汁の入った椀にいれて食べる。簡便にできることから、その名がある。昔の貧しい農家の忙しい生活のなかから生まれたそばの食べ方。長野県北志賀地方などに伝わる。↓むじなそば

バラがけ【バラ掛け】

一般的な機械製めんでは、混合機で粉に水を加えてボロボロの塊状にし、そのままでめん機にかける。このように、粉と水をよくこねないでめん機にかけること。粉にまんべんなく水が混ざっていないため、不均一な生地になりやすい。製めん時間が少

●花巻き

なく特別な技術も不要だが、そばの品質低下を招く原因になったといわれる。

はらこそば【腹子蕎麦】

南部（岩手県）の鼻曲がりのサケは有名だが、三陸沿岸でサケが遡上する河川で秋から冬にかけてサケ漁が行なわれる。そのときのサケの腹子（卵）をかけそばに入れた郷土色豊かな種物。腹子とそばがよく合う。はらこは塩水につけて表皮をとり、ぱらぱらにほぐしてから汁に入れ、半熟になるまで温めるが、その兼ね合いが難しい。台をうどんにした「はらこうどん」も。

はりこし【梁越し】

千曲川の上流、長野県南佐久郡川上村は信州ソバの産地として知られているが、同地方では梁越《はりこ》しと呼ばれるそば餅の作り方がある。まず、ネギ味噌とユズを入れたそばがきを作る。つぎに椀にそば粉を入れ、水を少しさしてからその上にさきに作っておいたそばがきを落とし、さらにそば粉をふりかける。そしてそばがきを上に放り上げては椀で受ける動作を繰り返してこね上げていく。ときには放り上げたそばがきの玉が梁を越すこともあることからこの名がついた。柏の葉で包み、熱した炉灰に埋め、火の通ったところをみはからって食べる。

はりつけもち【張り付け餅】

落成祝いのとき、そばをのして二寸ぐらい（六cm）の大きさに切ってからゆで、柱に張って家《や》じめとする。（群馬県利根郡片品村越本）

はんぞう【椀・半挿】

直径五〇cm、深さ一〇cmくらいの栃《とち》のこね鉢。（福島県南会津郡檜枝岐《ひのえまた》村）

はんつきのわ【半月の輪】

↓つきのわ

ばんて【番手】
↓きりは

はんなまがえし【半生返し】
かえしの種類の一つ。生がえしと本がえしの中間的な作り方のかえし。醤油は砂糖を煮溶かす分（約三分の二）だけ火を通し、残りの生のままの醤油を加えて作る。
↓かえし

ひ

ひうち【火打ち・燧】
そば粉をこねてソバハットと同じくめん棒で平たくのし、厚さ三㎜ぐらいにして、菱形に切る。三角に切るところもある。燧《ひうち》石《いし》の形から出た名称である。それを鍋に入れ、大根・豆腐などと煮て、ネギ味噌をつ

●はらこそば

●梁越し

ける。（岩手県二戸郡福岡町（現・二戸市））→そばはっと

ひきぐるみ【挽きぐるみ】
　元来は玄ソバの果皮（殻）をつけたまま石臼などで挽き、それをふるいにかけて殻を取り除く製粉の方法。完全に殻を除去できないため、粉の色が黒く、食べてぼそつくが栄養価は高い。現在は、玄ソバの果皮を取り除いた丸抜きまたは抜きを、粉の取り分けを行なわないでそのまま挽き込んだそば粉をいうことも多く、混同されている。全種子を丸ごと製粉したものを「全層粉」ともいう。

ひきそば【引き蕎麦】
　群馬県利根郡片品村で行なわれているそば切り。丸出ししたそばを半切りして数枚重ね、菜切り包丁を手前に引いて切る。福島県南会津郡檜枝岐《ひのえまた》村の「裁《た》ち蕎麦」と同じ要領。→たちそば

ひきぞめ【挽き初め】
　正月十三日を粉正月《こ》といい、この日までは粉を挽いたり、豆を煎《い》ることはできないと伝えられている。煎り初めともいう。（広島県比婆《ひば》郡（現・庄原市））

ひきな【引き菜】
　ダイコンをせん切りにしたもの。忌み言葉の「切る」を避けて「引く」といった。ダイコンそばに使う。

ひきなそば【引き菜蕎麦】
　ダイコンそばのこと。（岩手）＝だいこんそば

ひきぬき【挽き抜き】
　昔は石臼で玄ソバをそのまま挽きつぶし、そののちにソバ殻をふるいで除去する製粉方法だった。現在の製粉工場では粉砕する前に玄ソバの夾雑物を取り除き、粒の

大きさの順に四～五種類に分けてから皮むき機によってソバ殻を除去し、できるだけ割れないように丸粒のまま種実を取り出して製粉する方式。この脱皮の工程を挽き抜きという。

ひきばこ【引き箱】

[隠]出前になりすまして、けんどん箱を下げて代金を詐取すること。それを防ぐため、昔は出前には屋号入りの半纏を着せ、夜は提灯を持たせた。薬味のかけ紙にも「ひるははんてん、夜はちょうちん」と書いてあった。

ひきばち【ひき鉢】

木鉢の京都での呼び名。＝きばち

ひきわり【挽き割り】

玄ソバから果皮（殻）を取り除いた段階で、ソバの実が割れている状態のもの。「割れ」ともいう。→そばこ

ひしゃく【柄杓】

湯、水などをくみ取る柄のついた道具。そば店では汁取り用として曲物のひしゃくがあり、通常は五合びしゃくが使われる。また竹製で辛汁取り用のひしゃくがある。四勺《しゃく》から一合まで店によって使う大きさは異なる。一杯が何人分といった一つの目安になる。

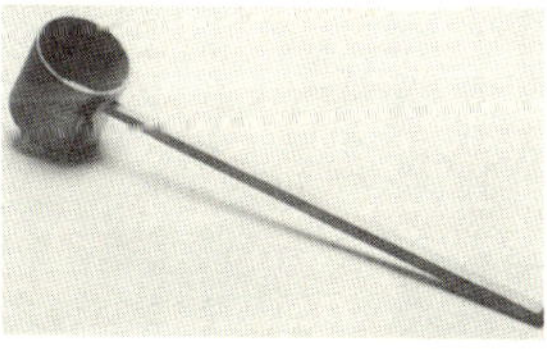

●ひしゃく（五合びしゃく）

ひだそば【飛騨蕎麦】
奥飛騨（岐阜県）の高地に産するソバを挽いて打ったそば。延享二年（一七四五）版『飛州志』にワラビ粉をつなぎとして打ったという記録もある。

ひたちあきそば【常陸秋ソバ】
古くから茨城県下で栽培されてきた「金《かな》砂《さ》郷《ごう》在来」のソバをもとに、茨城県農業試験場が選抜固定したもので、昭和六十二年（一九八七）に品種登録された。秋型で、粒はやや大粒。粒揃いも良好で、色は濃褐色。栽培適地は、茨城県を中心とした関東地域。

びっくりみず【びっくり水】
→さしみず

ひっこしそば【引越し蕎麦】
江戸中期あたりから始まった、江戸を中心とした習俗。引越しの際、隣近所は二つずつ、大家へは五つ、そばを配って挨拶する。東京になって関東大震災（大正十二年・一九二三）ごろまではごく一般に行なわれていた。関西ではこの風習はみられない。

ひっこそば【櫃蕎麦】
岩手県の遠野地方では、弁当箱のことを「ひっこ」（櫃コ）といい、この小判型の器にそばを盛って出すことが「よしのや」によって考案された。出雲の「わりごそば」、盛岡地方の「わんこそば」と同類の呼称。現在は円型の椀の四段重ね、一段に具と薬味（鳥肉・椎茸・青海苔・ネギ・ワサビ）、三段がそば、それに卵がつく。ひつこは板屋楓《いたやかえで》の曲げ物に上下が桐材で作られるが、これを作る人が今日ではいなくなっている。

ひなそば【雛蕎麦】　三月三日の雛祭りにそば切りを供えるようになった始まりは、いま一つ定かではないが、十八世紀江戸中期には民間でかなり広まっていたと考えられる。江戸では四日にそばを供えてから雛を仕舞った。雛飾りが年を追って豪華になっていくにともない、そばも二八から色彩に富んだ二色そばや五色そばが供されるようになったが、三色のほうが古式に則したものであろう。地方によっては「雛うどん」として、うどんを供えるところもある。

ひね【陳】　そばは新そばのときは淡緑色をしているが、梅雨時などになると茶色に変色し、風味も悪くなる。このような状態のそば粉をさしてひねと呼ぶ。

ひのえまた【檜枝岐】　福島県南西部の山峡の村。裁《た》ちそばが有名。↓たちそば

ひのでりゅう【日の出龍】　天保六年（一八三五）創業と伝えられる静岡市の「桜そば・河内庵」が大正末期に考案したそばと種物のセット。特製の器にもりそばと大ぷらなどの種物を別々にして盛り込んだもの。当時もりが○銭くらいのころに三五銭と高価なそばだったという。↓そばべんとう

ひまちそば【日待ち蕎麦】　お日待ちの晩に打つそばのこと。栃木県塩谷郡栗山村川俣（現・日光市）では、正月六日の晩は山鳥でだしをとった「しっぽくそば」を食べる。八朔《はっさく》（旧暦八月一日のこと。江戸時代には、公式の祝日）、八月十五夜、九月九日の初九日、九月十三夜、

九月十九日の中九日、十月十日の地鎮祭様、十月二十日の恵比須講など、お日待ちの晩に、必ずそばを打つ習わしがある。

ひやがけ【冷掛け】

そばの上に薬味を乗せ、つゆをかけて食べる。割子そば（出雲そば）がその代表的なもの。→ぶっかけ、わりごそば

びゃくらんきり【白卵切り】

鶏卵の白身のみをつなぎとして使ったものだが、白身にはつなぐ力はなく、つなぎ止めておく力はある、といった不思議な働きがある。つまり、さらしな粉のようにつながる成分を含まない粉は白身だけではつながらず、色のついた粉（並み粉）ならつながってそばになる。

ひやこ

新築の棟上げのとき、二つ重ねの大餅と、ヒヤコと称するそばの生粉の団子を一重ね上げる。屋根の棟に上げて棟梁が拝み、式後に棟梁が餅とヒヤコとも貰って帰る。（長崎県下県《しもあがた》郡佐須村〔現・対馬《つしま》市〕）

ひやしきつね【冷やし狐】

きつね（そば、うどん）を冷やがけスタイルにしたもの。

ひやしたぬき【冷やし狸】

たぬき（そば、うどん）を冷やがけスタイルにしたもの。昭和三十年（一九五五）ごろに夏場のメニューとして開発されたものの一つ。冷やしきつね、冷やしおかめなど温かい種物メニューのかけ汁を冷たく仕立ててアレンジした。

ひょうしぎぐい【拍子木食い】

出雲そば（割子そば）の曲食い。角型の割子を両手に持って、拍子木のように合わせると、割子のなかのそばは内側に寄る。それを箸を使わずにすすり込むというそば

食い競争の遊びである。昭和初期ごろまで行なわれていた。

ひらうち【平打ち】

きしめんのように幅広に切ること。きしめんは平うどんともいい、元来はうどんの打ち方だが、そばでもこのように打つこともある。

ひらめん【飛羅麵】

そばを製粉するとき、ふるいの工程で飛び散って蓋などに付いた粉のことで、上物とされる。とび粉、みじん粉ともいう。「飛羅とは、絹篩にてふるひて、篩の蓋や四方へ着きてある粉也、是を飛羅麪と云ふ。亦、うは粉・とび粉共、微塵粉《みじんこ》共云ふなり。至極よろし。しかし平生用ゆるには、飛粉ばかり多くは貯へがたし。至極細絹にて能《よく》念を入れ、ふるひたるを用いて可なり」（『蕎麦全書』中）

ひろおたぬきそば【広尾狸蕎麦】

文政七年（一八二四）版の四壁庵茂蔦著『わすれのこり』に登場し、当時庶民の間で名物そばの一つにあげられていた。また尾張屋版江戸切絵図『白金絵図』（嘉永七年・一八五四）にも載っている名店で、極細のそばが看板だった。↓たぬきそば

●拍子木貰い（出雲）

ピンあげ【ピン揚げ】
隠エビの天ぷらで一本揚げのこと。ピンは一つの意。

ふ

ふうりんそば【風鈴蕎麦】
宝暦（一七五一〜六四）ごろに江戸の街にあらわれた屋台そば。風鈴そばの特徴は屋台に風鈴を下げるだけでなく加薬物（種物）を加え、きれいな容器を使って、それまでの夜鷹そばにあきたりない客層を狙ったことであろう。その後、夜鷹そばも風鈴を下げるようになり、両者の区別がつかなくなってしまった。なお、風鈴そばが売り声をあげなかったのは、当時夏の風鈴売りや秋の虫売りが、その物の音ずばりで売り歩くのを見習ったものだが、寛政（一七八九〜一八〇一）ごろには声を出して触れ売るようになった。

ふくそば【福蕎麦】
年取りの晩にそばを食うと福がくるという。（青森県三戸《さんのへ》郡五戸《ごのへ》町）

ふくばち【福鉢】
木鉢の越後での呼び名。＝きばち

ふくやまそば【福山蕎麦】
『蕎麦全書』上に「堺町福山、錦そばを出せり。器物皆、錦手（上絵付の磁器で、色絵に金彩のあるもの）の焼物を用ゆるなり」とある。「錦そば」と「重箱けんどん」を名目にしており、芝居町の市村座の東に隣接して繁盛し、主人は平兵衛。「とちりそば」といって、役者が舞台でせりふを間違えたり、そそうがあれば楽屋中へそばを振る舞う慣習があり、福山が一手に納めていた。歌舞伎十八番『助六』のかつぎ

（出前持ち）には寛延二年（一七四九）以降、うどんの名店市川屋が登場した。文化八年（一八一一）からは福山がとって代わったが、文政（一八一八〜三〇）末ごろ店を閉じたらしい。

ふし【節】

魚の身を縦に四つに割ったもの。また、かつお節など、それを加工した食品のこと。

ふしるい【節類】

原料魚を煮てからいぶし、乾燥させた「荒節」と、さらにカビ付けを行なった「枯節」とがある。主としてだしをとるのに用いられる。原料魚はカツオ、サバ、ソウダガツオ、マグロ、ムロアジ、イワシなど。カツオ以外の魚で作る節は雑節と呼ぶ。なお、なまり節はかつお節の乾燥の途中で製品にしたもの。→あらぶし、かつおぶし、かれぶし

ふた【蓋】

丼の蓋で、かけそばの丼に使われるのが「掛け蓋」で春慶塗りが多い。種物の丼用が「種蓋」で、掛け蓋よりひと回り大きい。一般に種蓋のほうが高級に作られる。

→たねぶた

ふつうそば【普通ソバ】

普通種ともいう。ソバには栽培種と野生

●福山そば　國貞画「助六松本幸四郎」

種とがあり、栽培種は、普通ソバとダッタンソバ（苦ソバ）に大別される。日本をはじめ世界で広く栽培されているのは普通ソバで、一般にソバといえば、普通ソバを指す。花は一般に白色だが中国やヒマラヤのものには深紅を呈するものがある。種実は鋭い三稜をもつ卵形である。日本をはじめ、旧ソ連や中国、アメリカ、カナダ、オーストラリア、ヨーロッパ諸国、アジア諸国、アフリカ諸国など、世界の各地で広く栽培されている。普通種ともいう。原産地は中国雲南省説が有力。↓そば

ぶっかけ【打掛け】

　ぶっかけそば切り、ぶっかけそばの略称。元祖は江戸新材木町（現在の東京都中央区日本橋堀留町一丁目）にあった信濃屋という小さなそば店。近辺から集まってくる荷物を運搬する人足のため、立ちながら食べられる冷やがけが始まりとされている。元禄（一六八八〜一七〇四）ごろからこうした食べ方があったらしく、当初は下賤な食べ方とされていた。その後、寒い季節には、そばを温め汁を熱くするように工夫され、方々で売り出され普及していった。ぶっかけがもてはやされるようになると、従来の汁をつけて食べるそばを「もり」といって区別する必要が生じた。安永二年（一七七三）版・江戸『俳流《はいりゅう》器《うつわ》の水《みず》』初編の「お二かいはぶつかけ二ツもり一ツ」が「もり」の初見。ぶっかけをさらに略した「かけ」は寛政のころからで、寛政六年（一七九四）の洒落本『替理《かわり》善《せん》運』に「きさま角の伊勢屋へいって、あつくしてかけ十二今もつてこいといつてくれべし」とある。

ふとうち【太打ち】
太めに打ったそばのこと。一般に田舎そばは、太打ちにする。

ふなうち【舟打ち】
＝ふなぎり

ふなぎり【舟切り】
そば、うどんをゆでずに生舟に並べたもの。「舟打ち」とも。
「得手に帆を船切蕎麦の追手客」（享保十七年・一七三二刊『表若葉』）

ふね【舟・船】
→なまぶね

ふのり【布海苔・海蘿】
フノリ科の紅藻。マフノリ、フクロフノリなどの総称。小千谷《おぢや》・越後そばなどのつなぎに用いられる。

ふのりそば【布海苔蕎麦・海蘿蕎麦】
フノリ（フノリ科の紅藻）をつなぎに用いたそば。越後の小千谷、十日町といった織物の産地を中心とした一帯での郷土そばとして知られる。フノリ（干して一年近くねかせたもの）は、水洗いしたものを鍋に入れて水を加え、かき混ぜながら四〇分ほど煮ると、褐色のフノリが青緑色の糊状になる。そば粉一kgに対して、糊状のフノリ四〇〇gほどを混ぜて練り上げ、一時間ほどねかせたあと切る。独特の歯切れの良さと、そばの表面のなめらかさが特徴。

ふりざる【振り笊】
そば、うどんを入れて前銅壺の湯のなかに浸け、二〜三秒温めるのに用いるざる。U字型に曲げられた親骨二本のまわりに細い竹を編み込んでいる。

ふりみず【振り水】
木鉢で粉をこねるとき、水を平均的になじませるのがコツで、水まわしは早く粉全体を同じような湿り具合にする技術でもある。最終的には手に水をつけて振りかけて水加減を決める。これを振り水という。

ふりもの【振り物】

振りざるにそばまたはうどんを入れ、前銅壺につけて温めてから湯水をきり、同時に温めた丼のなかにきれいに入れる作業をいう。振りざるの使い方は一つの技術で、右手の振りざると左手に持った丼を調子を合わせて扱う。丼が温まったころにざるの水がよくきれるようにするのがコツである。

へ

へぎそば【剝蕎麦】

へぎ（へぎ折敷）に盛りつけたそばのこと。新潟県の小千谷《おぢや》や十日町などでは、もりそばを盛る容器としてへぎが使われる。へぎ折敷とは、へぎ（杉、檜《ひのき》、松の材を薄くはいだ板）の四方に縁をつけた角盆のこと。これに簾を敷いて、ゆでて水洗いしたそばを一玉ずつ丸くまとめて盛っていく。小千谷そばでは、三二玉分を盛る一升サイズのへぎが標準。一升のそばの分量は約九〇〇g。小千谷そば商組合では、「へぎそば」を昭和五十二年に商標登録。→おぢやそば

へそだし【臍出し】

手打ちそばの木鉢の工程で、そば粉を一つの塊にこね上げることを俗に「菊もみ」というが、この時にできたシワを消すため、シワを頂点とした円錐状になるように絞り込んでいくことを「へそ出し」という。生地の塊の中に空気の層ができないように、空気を抜くような感じで絞り込んで

いくのがポイント。さらに、円錐状の頂点を真下に置いて上から手のひらで押しつけると、傷一つないお供え餅状のきれいな玉ができあがる。「くくり」から「へそだし」まで一連の作業を「でっちる」とも呼ぶ。→きくもみ

べっとう

ダイコン、ニンジン、ゴボウ、イモなどの野菜の味噌汁を鉄鍋で煮て、でき上がったところにそば粉を入れて混ぜる。ソバベットウとも。（新潟県佐渡郡（現・佐渡市））

べにきり【紅切り】

紅花の色素をさらしな粉に練り込んだ変わりそば。山形県最上《もがみ》地方で古くから栽培されているベニバナ（紅花）を用いる。ベニバナの花弁にはカルタミン（紅）とサフロール（黄）の色素があり、抽出したカル

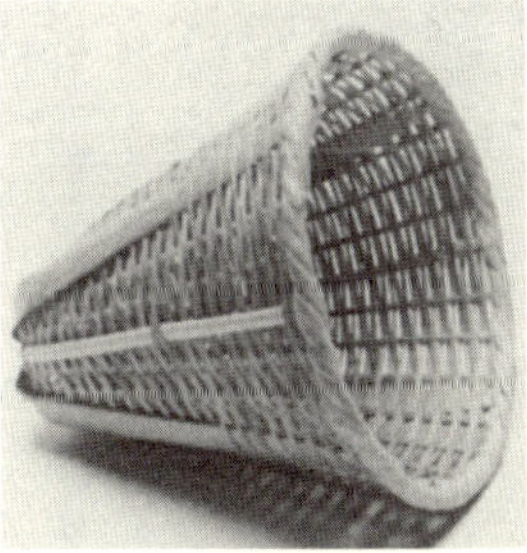

●ふりざる

●へぎそば

タミンと花弁をそば粉に練り込んで打ったものが紅切り。優雅な色合いとなるが、ゆで上げるときに退色するのが難点。もりで食べる。

べにばち【紅鉢】

陶製のこね鉢。全体はなみじろ釉の無地で、口辺の三ヵ所に青釉がさしてある。大紅鉢は口径が一尺三寸（三九㎝）もある。（栃木県芳賀郡益子町）

べんけ

ダイコンおろしにトウガラシをすり混ぜたもの。ベンケオロシともいう。（富山県富山市近郊）

べんけいがめ【弁慶瓶】

隠そば店の中台《なかだい》（調理方）で使う菜箸や杓子などの小道具を入れておくかめ。弁慶の七つ道具にちなんだ洒落。

ほ

ほうこうろ【芳香炉】

昭和七年（一九三二）、京都・晦庵河道屋先代植田貢三の創作。満州（中国東北部）から友人の一灯園・西田天香が持ち帰った火鍋にヒントを得たもので、中華の具を和風に改め、鶏肉、ひろうす（がんもどき）、しんじょ、生湯葉、シイタケ、季節の野菜を煮込みながら、ぽん酢にダイコンおろしなどを入れて味わう。終わり近くにそば玉かうどん玉を入れて、熱いのをすり込む。

ほうじょう【報条】

宣伝、広告用のチラシのこと。江戸時代から明治初期にかけて用いられた言葉。「引き札」ともいう。報条の由来は、広告文の口上の最初に、この文句が使われることが多かったことによるといわれる。江戸時代後期、市中に食べ物屋が増え、店同士の競合が激しくなってくるためか、報条を作成して客に配布するという宣伝法が多く見られる。

　その当時の「報条」の特色は、その宣伝文を名士や、一流の戯作者に依頼し、開店の披露や新しい商品について書いたものが多く、木版刷にしたもので、文章だけのものもあるが、絵がそえられた視覚的に洒落た雰囲気の粋な「報条」が多かった。執筆者として活躍した著名人としては、平賀源内の風来山人、山東京傳、式亭三馬、柳亭種彦などがおり、滑稽洒脱な妙筆をふるった。また、明治にかけては、仮名垣魯文、河竹其水（黙阿弥）などが活躍した。ことに、そば屋の報条として、今日知られる有名なものは次の通り。

　京傳が神田通新石町富士屋・本町二丁目

●へそ出し

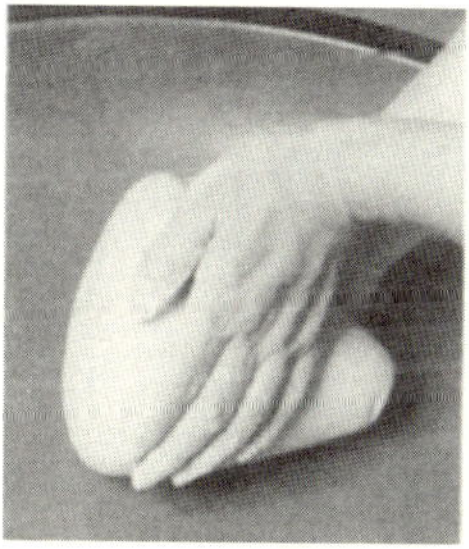

●芳香炉（京都「晦庵河道屋」）

松桂庵・今戸橋亀屋、本膳亭坪平が松桂庵二種と日本橋通一丁目東橋庵、三馬が芝増上寺門前風詠庵、曲亭馬琴が元飯田町東玉庵、それから、黙阿弥が両国柳橋松中庵と浅草奥山萬盛庵、梅素玄魚が池の端蓮玉庵。

ぼうずそば【坊主蕎麦】
江戸柳橋にあった有名そば店。主人が坊主頭で耳が不自由だった。
「客人も並ぶ羅漢の坊主そば　片肌ぬいで立ツ板前」（『狂歌江都名所図会』三）とうたわれた。

ほうちょう【包丁】
包丁はそばを切る作業で、切り方にすり包丁と落とし包丁がある。すり包丁は、斜め前方に押し出すようにして切ることで一般に用いられる。落とし包丁は、まっすぐ下に落とすことで生地が硬いときや太打ちにする場合に使う。→そばきりぼうちょう

ほうちょうした【包丁下】
包丁切りしたばかりのそばをいう。切りたてよりも、粉と水とをなじませるため、少し時間をおいてからゆでるほうがよい。

ほしそば【干し蕎麦】
→かんめん

ほそうち【細打ち】
そばを打つ場合、太さを細めに打つ打ち方。一般に、さらしな粉を使ったそばは、細打ちにすることが多い。なお、普通の太さに切ることは、「中打ち」という。

ぼたんそば【牡丹ソバ】
大正末期に北海道農業試験場が道内の伊達、紋別地方のソバの在来種から選別した品種。昭和五年（一九三〇）に奨励品種に指定されて以来、長く全道の主力品種となってきた。夏型で、粒は大粒、黒褐色。し

かし、長年にわたる栽培の間に交雑が進み、この品種本来の特性を発揮しないものが出てきた。そのため平成三年（一九九一）ごろから、キタワセソバが道内の主力品種になっている。

ほっかいどうそば【北海道蕎麦】

北海道におけるソバ栽培は、記録上では元禄九年（一六九六）に松前藩が南部藩から取り寄せた種子のなかに「蕎麦三石」とあるのが初見だが、実際はそれ以前に栽培されていた。道北・宗谷管内豊富町の縦穴遺跡（八〜十三世紀）からソバが出土しており、当時すでにソバが栽培されていたとみてよい。ただその伝来経路が南ルート（津軽海峡経由）か北ルート（シベリア・樺太経由）かは今後の研究課題である。アイヌ民族はもともと漁労・狩猟民族だが、若干は農耕も行なっており、ソバも作って

●報条　江戸末期のそば屋東流庵夷屋の報条。寿海老人子福者白猿（七代目市川団十郎）作

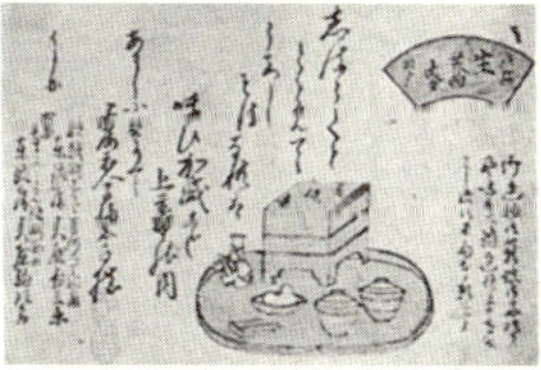

●本がえし　醬油を加熱し、砂糖を加える

いた。和人との接触のなかでソバ栽培を習得したとみてよい。元禄以降の栽培記録は、幕府巡見使の報告、蝦夷地探険記、遊歴記などのなかにかなりみられる。現在では全国第一位の産地になっていることは周知のとおりで、平成十年（一九九八）の場合、全国の約四八％の収量をあげている。

北海道における営業店としてのそば店の登場はいつごろか。長岡藩士の蝦夷地出張記録である安政四年（一八五七）版『罕有《かんゆう》日記《にっき》』のなかに箱館（函館）逗留のとき「蕎麦大箱三重」が宿舎に届けられたというくだりがある。当時函館は人口約一万人で、都市形成もかなり進んでいたから、そば店が何軒かあったことは充分に推測される。函館のそば店の元祖と自任する石川家は、安政年間（一八五四〜六〇）にそば店を営んでいた事実を過去帳から知ることができる。また同じころ、松前城下の遊里を流して歩く夜鷹そば屋の記述も残っている。さらに古くは文化年間（一八〇四〜一八）、江差《えさし》の津花町の浜小屋にそば店があったと伝えられているが、これは掘立て小屋程度のものであろう。いずれにせよ、幕末には北海道におけるそば店の本格営業が認められる。

ぼっかけ

味つけした汁のなかへカンピョウ、かまぼこ、ニンジンなどを入れ、そばにその汁をかける。ブッカケの転訛か。（岡山県児島郡郷内村〔現・倉敷市〕）

ぼっち

そば・うどんなどの玉盛りを数える語。（福島県岩瀬郡）

ほどもち【火床餅】

↓いびきりもち

ほどやき【火床焼き】
そばがきを作り、囲炉裏の熱灰に埋めて蒸し焼きにするもの。(岩手)→そばもち

ほんがえし【本返し】
かえしの種類の一つ。醤油を加熱し、砂糖を入れて煮溶かして作る。砂糖を水で溶かし、醤油を加えて加熱して作る方法もある。→かえし

●本のし

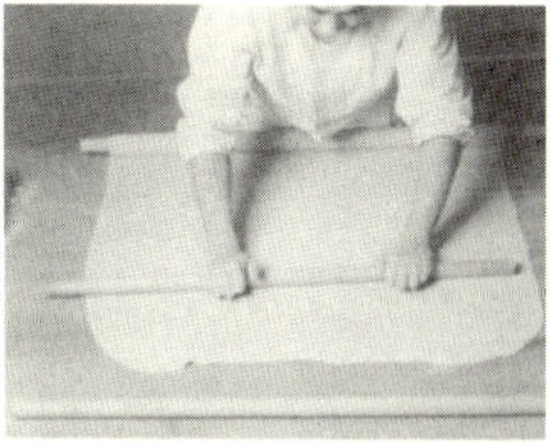

ほんのし【本延し】
そば打ちの一工程で、最終的に生地の形を整える作業。この工程で初めて三本のめん棒を同時に使う。四つ出しで生地の横幅は決まっているので、ここでは横幅を一定に保ちながら、縦方向に薄くのしていく。まず巻き棒で手前と向こう側の二辺を交互に巻きながら長方形にのす。さらに、生地の二辺を適宜巻き棒に巻きつけ、のし棒で

●本節

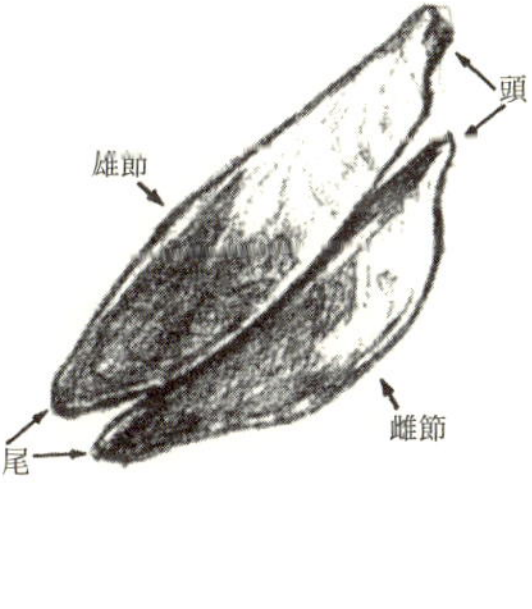

少しずつのしていく。一通りのし終えたら、全体の厚さを確認し、のしむらを調整する（仕上げのし）。↓のし、めんぼう、よつだし

ほんぶし【本節】

大型の原料魚を三枚におろし、それぞれの片身をさらに縦割りにして節にしたもの。一尾から四本の本節が取れる。背側の節を雄節、腹側の節を雌節という。かつお節、まぐろ節の場合の呼び名。これら本節に対して、小型の魚を三枚におろしたまま節にしたものを亀節という。

ま

まえどうこ【前銅壺】
↓どうこ

まきぼう【巻き棒】
江戸風の打ち方で、主として生地を巻きつけるために使う、二本の長いめん棒の呼び名。通常、長さは一二〇cm、太さは二・四〜三cm。↓めんぼう

まく
隠通し言葉。出物が三種類以上にわたる場合は「まくで……」と続け、一緒の客だから同時に出してほしいという意味を持つ。「おかめが勝って七杯天ぷら、まくで、うどんとそばかも四杯」は、おかめそば四杯、天ぷらそば三杯、うどんとそばの鴨南蛮各二杯の合計一一杯となる。まくで一緒に通しても二組の客からの注文であれば「うどんかも二杯は離れです」といって、仕事場の都合で別に出してもよいことを知らせる。

まごしゃくし【孫杓子】
客を饗応する際に、給仕の女が後ろから、「マゴ」と声をかけて、飯やそばを強いて客の椀にあけるのをいう。（長崎県南松浦郡有川町太田〈現・新上五島町〉）

まごつき
そば屋の職制の一つ。調理場の仕事がまだよくわからない新入りの者を指す。主に雑用係で薬味つけ、汁入れなどが主な仕事。これに対して「大まごつき」の役もあった。こちらのほうは機械場から釜前、中台とすべての役に通じている人。当然ながら店の年輩者がなり、調理場のどこか戸惑っているところをみつけては応援に行った

り来たりするところからその名がついた。
↓そばやしょくせい

まざきしきせいめんき【眞崎式製麵機】
佐賀県出身の眞崎照鄉が開発した日本で最初の製めん機。小麦粉をこねたものをロールの間を通過させて紙状に薄くのばし、それを糸状に切断してめんにする、という仕組みだった。第一号機が開発されたのは明治十六年（一八八三）（十七年という説もある）。二十一年（一八八八）に特許を取得し、実用品として完成。その後、改良が重ねられ、明治三十六年（一九〇三）の第五回内国勧業博覧会で一等賞を受賞し、これがきっかけとなって、いくつかの製めん機メーカーが誕生するに至った。当初はうどん、そうめんの機械生産が目的の機械だったが、東京日本橋や仙台のそば店がさっそく導入したという話が残っている。↓せいめんき

まざきてるさと【眞崎照鄉】
↓せいめんき、まざきしきせいめんき

まじり
隠通し言葉で、二個を指す。「かけまじり七枚もり」は、かけそば二杯、もりそば五枚計七個の意味。枚はもり、ざるの単位、杯は種物の単位となる。

まつたけそば【松茸蕎麦】
温めたそばに海苔（四ツ切り）を敷き、形のよいマツタケをさいて乗せ、たっぷりとつゆを張る。香り、味わいともに秋の味覚そのものの種物。

まどり
脱穀のために一度打ったソバ束を打ち直すのに使う道具。先が二股になっている枝を用いるが、その枝先がわずかばかり狭まっているのを選ぶ。全長約一尺二寸（三六

cm）で、板屋楓《いたやかえで》などの枝が用いられる。
（岩手県二戸郡）

まないた【俎板】
↓きりばん

まるだし【丸出し】
木鉢で練り上げた玉を打ち台に乗せ、まず両手を重ねて丸く押しのばしていく。次に、短いめん棒で正円にのす。↓のし

●丸出し

まるぬき【丸抜き】
玄ソバの果皮（殻）を取り去った実で、割れないでそのままの形をとどめているもの。↓そばこ、ぬき

マンカンしゅ【マンカン種】
昭和四十八年（一九七三）ごろ、カナダで改良されたソバの大粒品種。カナダ、アメリカからの輸入玄ソバの大半を占める。カナダとアメリカでは、国境をはさんでマ

●丸抜き

ニトバ、ノースダコタ、サウスダコタの三州が主要産地。

まんねん【万年】

隠万年粉ともいい、最も下等な粉で、駄そば屋しか使わなかった。挽き残りの粉は、またあとの新しい粉といつも一緒に挽くため。

み

みかど【三稜】

隠ソバの実のこと。↓あおい

みかんきり【蜜柑切り】

ミカンの皮の粉末をさらしな粉に練り込んだ変わりそば。ミカンの皮を陰干しにしたもの（陳皮《ちんぴ》）をミキサーで粉砕し、ふるいにかけて粉を取る。そば粉一kg当たり陳皮粉末八〇g、約八％を混ぜて練り込む。

ミキサー

＝こんごうき

みじかそば【短蕎麦】

↓とうじそば

みずあらい【水洗い】

↓あらい

みずごね【水捏ね】

水でそば粉をこねて打つ、一般的なそばの打ち方。そば粉には水溶性のたんぱく成分がわずかに含まれている。このたんぱく成分は水に溶けると粘りを生じるが、粉の粒子同士を付着させる程度の力しかなく、小麦粉のたんぱく成分と違ってグルテンは形成しない。そのため、通常はそば粉に小麦粉を適宜混ぜて打つ。なお、小麦粉のたんぱく成分は熱湯のなかでは凝固してグルテンを形成しない。↓ゆごね

みずそば【水蕎麦】

生粉打ちのそばを椀に盛り、湧水の冷水だけを張って食べる、そばの食べ方。福島県会津地方の山都《やまと》町（現・喜多方市）などで昔から、そばの香りを味わう食べ方として伝わっていたという。近年会津若松市の「桐屋」が商品化した。

みずまわし【水回し】

そば打ちの最初の工程で、木鉢での作業。そば粉（あるいはつなぎとして小麦粉などを加えたもの）に加水し、手で攪拌《かくはん》することで、粉にまんべんなく水を行きわたらせる作業をいう。加える水は卵水を使用することもある。水まわしはできるだけ素早く、かつ入念に攪拌することがポイント。絶対に力を入れてはいけない。そうしないと、水まわしが終わった段階で、粉はボロボロの塊の状態になる。→くくり

みそかそば【晦日蕎麦】

月末に食べるそば。江戸中期から商家を中心に広まった風習と考えられる。暮れの三十一日に食べるのが「大晦日そば」で年越しそばにつながった。関西では月の終わりを「つごもり」、年の暮れを「おおつごもり」という。ごもりは「月ごもり」がつまったもの。「つごもりそば」ともいう。そばのように細く長く家運、寿命をのば

●水まわし

し、身代が長続きするようにと縁起をかついだ。晦日そばを詠んだ句では、明和二年（一七六五）刊『俳諧橘中仙』続篇に載っている「傾城《けいせい》の三人寄れば晦日蕎麦」が古いほうであろう。『吉原大全』（明和五年・一七六八）巻四にも、吉原におけるめん類の食習について、「毎月晦日そば切・うどん、又豆腐を用る」と記してある。

みそこしそば【味噌漉し蕎麦】

『蕎麦全書』下の「諸国名の有る蕎麦の事の条《くだり》」に、「備後（広島県の東部）福山味噌漉蕎麦　味噌漉に入れて出す」とあり、味噌こしざるにそばを盛ったもの。

みそしるそば【味噌汁蕎麦】

もりそばの汁に味噌汁を使う。辛味ダイコンの絞り汁で焼き味噌を溶き、薬味にネギを加える。「焼き味噌そば」ともいう。信州、甲州をはじめとする地方の伝統的な食べ方だが、江戸時代前期までは、そば切りは味噌味の汁で食べられていた。寛永二十年（一六四三）刊の『料理物語』には、そば切りの製法とともに「汁はうどん同前、其上大こんの汁くはへ吉。はながつほ・おろし・あさつきの類《るい》・又からし・わさびもくはへよし」とある。「うどん同前」とあるから、にぬき、または、たれ味噌を使うわけだが、その製法は、次の通り。煮貫《にぬき》は、味噌一升に水三升とかつお二ふしを入れて煎じたあと、袋にいれてこしたもの。たれ味噌は、味噌一升に水三升五合を加え、煮つめて三升になったころ、袋に入れてしたたらしたものである。だしはかつお節を用い、精進だしにも触れている。そばのつけ汁をタレといったのは、このたれ味噌を略称したものである。

みぞれそば【霙蕎麦】

だし醤油でおぼろ豆腐を味つけし、これをゆで上げたそばの上にざぶりとかける。豆腐の量はそばより多目にする。みぞれのような姿になる。薬味は白ネギ、おろしダイコン、ワサビ。おぼろ豆腐は、豆乳ににがりを加えて圧さくする前に汲み取った、固まりはじめの状態の豆腐をいう。（天明三年・一七八三刊の醒狂道人何必醇〈曽谷学川〉著『豆腐百珍』続編）

みっかとろろに みそかそば【三日薯蕷に　晦日蕎麦】

諺 昔は毎月三日にとろろ汁を作り、晦日には必ずそばを食べるのが慣習であった。（東京都）

福島県いわき市で特に正月三日の夕食にとろろいもを食べるのは、これで一年の運勢が決まるとも、風邪をひかぬためだともいう。

みつばきり【三つ葉切り】

すりつぶしたミツバをさらしな粉に練り込んだ変わりそば。そば粉の重量の二〇％ほどを混入する。薄緑色のそばができる。

みやざきおおつぶ【宮崎大粒】

宮崎在来の秋ソバの種子をもとに、宮崎大学農学部が育成した四倍体の新品種第一号。昭和五十七年（一九八二）に品種登録

●霙そば（調理／福田浩「なべ家」）

（登録名は、みやざきおおつぶ）された。秋型で、粒は大粒、濃褐色。栽培適地は南九州を中心とした南西暖地。

みょうがきり【茗荷切り】
すりおろしたミョウガをそば粉に練り込んだ変わりそば。そば粉一kgにミョウガ五〇〇gの割合。

みょうこうじそば【妙興寺蕎麦】
愛知県一宮市にある妙興寺が伝える「妙興寺そば」は、慶長十三年（一六〇八）六月二十一日に記された「妙興禅林沙門恵順寺方蕎麦覚書」にその調理法が記載されていたという。↓てらかたそば

む

むぎおし【麦押し】
めん棒のこと。（『俚言集覧《りげんしゅうらん》』下）

むぎしろそば【麦代蕎麦】
麦の収穫後すぐにまくソバで、秋に収穫する。ソバをまくときに菜種の種子を一緒にまくこともあるが、菜種は春に収穫する。（青森県三戸《さんのへ》郡五戸《ごのへ》町）

むきそば【剝き蕎麦】
山形に伝わるソバの加工品。酒田市の名物でもある。↓そばごめ

むぎてまにじゅうさんぼん【麦手間二十三本】
江戸時代にそば職人の腕を見るために行なった技能試験。冷や麦を手打ちにし、一寸（三・〇三㎝）幅を二三本に切り、さおに下げて干し上がるまで折り曲げた形が崩れないのが満点とされた。冷や麦は「切りべら」のそばと反対で、薄くのした厚さよりも切り幅のほうが広い「のしべら」で作る。紙のように薄く平均にのすのもむずか

しいが、たくさんたたんで切るため、切りむらも出やすい。麦手間とも。→きりべらにじゅうさんぼん

むきょくあん【無極庵】

江戸上野仁王門前町（現在の上野池之端広小路）にあった有名そば店。文政七年（一八二四）版の『江戸買物独案内』には、「無極庵河内屋　小川瀬平」と紹介されている。川柳に「打つ音も渾沌《こんとん》として無極庵」「中直り無極を借りて手打なり」とある。天海僧正が名づけた「無極」の二字を大久保彦左衛門が揮毫《きごう》した扁額が掛けられていたという。明治二十六年（一八九三）廃業。

むこそば【婿蕎麦】

一番粉（さらしな粉）で作った白いそばの異名。農山村では挽きぐるみが普通で、むこそばは祝祭婚礼のときだけに供されていた。婚礼そばとみてよかろう。特にこの風習が強いのは福島県の檜枝岐《ひのえまた》地方。

むしそば【蒸し蕎麦】

そばを湯通しするかわりにせいろで蒸して供するところからこの名が出た。湯通しをやめてせいろを使ったのは、室町時代から行なわれていた甑《こしき》で蒸す「蒸し麦」にならったとも考えられる。初期のけんどんそばは蒸しそば方式の一つだが、けんどん屋

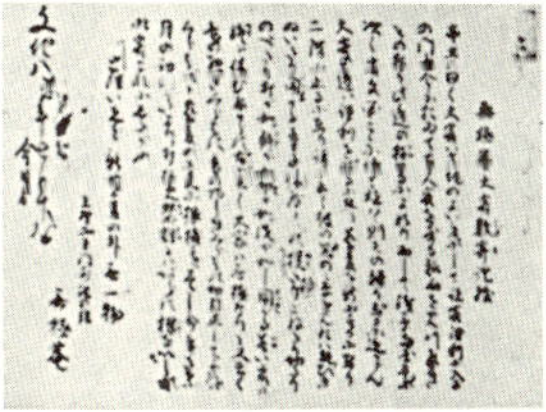

●無極庵（報条）

ではせいろのまま出さず、平椀に移しかえた。蒸しそばは延宝（一六七三～八一）ごろはかなりなじまれた存在になっていたようだ。現代のもり・ざるのせいろは往時の蒸しそばの面影を残しているもの。

むじなそば【狢蕎麦】

長野県小諸市八満におけるそばの食べ方の一つ。味噌汁のなかに、ダイコンのせん切りを入れて煮て、そこにそば粉を入れ、かき混ぜたものをいった。群馬県松井田町坂本（現・安中市）では、そばがきをさす。

また、安政四年（一八五七）、小林四郎左衛門（葛古）著『幾里盛具佐《きりもぐさ》』には、江戸時代の文化から安政にかけての信州・小諸藩内における衣食住の移り変わりが記されており、その中で、むじなそば、そば切りなど、そばの食べ方がふれられている。

「其頃迄は蕎麦を卑《いや》しく扱しと見えて、お袋の友たち衆来ると、蕎麦煎餅か、蕎麦焼餅か、寒い時にはそばがきかを出し、秋過には下男・下女迄むじな蕎麦とて味噌汁の中へせんきりを入て煮たて、蕎麦粉をかき交て喰し事をり〱なり、今は黒粉にても、蕎麦切にうつて無造作にはせず、前にいふ文化八九年頃より小麦をいやしめ温飩にかけは馳走とせず、婚礼などにも縁の長く続くやうに蕎麦をあげます抔といふて、酒のあとへは蕎麦切を出す事半に過たり。」→はやそば

むねあげそば【棟上げ蕎麦】

『日乗上人日記』の元禄十四年（一七〇一）十月二十六日のくだりに「御位牌堂むね上也。祝儀とて酒四斗ほど大工・小引等へ遣ス。手代並大工頭又おさへ（宰領）など、足軽其外杖つき八人斗《ばかり》よびて、そばき

り進ム也」とあり、寺方・町方を問わず、古くから建前にそばを振る舞ったことがわかる。「建て前そば」ともいう。棟上げの日はそばかうどんを肴に酒を飲む仕来たりである。

むらおこし【村起こし】

過疎地域振興を図る目的で各地で盛んになっている事業の俗称。正式名称は地域小規模事業活性化推進事業。過疎地域には山村が多いため、「そば」がテーマに挙げられる例がふえている。

むらしぐれ【村時雨】

創業が承応年間（一六五二〜五五）の京菓子の老舗「松屋常盤《まつやときわ》」（京都・堺町御門）のそば菓子。新ソバの穫れた晩秋の一時期だけ作る（平成十一年現在、製造を休止している）。作り方は、そば粉に、ツクネ芋、砂糖を混ぜ込み、よくこねて生地を作る。この生地の上に、こし餡とつぶ餡をのせ、ゆがいたギンナン、ユリネ、クリ、干柿を置き、生地で包んで、じっくりと蒸し上げる。松屋常盤では、別に蕎麦羹《そばかん》というそば菓子も作っていた。村時雨と同じ生地に、大徳寺納豆を入れて蒸し上げたもの。正月に大徳寺に納めるだけ作っていたが、平成十一年現在、休止中。

●村時雨

め

めいげつそば【明月蕎麦】
『蕎麦道中記』に記載してある小田原にあったゑびすやの名目。

めいげつどうそば【明月堂蕎麦】
江戸中橋上槇町の名物そば店。天保七年（一八三六）版の方外道人作『江戸名物詩』に、「明月堂中の新蕎麦、蒔画の重箱注文忙《いそが》はし、盛り来る白髪三千丈、挽抜き交り無く似《かたのごとく》個長し」と詠まれている。

めんだい【麵台】
めん類をのばす台。台の広さは、一般的に横幅は打ち棒が自由に振りまわせる一五〇cm程度、縦幅は奥に手が届く一〇〇cm程度が望ましい。材質は、硬く復元力がある桂が最良とされている。他に檜《ひのき》、桜などもよい。台の板は表面に凹凸がないこと、ソリ、歪みを生じないような材質のものを選ぶことが大事で、反《そ》りを防ぐためにはなるべく厚手のものを選ぶとよい。「打ち板」「打ち台」「のし台」ともいう。材質は東京では檜材が多く使われてきた。↓うちばん

めんぼう【麵棒】
そばを打つときに使う棒。地方では一本で兼用するが、江戸風は三本を使用。のし棒一本はやや太く短く、直径三cm、長さは約九〇cm。巻き棒二本はやや細く長く、二・四cmくらいの太さで、長さは一二〇cm以上である。檜《ひのき》が最良とされ、樫《かし》、朴《ほお》の木などが用いられる。

めんぼうかけ【麵棒掛け】
壁にめん棒を差し渡してかけられるようにしたもの。整理整頓だけでなく、めん棒の反《そ》りを防ぐ意味もある。二点支えで、通

常は打ち台の前や後ろの壁に設けるが、直射日光が当たらず温度差も小さく、湿気の遮断されていることが適所の条件である。

めんまえ【麵前】

めん類を食べる前の酒。そば振る舞いのとき最初に出る酒を「そば前」という。宝暦七年（一七五七）刊『評判龍美野子《たつのみやこ》』中に、「先ヅそば前に一ツぱい致そう。のめる肴二三種類頼ム」とある。

めんるい【麵類】

小麦、ソバなど穀類の粉を水でこねてのばしたものを細長く切った食品の総称。俗に長物《ながもの》と呼ばれ、うどん、そうめん、そば切り、乾めんの類がそれ。めんは麪が正

●めん台

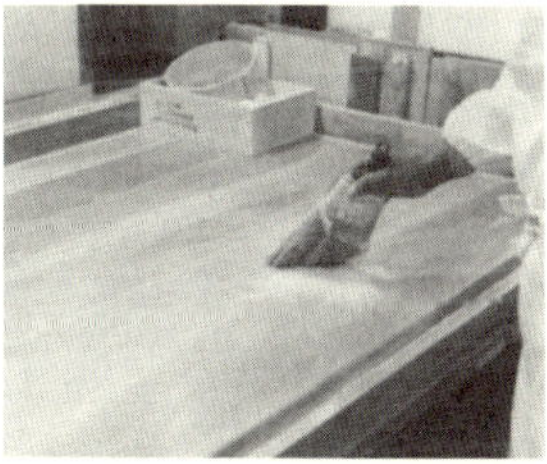

●めん棒　手前の短いものがのし棒、長い二本が巻き棒

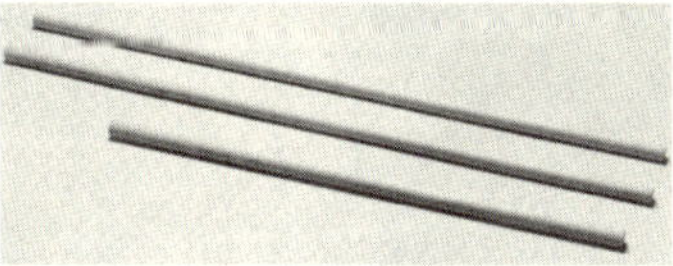

字。俗字に麪・麵あるいは面も使われる。本来は小麦粉そのものの意味だが、麦粉を練って作った食べ物をさすようになった。めん類は中国の湯餅に当たり、昔は麪子《めんす》といっていた。西洋ではパスタという名称が使われている。

めんるいがいしょくけんしょくどう【麵類外食券食堂】

第二次世界大戦で日本は灰燼に帰したが、敗戦直後の食糧難は深刻なものがあった。めん類店も戦後三年間は営業不可能な状態におかれたが、昭和二十四年（一九四九）三月にめん類の加工配給業務が開始され、同四月には飲食営業臨時規制法の公布により麵類外食券食堂の設置が決まった。食券（クーポン券）による限定販売だったが、ようやくにして営業のめどがつくようになり、二十七年（一九五二）六月の食券なしの自由販売につながっていった。

めんるいとうじしょくよりこちゅうのはか【麵類杜子職寄子中之墓】

明治二十四年（一八九一）、口入れ宿「美男《びなん》」初代田中徳三郎が建てた寄子供養の墓。場所は東京谷中初音町（現・台東区谷中）にある長明寺の境内。身寄りのない寄子（そば職人）を不憫《ふびん》に思い、墓を作って供養したもの。現在も香華が手向けられている。

めんるいとうじやど【麵類杜子宿】

江戸時代は「饂飩杜子宿」、明治以降は「蕎麦職寄子口入宿」といった。「寄子」（そば職人）をかかえた口入れ宿で、今でいう調理師紹介所である。俗に「やどや」「部屋」といい、関西では「入れ方」といった。寄子は腕自慢の変わり者が多かったといい、彼らを紹介する宿を営む者は、侠客か社会的に顔のきく人物が当たった。明治維新後の東京における専門の山入れ宿は、明治三十年（一八九七）ごろには一六軒あった。主なものは美男《びなん》（京橋具足町）、芝口（芝芝口）、大芝（芝西久保）、原田屋（浅草寿町）、小安（神田三河町）、弁慶（同鍛冶町）、馬の鞍（同和泉町）、石田屋（同久右衛門町）、青柳（麹町平河町）、土手下（下谷徒士町）、村田七右衛門（深川六軒堀）、尾張屋伊之助（本郷春木町）など。平成十一年現在は東京、大阪に各一軒のみとなった。

も

もとおけ【元桶】

きれいな冷たい水を満たしておくためのステンレス製の桶。洗い終えたそばに、も

●めん棒かけ

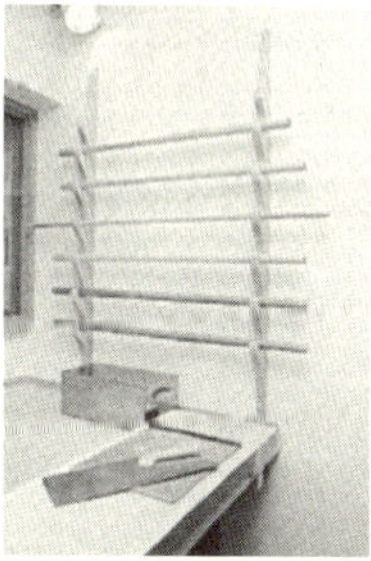

●本山宿　本山宿本陣前の宿の店構え。「当宿名物そば差上申候」とある（文政十年・一八二七版『諸国道中商人鑑』中山道之部より）

う一度きれいに水洗いする意味で元桶の冷たい水をかけることを「化粧水」という。
↓けしょうみず

もとじる【元汁】

かえしの別称。汁の元となるところからこう呼ばれる。

もとやまじゅく【本山宿】

中山道の宿。現在の長野県塩尻市宗賀。森川許六編『風俗文選』巻十に「蕎麦切といつぱ、もと信濃国本山《もとやま》宿より出て、普《あまね》く国々にもてはやされける……」とあり、そば切りの発祥地とされている。大田《おおた》南畝《なんぽ》著『壬戌紀行《じんじゅつきこう》』に「本山の駅には、うんどん・そば切・しつぽく、といふ看板多し」とあり、また狂歌師蜀山人としては「本山のそばは名物と誰も知る　荷物をこゝにおろし大根」と洒落ている。↓そばきりのはっしょうち

もみかたさんねん きりかたみつき【揉み方三年 切り方三月】

諺手打ちの技術を習得するには、木鉢でもむ基本的な仕事が一番難しく三年もかかるが、反対に包丁の使い方はやさしく、わずか三月もあれば上手に切れること。この間にはのし方があって約一年。昔は四、五年かけて、みっちり修業したものである。

もみたて【揉み立て】

長野県東筑摩郡地方のそばの食習。味噌をぼた餅ほどの大きさに丸め、強火でよく焼き、その間におろし金でダイコンをおろし、じかに布巾に包んでよく丼に絞り、その中へ焼き味噌を加える。箸で普通の味噌汁の加減に溶かし、これを鍋に移してネギを細かく刻んで入れ、中火にかけて沸騰させる。その汁をそばにつけて食べる。

文化元年（一八〇四）序『料理早指南』

四には「もみ立汁　常のみそなり。板の上にて包丁にてよくたゝき、湯にてほだて（かき混ぜる）、煮かへしたるまゝこさぬなり」とある。

もむ【揉む】

そば粉に水を加えてこね上げること。

もり【盛り】

もりそばの略称。盛りつけるからきたもの。

もりさだまんこう【守貞漫稿】

喜田川守貞著、嘉永六年（一八五三）序。筆者は大坂に生まれ、三十一歳のとき江戸に出て北川氏を嗣いだ商人。観察力鋭く、三十年余の歳月をかけて集めた資料、見聞を分類、整理した考証随筆。筆者による挿絵も豊富で、実見主義に徹した内容は、当時の庶民の風俗をよく伝えている。食に関する記述も多い。

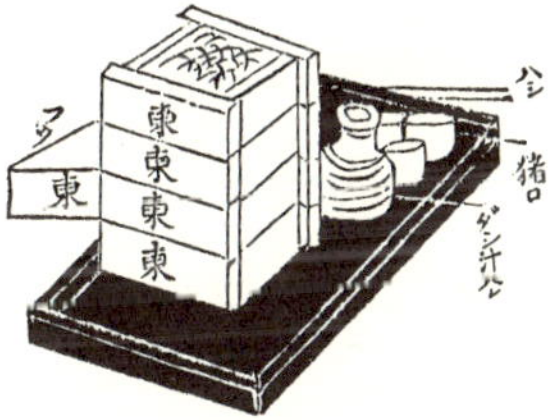

●『守貞漫稿』もりの器一式も描かれている

●門前そば　東京・深大寺の門前の様子

もりじる【盛り汁】
辛汁の別称。また、ざる用の汁と別にする場合で、もり用のつけ汁をこのように呼ぶ。

もりそば【盛り蕎麦】
もともとそば切りは、汁につけて食べるものだったが、元禄（一六八八〜一七〇四）のころからか、汁につけずにそばに汁をかけて食べる「ぶっかけ」がはやるにつれて、それまでの汁につけて食べるそばと区別する必要が出てきた。そこで生まれた呼び名が「もり」である。安永二年（一七七三）版『俳流器《うつわ》の水』初編に「お二かいハぶっかけ二ツもり一ツ」の句が見えるので、すでにこの時代には一般に使われていたようだ。「蒸籠に盛る蕎麦を盛りといひ、盛蕎麦の下略なり」と『守貞漫稿』にあるが、「高く盛りあげるからもり」ともいわれる。↓ざるそば

もりだし【盛り出し】
そば屋の仕事の持ち場の一つ。特に大店で、ためざるに盛られたそばを器に盛る仕事。↓そばやしょくせい

もりよしそば
江戸本町四丁目大横丁万屋《よろず》の別称。そばの盛りが多いことから。（『蕎麦全書』上）

もりわけ【盛り分け】
一つのせいろに二種類以上のそばをきれいに並べて盛ること。「相乗り」ともいう。そばとうどんを半分ずつ盛り分けるのも同じ。祝儀そばの場合、せいろではなく高坏《たかつき》に盛ることもある。↓あいのり

もんぜんそば【門前蕎麦】
寺社の門前町にあるそば屋。そばと寺方の関係は深い。参詣人のための茶屋などが発達し、そばを商う店が多かった。福井の

永平寺町にある曹洞宗の大本山永平寺、東京の調布市にある天台宗の深大寺、長野の善光寺、戸隠神社や島根の出雲大社などの門前では、そば屋が軒を並べている。↓じんだいじそば、とがくしそば

や

やきのり【焼き海苔】
そば店の伝統的な酒の肴の一つ。そば店で出す酒は上酒といって上等な酒が通例とされてきた。酒の肴には乾海苔もよく用いられ、その場合は炭火の入った海苔箱に収めて客に出した。海苔の高い香りを大切にした。

やきみそ【焼き味噌】
足利一茶庵の創始者、片倉康雄の創案になるもの。西京味噌に削り節、さらしネギ、抜きを混ぜて木しゃもじに薄く塗りつけ、軽く焦げる程度に直火であぶる。酒肴に適する。

やきみそそば【焼き味噌蕎麦】
→みそしるそば

やくみ【薬味】
めん類の薬味としては近年種々なものが考案されているが、そばの薬味の〝御三家〟としては刻みネギ、ダイコンおろし、七味唐辛子だった。

やくみばこ【薬味箱】
薬味を入れる器。塗り物が多い。一人分ずつを盛る小型のものや多人数分を盛る大きめのものもある。三つに区切られたものが多く、薬味を種類により分け入れるようになっている。薬味入れ。

やさいそば【野菜ソバ】
＝しゅっこんそば

やなぎば【柳葉】
そば粉をこねて寝かせたものを小さくちぎり、指で押して柳の葉の形にしたもの。味噌汁に入れたり、ゆでてネギ味噌をつける。ヤナギハットともいう。

岩手県稗貫郡大迫町《おおはさま》（現・花巻市）では、ゆでてネギ味噌をつけたものをヤナギッパという。
大迫町内川目の大償では、その形からツノダンゴと呼ぶ。

やなぎはっと

→てこすりだんご、やなぎば

やぶいりそば【藪入り蕎麦】

藪入りは、奉公人が休みをもらって親元へ帰ること。かつては正月と盆の十六日前後が決まりだが、特に正月の十六日の休みをいう。盆の十六日は「後の藪入り」といった。その際、働きに出ている子供たちへの慰労の気持ちで実家で出すそばをいう。幕末以来近年までは、天ぷらそばが最上のごちそうであった。

やぶそば【藪蕎麦】

雑司ケ谷鬼子母神の東の方の藪のなかに

●薬味箱

●柳葉（岩手・安代町（現・八幡平市））

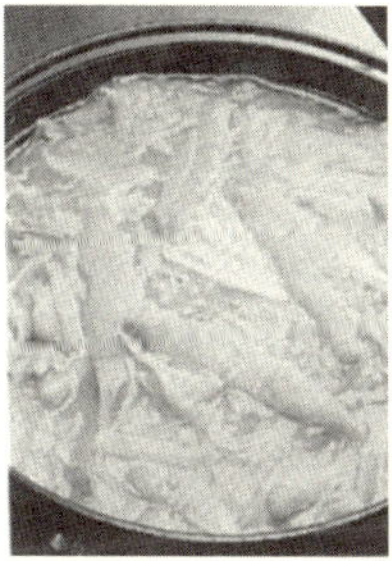

あった百姓家の「爺が蕎麦」が藪そばの元祖。現在の雑司が谷二丁目付近と思われる。当時「藪之内」とも呼ばれた。寛政十年（一七九八）版『若葉の梢』下によると「藪の内そば切はぞふしがやの名物にて、勘兵衛と云ける。参詣の人行がけに誂えて、戻りには出来して置けり。百姓家にて、商人にてはなかりしが、今は茶屋躰《てい》と成《なる》。諸所に其名を出すといえども、元来其家の徳なるべし」とある。寛政当時その盛名にあずかろうと、藪蕎麦を名乗る店が方々にあらわれた。その一つの深川藪の内（現・江東区三好町四丁目）に開店した藪蕎麦（藪中庵とも）は、文化十二年（一八一五）版の番付「名物商人ひゃうばん」にあげられたばかりでなく、幕末の江戸切絵図にものるほどの有名店になった。

その後、駒込千駄木町の団子坂藪下にあった蔦屋も藪蕎麦とも呼ばれて大いに繁盛した。その蔦屋が神田連雀町（現・神田淡路町二丁目）に支店を出していたが、明治十三年（一八八〇）に砂場系の浅草中砂四代目堀田七兵衛が譲り受けた。七兵衛は経営の才に恵まれ、団子坂の本店なきあと藪の暖簾をあずかり、名実ともに藪の本家として現在に至っている。この本店のほか浅草並木藪、上野池之端藪があり、いわゆる藪御三家となっている。藪そばは藪之内・藪下から名づけられた俗称。江戸っ子は正式な屋号より俗称で呼ぶことで親しみを感じていた。→じじがそば

やぶちゅう【やぶ忠】

正式には「日月庵・やぶ忠」で東京都北区滝野川中里にあった手打ちそばの名店。昭和四年（一九二九）四月に佐藤春夫、豊島与志雄ら文化人が集まって第一回の変わ

りそばの集いが開かれ、その後毎月の例会となり、とみに名が上がった。主人の村瀬忠太郎は昭和十二年（一九三八）八十八歳で死去、店も同十五年（一九四〇）に代がわりした。このやぶ忠と関わりの深いのが片倉康雄（足利・一茶庵本店初代）、高井吉蔵（山形・萬盛庵先代）らである。↓そばつう

●藪蕎麦　駒込団子坂藪下にあった藪蕎麦「蔦屋」の風景。離れ座敷もしつらえてあった

やまいり【山入り】

隠その日の商品を売りつくすこと。転じて閉店にすること。（江戸）

やまかけそば【山掛け蕎麦】

ヤマトイモ（銀杏イモ）の皮をむき、すり鉢のなかで回しながらおろしたのち、すりこぎでよくする。つぎにざる汁をイモの上からたらすようにして入れながらよくすって、濃度のあるとろろ汁を作っておく。

●山かけそば

おろしたヤマトイモ三に対しざる汁一ほどの割合。器にそばを入れ、その上に少量のざる汁をかけたあと、作っておいたとろろ汁を見栄えよくたっぷりとかける。中央に卵の黄身だけを落として、もみ海苔をきれいにふりかけてでき上がり。

やまがたそばをくうかい【山形そばを食う会】

　山形県山形市内にある萬盛庵が主催するそば会。そば店が主催するそば会の中では、全国で最も長い歴史と回数を重ねている。第一回は、昭和三十五年（一九六〇）十二月十一日。先代主人の高井吉蔵が山形のそばを復権させたいとの考えから始めたもの。会費制で月一回献立を変えてそば会を定期的に催し、平成七年（一九九五）三月には四〇〇回を記録した。↓そばかい

やまのかみのきしらべ【山の神の木調べ】

　岐阜県揖斐郡徳山村塚（現・揖斐川町）では、二月九日をヤマノコと呼び、山の神が木の本数を数えるゆえ、この日に山に行くと木のなかに数え込まれるといって、山へは行かず家で馳走を食べる。

　青森県三戸《さんのへ》郡五戸《ごのへ》町では二月十二日に木調べが行なわれる。山の神は女で悋気《りんき》するため、男も山に入らない。山子たちは山持ちの家によばれ、酒・肴・そばを馳走される。

やまぶきそば【山吹蕎麦】

①『蕎麦道中記』に記載してある沼津の名物そば。

②卵切り。供するときに山吹の小枝か葉を添える。卵切りは正式には、卵黄だけを用いるが、似せて作る場合は、鶏卵つなぎに梔子《くちなし》で色づけする。↓らんきり

やまもの【山物】

江戸で消費された玄ソバのうち、信州、甲州、武州から運ばれてきたもの。↓かしもの

ゆ

ゆいのうそば【結納蕎麦】

↓えんむすびそば

ゆうぎりそば【夕霧蕎麦】

柚子切りを洒落て夕霧そばと称したもの。冷《ひや》、熱《あつ》の二種がある。さわやかなユズの香りは格別である。冬至は日中が最も短い日なので、冬至そばを「みじかそば」とも呼び、カボチャとそばを食べれば中風にかからないと伝承されている地方が多いが、冬至そばはやはり柚子切りがよい。夕霧は近松門左衛門の『夕霧阿波の鳴渡』に登場する遊女で、常磐津節『其扇屋浮名恋《そのおうぎやうきなのこい》風《かぜ》』に、

〽それはお前の慳貪《けんどん》と申すもの
〽いやけんどんならば夕霧より蕎麦切に
　致さうと拗廻《すねまわ》るを……

とある。

ゆかりきり【縁切り】

赤ジソをさらしな粉に練り込んだ変わりそば。赤ジソの粉末をそば粉に対して二～三％ほど混ぜてこね上げる。きれいな色物そばとなり、風味もすぐれている。

ゆけばっと

披露宴の最後に出るそば。そばでお開きになるから、帰ってもよい意でいう。（岩手県二戸郡福岡町斗米《とまい》〔現・二戸市〕）↓たちは

ゆごね【湯捏ね】

そばを打つときに、熱湯を加えて練り上

げる方法。「湯練り」「湯もみ」「湯とき」ともいう。熱湯によりそば粉のでんぷんを糊化し、その粘りを利用してつなぐ手法で、水でこねる場合より比較的楽に打てることもあって、昔から行なわれてきた。特にそば打ちが女性の仕事であった農山村では、湯ごねの伝統があり、郷土そばとして伝わっているものもある。信州や東北の生粉打ちはその代表的なもの。また、そば粉のなかでも高純度のでんぷん粉であるさらしな粉で打つそばには、湯ごねの技法が欠かせない。熱湯でまずそばがきを作り、そばがきのつなぐ力を利用して練り上げる。すりこぎを使って、木鉢のなかでそばがきを作るのが普通である。

ゆず【柚子、柚】

レモン、ダイダイと同様に甘みはほとんどなく、強い酸味と高い香りが特徴。特に皮は強い芳香を持っているので、薄く削って鴨南蛮、天ぷらそばなどの種物に添えて出すと効果的である。

ゆずきり【柚子切り】

ユズの皮をそば粉に練り込んだ変わりそば。ユズの皮をむき、裏側の綿毛を落としたのちにミキサーにかける。裏ごししたものをそば粉に練り込む。裏ごししたユズの糊は、そば粉の二〇%ほどが必要になるので、そば粉一kgに対してユズでは一〇〜一五個用意するようになる。よく冬至の日などに作られた。黄色い香り高いそば。

ゆせん【湯煎】

清酒の燗と同じ方法で、そば店ではつけ汁を「たんぽ」と呼ばれる容器に入れ、銅壺の湯の中で三〇分から一時間温める。これを「湯せん」といい、つゆの味が一段とよくなる。「たんぽする」ともいう。容器

となるたんぽは陶製が多く、これを別名「土《ど》たんぽ」ともいう。↓どたんぽ

ゆとう【湯桶】

そば湯を入れておく漆器で、丸と角があり、丸は檜《ひのき》の曲物が主。最近は檜地のほうが多い。寸法は一〇・五〜一一・〇cm（三寸五分から四寸）四方。塗りは朱塗りが主体。だいたい満杯で四寸角のもので七二〇mℓ（四合）、通常は三二〇〜五四〇mℓ（二〜三合）程度のそば湯を入れておく。

ゆどおし【湯通し】

↓あつもり

ゆとじ【湯閉】

信州でそば振る舞いのあとに出される吸い物。焼き味噌を適当に溥め、ダイコンの輪切りを加えて煮立ててからダイコンを引き上げる。残り汁にそばを少々入れて煮立ててから前のダイコンを上置きする。そば

●湯ごね

●湯せん

切りの添え物としての一種の吸い物と思えばよい。「湯とじ　そば切を湯（茹）で、みそ（味噌）やき、汁をして大こんをのこらず上げ、そば切をみそ汁へ入、あたゝめ盛、其上へ右の大こんのせん（繊、せん切り）を置出《おきいだす》。信濃にてそば切の後、吸物の処へ湯とじを出」（寛延三年・一七五〇版『料理山海郷』三）

ゆねり【湯練り】

＝ゆごね

ゆもみ【湯もみ】

＝ゆごね

よ

ようかぞ【八日ぞ】

二月と十二月の「コト八日」の日を、ヨウカゾという。目の多い籠や粉ふるいを軒高く揚げて、一つ目小僧を撃退する日と説いている。ヨウカゾの名称は「今日は八日ぞ」という類の諺があって、本来は記憶を強めるようにしたのが起こりらしい。この両日にそばを打って神を祀る。（神奈川県）

ようかそば【八日蕎麦】

栃木県芳賀郡では旧暦二月八日、師走の八日の両日はそばを打ち、家の裏に熊笹で編んだ塔（八日塔）を作りその上に供える。表の屋根に上げる目籠とともに、鬼を家の中に入れない呪いとする。青森県津軽地方ではヤグシコ（薬師講）といって病災のないよう神仏に祈る日で、八日そばは十二月のみ。まれに一月八日にする土地もある。このそばを食べれば病気にかからないという。岡山県川上町高山（現・高梁市）ではヨウカマチソバという。

ようかふぶき【八日吹雪】

十二月八日は八日吹雪といってこの日に吹雪がある、と東北や山陰地方では信じられていた。この日に、岐阜県大野郡荘川村（現・高山市）では、焼き畑から穫れたソバでそば切りを打ち、豆腐を作って神棚に二品供え、家族がお相伴して食べる。揖斐《いび》郡徳山村櫨原《はぜはら》（現・揖斐川町）では、野菜汁に太打ちのそばを入れたドジョウ汁を食べる。

よこざる【横笊】

正しくないざるの使い方をさす。揚げざる、ためざるは太い親骨と細い骨が編み込まれているが、ゆで釜の上で滑りのよい細

●湯桶　左が丸湯桶、右が角湯桶

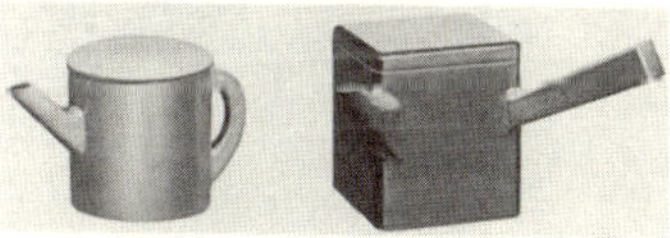

●横びつ

い骨が揃っている編み目を縦にして使うとざるはこわれにくい。この反対が横ざるで、ざるはすぐに破損してしまう。

よこびつ【横櫃】
釜前の流しに置かれた楕円《だえん》形の木桶。洗い桶で水洗いされたそばは、さらにこの横びつの中に入れられ、もう一度冷たい水でさらされる。これでそばが一層しまり、「こし」が立つようになる。昔はその形から「小判桶」とも呼ばれた。

よしだ【吉田】
日本橋浜町にあったそばの名店。川柳に「よし田そば芸者と逢う日いい日和」とある。明治二十八年（一八九五）に開業、茶そばで売った。第二次大戦に疎開した後、復活しないままとなった。↓コロッケそば

よそばうり【夜蕎麦売り】
貞享三年（一六八六）の御触書に、初めてめん類の夜売りが煮売り仲間から独立した業種として認められたばかりでなく、煮売りの筆頭に位置づけられた。京都でもそば、うどんの夜売りが延宝四年（一六七六）九月から始められたと『日次紀事《ひなみきじ》』にある。火災防止のため夜売りは禁止されていたものの、実際は江戸・京都・大坂とも二更（午後九時～十一時）から遅いのになると五更（午前三時～五時）まで売り歩いた。夜そば売りの出る期間は陰暦九月から翌年雛の節句までと限られていたが、寛政（一七八九～一八〇一）末ごろから取り締まりが緩められて期間も延ばされたようだ。この夜そば売りが、のちに夜鷹そば、風鈴そばと呼ばれるようになる。

よたか【夜鷹】
隠酒徳利を燗する道具。竹の節と節の間の両面を削り、幅細くなった竹の間に徳利

が挟まるようになっている。これを銅壺に浮かして燗をする。挟んで温めるので夜鷹と称した。夜鷹は江戸時代の街娼の意もあるので、品よくコタカという店もあった。

よたかそば【夜鷹蕎麦】

　夜鷹は夜間に路傍で客を引き売春した私娼の江戸語で、京都は辻君、大坂では惣嫁《そうか》と呼んだ。夜そば売りが、いつごろから夜鷹そばと呼ばれるようになったかは明らかでない。しかし、宝暦三年（一七五三）写本の越智久為著『反古染《ほうぐぞめ》』に、「元文（一七三六〜四一）のころより夜鷹蕎麦切、其後手打蕎麦切、大平盛り、宝暦の頃風鈴蕎麦切品々出る」とあり、元文よりも古いことは確かである。夜鷹そばの由来については諸説まちまちである。『守貞漫稿』五編には、夜鷹そばは夜鷹（夜に路傍で売春した私娼の江戸語）がもっぱら夜売りそばを食べたからだ、と書いてある。また、夜鷹には「二十四文」の異名があって二四文が相場だったが、最下等の夜鷹が一〇文で買えたことから「十文」と称し、それから転じて一〇文売りの夜そばを夜鷹そばといったとの説もある。これに対し、落語家の三遊亭円朝は『月謡荻江一節《つきにうたうおぎえのひとふし》――荻江露友伝』のなかで、「夜鷹そばは夜鷹が食うからではない。お鷹匠の拳《こぶし》の冷えるのに手焙《てあぶ》りを供するため、享保年間（一七一六〜三六）往来に出て手当てを致し、其廉《そのかど》を以て蕎麦屋甚兵衛という者が願って出て、お許しになったので夜鷹そばというがナ。夜お鷹匠の手を焙るお鷹そばが転訛して夜鷹そばというのだ」と語り、お鷹そばが転訛して夜鷹そばになったという説である。貞享三年（一六八六）刊、西鶴作『好色一代女』巻六、夜発《やほつ》の付声のくだりに、「定《さだま》りの十文にて各別のほり出しあり」「上中下なしに十文に極まりしものなれば、よい程がそれぞれの身のそんなり」などと、器量のよしあしに関係なく、花代は一〇文が決まりだとある。したがって夜鷹そばの呼称は、享保年間よりさらにさかのぼるようだ。

よつだし【四つ出し】

手打ちののしの作業の一つで、正円の生地を正方形に成形する作業のこと。めん棒に生地を巻き、打ち台の上を転がしながらのしていくと、丸い生地に角が出てくる。これを四回行なうことで、円形の生地を正方形にするのが目的。めん棒は巻き込み用の長い棒を使う。「角《つの》出し」ともいう。↓のし

よもぎきり【蓬切り】

草切りと同じ。ヨモギの葉をそば粉に練り込んだ変わりそば。ヨモギの葉をゆでたのちすりつぶし、そば粉で練り上げる。

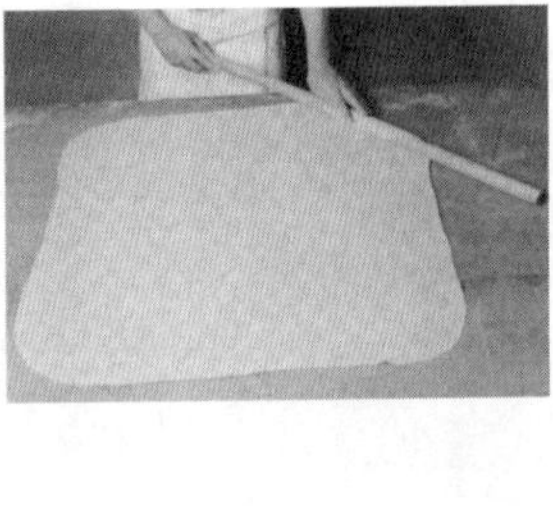

●四つ出し

よりこ【寄子】

雇用関係において、奉公人のこと。かつてはそば職人にも使われていた。↓めんるいとうじやど

よろずや【萬屋】

①江戸浮世小路にあるそば店で、「蒸籠」が名目。

②人形町万屋は、しっぽくそばを出し評

判もよかったが、その後「翁そば」という名目を出した。

③本町四丁目大横丁万屋は、そばの盛りが多いため「もりよしそば」と呼ばれた。

（『蕎麦全書』上）

よんたて【四立て】

穫りたて、挽きたて、打ちたて、ゆでたて。そばがおいしい条件とされる。現在の流通機構では穫りたてを望むのは無理だが、新ソバの期間（十月から十二月まで）なら穫りたてとさして変わらない。↓さんたて

よんばいたいひんしゅ【四倍体品種】

通常、受精後のソバは両親からの二組の染色体を持っているので二倍体と呼ばれる。ソバの染色体の基本数は八本だから、二倍体の在来種は一六本の染色体を持つ。これにコルヒチンなどの薬品処理を施し、染色体数を二倍の三二本（四倍体）にした新品種のこと。実用化されたものとして、「みやざきおおつぶ」「信州大ソバ」がある。在来のソバに比べて花や種子が大きいが、茎もひと回り太くなるため倒れにくい。しかし、まだ開発途上にあるため、一a当たりの収量や製粉歩留まりが二倍体品種に比べて若干劣るなど、今後解決すべき課題も多い。↓しんしゅうおおそば、みやざきおおつぶ

ら

らんがき【卵搔き】
　そばがきに卵の黄身だけをよく混ぜ合わせたもの。変わりそばがきの代表的なもの。木の葉の形に仕立てたりする。

らんきり【卵切り】
　鶏卵の黄身だけで、水や湯を使わずにそばを打つ。粉一kgに対して二五個ほどの黄身が必要。この材料を惜しむとまとまらないことがある。むしろ黄身を多めにしたずる玉であっても、ゆで上げるとしっかりとしまる。代表的な色物。↓たまごそばきり、らんぎり

らんぎり【蘭切り】
　卵切りの美称。玉子蕎麦切りの略称。『小堀屋秘伝書』には、「一　蘭切　二つわり粉壱升に、玉子十二入れもむべし」とある。↓たまごそばきり

らんめん【蘭麺・卵麺】
　①↓たまごそばきり
　②江戸後期、入谷にあった松下亭の別称。

り

りんだ
　隠そばのこと。操り人形師の楽屋用語でそばのことをこう呼んだ。「どうぞせんぼを覚えたいものと、心を付けて推量して見るに、りんだもぢらんかと云ふを何ぢやと見れば、蕎麦を食ふこと」（安永六年・一七七七版『当世芝居気質』一）とある。

る

ルチン

そば粉に含まれる栄養成分のうち、そば粉に多く含まれていることで注目されているビタミン類の一つ。かつてはビタミンPと呼ばれていた。ルチンは、毛細血管の働きを安定・強化させ、脳出血や出血性の病気に予防効果があるといわれている。ゆでると、そば湯の中に多く溶出してしまうので、そば湯を飲むとよい。ソバの実だけではなく、葉の部分に多く含まれている。

れ

れいがんふとうち【霊岸太打ち】

江戸っ子は一般に細打ちそばを好んだが、太打ちを看板にするそば店もあり、かなりの客を呼んだという。霊岸は江戸霊岸島（現・中央区新川）で、新川と八丁堀にはさまれているところ。ここに太打ちを売りものにする店があり人気を呼んでこの言葉となった。

れいとうめん【冷凍麵】

うどんやそばといっためん類を冷凍にしたもの。ゆでめんを冷凍にしたものが主流だが、生めんを冷凍にしたものもある。冷凍にするメリットの一つは、ゆでたての食感にあるため、ゆでたてにできるだけ近い状態のめんを急速冷凍することが大切である。また、提供する際にゆで時間が短縮できるメリットもあるため、その効果の大きいうどんが冷凍めんの主体になっている。昭和五十八年（一九八三）には、冷凍麵協議会が結成され、さらに衛生面を重視する意味で、厚生省の指導を受けて「冷凍めんの品質および衛生に関する指導基準」も作成されている。

れんいた【連板】

もり、ざる、天丼などの品書きと値段を書いた札板。一枚の板にひとつの品書きと値段を記し、これを店のなかの壁に一列に吊しておく。白木と塗りものとがある。寸法は長さ三〇㎝（一尺）ほど。

れんぎょくあん【蓮玉庵】

安政六年（一八五九）、茶人としても知られた初代久保田八十八が創業。上野不忍の池の蓮を眺め、葉の上にならぶ玉のような露にちなみ、この屋号とした。二代目沢島佐助は長野県下伊那郡の出身とされている。五代目沢島健太郎は手打ちの名人として知られ敬慕された人物。浮世絵蒐集、写真家、俳人としても特異な存在だった。昭和四十二年（一九六七）に同店より『故沢島健太郎遺稿集』が刊行されている。平成十一年現在は六代目沢島孝夫が継承。

れんこんそば【蓮根蕎麦】

十月ごろに出回る新レンコンをそば粉に練り込んだ変わりそば。レンコンをすりおろし、そば粉に混ぜる。レンコンには、つなぎとしての効果があるので生粉打ちにする。「蓮根つなぎ」ともいう。

れんこんつなぎ【蓮根繋ぎ】

＝れんこんそば

ろ

ロールせいふん【ロール製粉】

金属製の二本のロールをかみ合わせるようにして高速回転（毎分二五〇〇～三〇〇〇回転ほど）させ、そのわずかなすき間を通過させることで粉にする製粉方法。現在は、一番粉から段階的に取り分けできる連続製粉方式が主流である。ロールの目の立て方や回転速度によって、でき上がったそば粉の品質は微妙に変化する。

そばの製粉工程を概略すると、次の通り。⑴精選工程―玄ソバには、ソバの葉・茎、小石、土砂、他の植物の種子などが混入しているので、完全に除去する。これら夾雑物をゴミ取機、石取機などによって除去し、玄ソバを研摩機によって研摩する工程を精選工程という。⑵脱皮工程―精選された玄ソバは、果皮（殻）に包まれているので、皮むき機などによって果皮を取り除く。脱皮方法はいくつかあるが、ゴム板にぶつけて殻を取る方法（衝撃式）、石臼の臼をうかせて殻を取る方法、あるいは大割れを作り殻を取る方法などが一般的。殻を取り除いた玄ソバは「抜き」と呼ばれる。⑶製粉工程―脱皮工程をへた「抜き」や割れを、ロール製粉機や石臼によって粉にする。ロール製粉機の場合、一番ロールを通り、ふるい（シフター）を通って得られた粉が一番粉で、抜きの中心部の白い粉である。一番ロールで粉にならなかった部分が、次のロールにかけられ、ふるいで選別されて二番粉となり、残った部分がさらに次のロールにかけられるといったように、組織別にそば粉を取り分ける連続製粉方式が採用されている。⑷精製工程（仕上げ工程）―粉タンクにそれぞれ取り分けられたそば粉の中間製品を、いろいろな組み合わせと比率でミックスし、仕上げシフターで夾雑物を取り除き、ニーダーでよく攪拌して製品化し、袋詰めにする。↓いしうす

ロールびき【ロール挽き】

ロール製粉のこと。また、ロール製粉機で製粉した粉のこと。

わ

わかさじる【若狭汁】
　めん類につける辛味ダイコンの絞り汁。安永六年（一七七七）『稚狭考《わかさこう》』六に「大根の汁にて麪を喰ふを丹後（京都府北部）但馬（兵庫県北部）丹波（京都府、一部は兵庫県）にて若狭汁といへり」とある。

わかめきり【若布切り】
　ワカメをそば粉に練り込んだ変わりそば。生ワカメの塩漬けになったものを塩抜きし、ミキサーで充分にすりつぶしたものを練り込む。粉の重量の四分の一を用意する。つなげにくいので注意して打つ必要がある。

わけぎ【分葱】
　ネギの一種。苗の根株を分けて植えることから分けネギ↓ワケギとなった。短い期間で生長する。長ネギに比べ小形で葉茎が細いのが特徴。香りは弱いが歯ざわりがよい。めんや汁の薬味として広く使われている。

わさび【山葵】
　日本原産で、山地の渓流に自生するアブラナ科の多年生水生植物。栽培はわき水や灌漑で行なわれている。信州系、伊豆系、宮崎系など産地別に区分されている。特有の芳香と辛みがあり、めん類の薬味として欠かせない。またビタミンCが多量に含まれている。必ず使用の直前にすりおろす。

わさびきり【山葵切り】
　おろしたワサビをそば粉に練り込んだ変わりそば。ゆでてしまうとほとんどワサビの香りはしない。

わらびきり【蕨切り】
ワラビの粉を小麦粉のつなぎで、そば状に仕立てる。湯ごねにすると簡単につながるから、小麦粉ではなくさらしな粉と混ぜてもよい。このほうが口当たりがよくなってくる。

わりいた【割り板】
木鉢下の桶でそば粉と小麦粉を混ぜ合わせる（粉返し）ときに用いる二枚の木板。↓きばちした

わりこ【割り粉】
そばを打つとき、そば粉に混入する小麦粉のこと。小麦粉の持つグルテンが、そばをこね、まとめるときのつなぎの役目をはたし、そばが打ちやすくなる。混入する小麦粉の量は、店や打ち手により様々で、また地方により伝統的な混入割合のあるところもある。多くて同割、少ない場合はさかづき一杯程度ということもある。そば粉と小麦粉を同量に混ぜたものを「同割」という。小麦粉をつなぎとしてそば打ちに用いたのは江戸中期からで、一説には寛永年間（一六二四～四四）奈良東大寺へきた朝鮮の客僧、元珍が小麦粉の応用を教えたと伝えられている。しかし、実際に割り粉を使うようになったのは元禄（一六八八～一七〇四）末から享保（一七一六～三六）の半ばころであろう。↓げんちんせつ

わりごそば【割子蕎麦】
出雲そばを代表するもの。割子そばはそばを盛る容器から出た名称で、昔は春慶塗りの杉か檜《ひのき》製の角型であったが、明治年間は長方型、明治から大正にかけて小判型、その後、昭和十二年（一九三七）から現在の銀杏《いちょう》製の丸型に変わった。食べ方は、そばの上から汁を少しずつかけて自分で味加

減を確かめながら食べる出雲そば独特の食べ方である。薬味は、青ネギ、南蛮おろし（ダイコンに赤トウガラシを挟んですりおろしたもの）、カツオ削り節、磯海苔の四品と別に生卵がついてくる。通常は、割子三枚でほぼ一人前の分量である。↓いずもそば

わりこもそばのうち【割り粉も蕎麦のうち】

諺つなぎの小麦粉についても、その品質や取り扱いに気を配る必要のあることをいったもの。↓わりこ

わりぬき【割り抜き】

抜き、または挽き抜きのこと。↓ひきぬき

●割子そば　容器の割子には丸、角などいろいろな形があった

●わんこそば（岩手・盛岡）

わんがき【碗掻き】

碗でかく（掻く）「そばがき」の意味。抹茶茶碗（事前に温めておく）などにそば粉を入れ、煮え立つ湯を注いで、かき混ぜて練り上げる。碗がきは、鍋がきにくらべ香りにおいて勝《まさ》るものの、失敗しやすく、なめらかさに欠けることが多い。湯の量は、そば粉の一・五倍が目安。さらしな粉の場合は、二倍近く加える。↓なべがき

わんこそば【椀子蕎麦】

岩手県の旧南部藩領に伝わるそば振る舞いで、平椀（方言で椀コ）に盛るところから出た名称である。旧家の振る舞いには給仕人が大勢いて、客の椀があくとすぐ後ろから、ひと口かふた口くらいのそばを投げ入れ、ひっきりなしにお替わりを無理強いする。これはオテバチといって客人に対する一番のご馳走というわけで、そば椀に蓋をすれば攻勢から逃げられる。南部地方の家庭では祝儀、不祝儀を問わず行なわれ、精進のときの薬味は、海苔・ネギ（秋にはセリ）・刻みクルミの三種。そうでないときはマグロの刺身・筋子・腹子などが出される。そば店では花かつお、ナメコ、鶏そぼろ、漬物と、ダイコンにトウガラシを挟んでおろした権八辛味を加える。

〔付録〕

蕎麦関連文献解題（五十音順）

本書に引用した文献の中から、主なものに関して、その内容を簡略に紹介する。

●参考資料／新島繁著『近世蕎麦随筆集成』（秋山書店刊）、川上行藏編『料理文献解題』（柴田書店刊）、新村出編『広辞苑』（岩波書店刊）

新らしき研究栄養と蕎麦　応用料理集成〔あたらしきけんきゅうえいようとそば　おうようりょうりしゅうせい〕

↓四九頁参照（応用料理集成）

甘藷百珍〔いもひゃくちん〕

珍古楼主人編著。寛政元年（一七八九）刊。『豆腐百珍』にならって甘藷の料理一二三品を、奇品、尋常品、妙品、絶品の四等に分けて、作り方を簡単に説明している。

裏見寒話〔うらみかんわ〕

野田市右衛門成方著。享保九年（一七二四）より甲府城勤番として赴任した者が、三〇年間の見聞を記録したもので、宝暦四年（一七五四）にその子が補成した。甲斐の地誌の中ではもっとも整った内容をもつ。

江戸買物独案内〔えどかいものひとりあんない〕

↓三七頁参照

江戸鹿子〔えどかのこ〕

藤田理兵衛著。貞享四年（一六八七）刊。名所旧蹟、年中行事、神社仏閣など、また諸職、諸商売について詳説。さらに商売の業種別に住所、個人名を挙げている。記載される業種一六〇余。ことに食品、食べもの関係は四三種、百数十軒に及ぶ。

江戸名物詩〔えどめいぶつし〕
方外道人（木下梅庵）作、春峰ほか一六人画。天保七年（一八三六）刊。江戸の名物九〇店を狂詩で紹介したもの。

江戸名物酒飯手引草〔えどめいぶつしゅはんてびきぐさ〕
↓四七頁参照

江戸料理集〔えどりょうりしゅう〕
著者不明。延宝二年（一六七四）刊。江戸初期の料理大集で内容豊富。四季の献立、膾や指身、魚、青物などを詳述。日本料理の美的な構成、演出法が意識され、切形が詳細に図解されているのも特徴。

海鰻百珍〔かいまん（はも）ひゃくちん〕
大坂・鱗介堂主人著。寛政七年（一七九五）刊。はもを丸ごと使う料理をはじめ、身をおろして使う料理、皮料理、腹料理などと分類し、一〇〇種以上の珍しい料理を集めている。料理名に凝った名が多いのも特徴。

甲子夜話〔かっしやわ〕
松浦静山著。文政四年（一八二一）に筆を起こし、天保十二年（一八四一）まで書きつづけた。正・続各一〇〇巻、続稿第三編七八巻に及ぶ膨大な随筆。伝説、巷談、街説、小咄、川柳、和歌、漢詩文と広範な分野にわたり、貴重な資料が多い。

還魂紙料〔かんこんしりょう〕
柳亭種彦著。前書上下二冊、文政九年（一八二六）刊、後書上中下三冊、天保十二年（一八四一）刊。言語風俗に関する考証随筆。慳貪、温飩の看板などの考証も見られる。

嬉遊笑覧〔きゆうしょうらん〕
喜多村筠庭（名は信節《のぶよ》）編著。文政十三年（一八三〇）自序。和漢の書からとくにわが国の近世の風俗習慣や歌舞音曲に関する事物を集め、部類を分けて考証、叙述した風俗事典。正確・厳正である点で江戸時代の類書として最も卓出している。

狂歌江都名所図会〔きょうかえどめいしょずえ〕

天明老人撰。安政三年（一八五六）刊。『江戸名所図会』にのっとって各地を狂歌で紹介したもの。

毛吹草〔けふきぐさ〕

松江重頼著。寛永一五年（一六三八）成立、正保二年（一六四五）刊。貞門俳諧の方式を豊富な句例で示す俳書。作例一千余句のほか、季語、俚諺、諸国名産なども収録。巻四は六九ヵ国の古今の名物、産物を記載。松前、佐渡、壱岐、対馬などにも及び、食関係史料として貴重。→九九頁参照

合類日用料理抄〔ごうるいにちようりょうりしょう〕

無名子著。元禄二年（一六八九）刊。日常の料理法、献立のほか、酒、醬油、酢、菓子、蕎麦などの当時新しい製法を詳説、食の幅広い分野を網羅している。とくに菓子類、餅類などの記述が充実、当時の餅などの種類の豊富さがうかがえる。

国花万葉記〔こっかまんようき〕

元禄十年（一六九七）版の地誌。

小堀屋秘伝書〔こぼりやひでんしょ〕

→一一一頁参照

三義一統大双紙〔さんぎいっとうおおぞうし〕

武家故実書。成立年代不明。内容は一二門に分かれ、上下二巻。麵類を食べる作法も述べられている。

塩尻〔しおじり〕

→一二五頁参照

慈性日記〔じしょうにっき〕

→一二六頁参照

七十五日〔しちじゅうごにち〕

↓一二七頁参照

定勝寺文書〔じょうしょうじもんじょ〕

↓一三四頁参照

続日本紀〔しょくにほんぎ〕

『日本書紀』の後を受け、文武天皇（文武一年・六九七）から桓武天皇（延暦十年・七九一）までの編年体の史書。六国史の一。菅野真道らの編。延暦十六年（七九七）に成立。略して『続紀』。

蔗軒日録〔しょけんにちろく〕

東福寺、のちに堺の海会寺の僧侶、季弘大叔の文明十六年〜十八年（一四八四〜一四八六）の日記。海会寺に隠居してからの質実な文章。当時栄えた明との貿易記事に、明人から貰った食べものの記述もあり、興味深い。室町時代の僧侶の日記中では注目すべきひとつ。

諸国買物調方記〔しょこくかいものちょうほうき〕

作者不明。元禄五年（一六九二）刊。京都・江戸・大坂における古来有名な諸職と諸国の名品、名物を収録したもの。萬買物調方記、諸工商人所付いろは分、諸国名物重宝記の三項に分けてある。内容は、寛文（一六六一〜七三）末から元禄はじめまでと推定される。

諸国道中金草鞋〔しょこくどうちゅうかねのわらじ〕

十返舎一九著による滑稽本。文化十年（一八一三）に初篇刊行、天保五年（一八三四）までに二五篇完結。

壬戌紀行〔じんじゅつきこう〕

大田南畝著。著者が任務を終え、享和二年（壬戌・みずのえいぬ＝一八〇二）三月二十一日に大坂を立ち、木曽街道を通って四月七日に江戸に帰るまでの道中での見聞を記録したもの。

新編そば物語〔しんぺんそばものがたり〕

↓一四一頁参照

菅江真澄遊覧記〔すがえますみゆうらんき〕

菅江真澄著。寛政四年（一七九二）刊。天明三年（一七八三）、三十歳ごろ故郷三河を出て、みちのくの旅に出た著者が、信濃、出羽、南部、仙台、津軽、松前、再びみちのく周辺を旅してまわった四六年間の大旅行の足跡を、日記、地誌、随筆として記録したもの。実地観察を重んじ、記述も詳しい。

成形図説〔せいけいずせつ〕

薩摩藩主島津重豪《しげひで》の命により、曾占春と白尾国柱が編纂。寛政五年（一七九三）に着手、文化元年（一八〇四）に三〇巻刊、天保二年（一八三一）一五巻を加えて完成。農事、菜蔬、菌類、毒草、香木などを解説した、本草、農学関係書。

摂津名所図会〔せっつめいしょずえ〕

秋里籬島著、竹原春朝斎（信繁）画。寛政八年（一七九六）・十年刊。全一二冊に分けて刊行。摂津国一円の名所を絵と一緒に紹介したもの。

続江戸砂子〔ぞくえどすなご〕

菊岡沾涼《せんりょう》著。正式には『江戸砂子温故名跡誌』。正篇は享保十七年（一七三二）、続篇は享保二十年刊。江戸の地誌。

蕎麦考〔そばこう〕

↓一七五頁参照

蕎麦志〔そばし〕

↓一七七頁参照

蕎麦全書〔そばぜんしょ〕

↓一八一頁参照

そば手引草〔そばてびきぐさ〕

↓一八七頁参照

蕎麦道中記〔そばどうちゅうき〕

↓一八八頁参照

譬喩尽〔たとえづくし〕

松葉軒東井編。天明六年（一七八六）序。和漢のことわざに流行の俗言と故実にちなんだ名数などを集めたもの。いろは順にまとめ、用例や注釈を加えたり、出典も多く載せている。正式には『譬喩尽並ニ古語名数』。

茶之湯献立指南〔ちゃのゆこんだてしなん〕

遠藤元閑著。元禄九年（一六九六）刊。月日と献立、その献立の主な料理の作り方が大部分を占める。茶之湯と題にあるが、茶之湯の料理ばかりとも限らない。

貞丈雑記〔ていじょうざっき〕

伊勢貞丈著。宝暦十三年（一七六三）から書き起こし、天保十四年（一八四三）に出版。有職故実の随筆、武家故実の大綱を各項目に及び詳述。飲食、酒盃など食に関する項もあり、由来を示す記事も多い。

東海道分間絵図〔とうかいどうぶんけんえず〕

遠近道印《おちこちどういん》著。菱川師宣画。元禄三年（一六九〇）刊。三分（約九㎜）で一町（約一〇九m）を表した、約一万二〇〇〇分の一の道路地図。東海道五十三次がかなり正確に描かれている。

豆腐百珍〔とうふひゃくちん〕

醒狂道人何必醇著。正篇天明二年（一七八二）刊。豆腐の料理一〇〇品を、尋常品、通品、佳品、奇品、妙品、絶品の六等に分け、それぞれ各種料理を解説する。続編天明三年刊。その後の「百珍もの」の嚆矢となった。

浪花雑誌　街廼噂〔なにわざっし　ちまたのうわさ〕

平亭銀鶏著。歌川貞広画。天保六年（一八三五）刊。著者は滑稽本作者で、上州甘楽郡の前田侯に医者として仕えた。本書は天保五年から一年間の大坂滞在中の見聞を記したもの。江戸と大坂の風俗を比較して、滑稽本風にまとめている。

二千年袖鑒〔にせんねんそでかがみ〕

松川半山画、森晋三書。嘉永二年（一八四九）刊。正式書名は『日本唐土二千年袖鑒』。日本と唐土（中国）の名勝史跡、土地の名物や名産品、伝説、演劇、神社仏閣、名僧博識などを絵画入りでまとめたもの。

日乗上人日記〔にちじょうしょうにんにっき〕

日乗著。京都に生まれ、延宝五年（一六七七）に、水戸光圀が常陸西山（茨城県常陸太田市）に建立した久昌寺の院代として迎えられた。元禄四年（一六九一）～同十六年までの十二年二ヵ月にわたる日記。めん類に関する記述が目立つ。

誹風柳多留〔はいふうやなぎだる〕

呉陵軒可有《ごりょうけんあるべし》はか編。明和二年～天保九年（一七六五～一八三八）刊。一六七編におよぶ川柳集。初代川柳以下五代まで代々の川柳評万《まん》句合《くあわせ》勝句刷《かちくずり》の中から選び集めたもの。江戸を代表する川柳として知られ、日常の庶民の生活をうかがい知ることができる。

半日閑話〔はんにちかんわ〕

大田南畝著。作者二十歳の時から没する前年の七十四歳まで（明和五年・一七六八から文政五年・一八二二）の市井の雑事を見聞記録したもの。原著は『街談録』。没後に誰かが増補し『半日閑話』と題した。

日次紀事〔ひなみきじ〕

黒川道祐著。延宝四年（一六七六）跋。作者は京の儒医。正月から十二月の各月の年中行事を記録したもの。節序、神事、公事、人事、忌日、開帳などに分け、毎月の終わりに不定期の行事も示している。

風俗文選〔ふうぞくもんぜん〕
森川許六《きょりく》編。俳文集。『本朝文選』と題して宝永三年（一七〇六）刊。翌年『風俗文選』と改題。芭蕉以下蕉門俳人の俳文を集め、作者列伝を添える。

富貴地座位〔ふきじざい〕
安永六年（一七七七）刊。三都の名物を位付けした評判記。上巻・京都名物、中巻・江戸名物、下巻・浪花名物の構成。浪花名物は清少納言の『枕草子』に擬して評している。中巻の江戸にはめん類の記載が多い。

武江年表〔ぶこうねんぴょう〕
斎藤月岑《げつしん》編。武蔵国江戸における天正十八年（一五九〇）から明治六年（一八七三）に至る二八三年間の編年通史。とくに視野を民間市井の事象に限った江戸庶民の通史である。食料品店、飲食店の発展、展開の状況も捉えることができる。

物類称呼〔ぶつるいしょうこ〕
越谷《こしがや》吾山《ござん》編著。安永四年（一七七五）成る。巻一・天地、巻二・動物、巻三・生植、巻四・器用、巻五・言語。諸国の方言を以上の各類について採集記録したもので、近世の方言を知る上で貴重なもの。

筆満可勢〔ふでまかせ〕
富本繁太夫著。著者は江戸深川在住の芸人。食い詰めて諸国放浪の旅に出た時の日記。文政十一年（一八二八）江戸を出発、東北各地に赴き、天保二年（一八三一）長岡に逗留。間が欠本で、最後は天保六年～七年、京坂の記述で終わる。東北での飲食に関する記事、京の年中行事が詳しい。

反古染〔ほうぐぞめ〕
越智久為著。宝暦三年（一七五三）写本。染色に関する考証をまとめたもの。

本草和名〔ほんぞうわみょう〕

深江輔仁著。延喜十八年（九一八）ごろ成る。日本における最初の本草に関する書物。

本朝食鑑〔ほんちょうしょっかん〕

人見必大著。元禄十年（一六九七）刊。著者は医者で、明の李時珍著『本草綱目』にならって漢文体で記した書。一二巻。本書は本草書の一種であるが、食医の立場から庶民の日常食について検討している。江戸前半の食物事典としては最も詳しく、内容も豊富。

松屋筆記〔まつのやひっき〕

小山田與清《ともきよ》著。文化十二年（一八一五）から弘化二年（一八四五）の筆録。著者は国学者。目をつけた書物の一節を抄出し、考証を挙げて説明。引用書の出典も明記。時代を逆上って幅広い言葉をさぐる手だてとなる。食べもの関係の記載も三〇〇件に及ぶ。全一二〇巻のうち、現存は八四巻。

萬寶料理秘密箱〔まんぽうりょうりひみつばこ〕

器土堂著。天明五年（一七八五）刊。別名・玉子百珍。前編には合計一〇三種の卵料理の作り方を収録。ほかに鳥、川魚、魚介、塩辛、粕漬、味噌漬などさまざまな肴の解説があり、記述は詳しく、珍しい料理が多い。

名飯部類〔めいはんぶるい〕

杉野権兵衛著。享和二年（一八〇二）刊。尋常飯、諸菽飯、菜疏飯、染汁飯、調魚飯、烹鳥飯、名品飯に分けて八七品の飯、雑炊二〇、粥一〇、鮓三三の作り方が載る。飯、粥、鮓に及ぶ米の料理を扱った専門書として評価が高い。

むかしく物語〔むかしむかしものがたり〕

財津種爽《たからつしゅそう》著。享保十七（一七三二）～十八年ごろの成立。天保年間（一八三〇～四四）に「八十翁疇昔話」として流布された。享保年間に八十歳に達していた老人が、幼児からの江戸の風俗の変遷を述べたもの。町中の風俗を知るてがかりとなる。

守貞漫稿〔もりさだまんこう〕

↓三一九頁

大和本草〔やまとほんぞう〕

貝原篤信（益軒）著。宝永六年（一七〇九）刊。和漢の本草一三六二種を集録、分類し、解説した書。日本の特産品種や南蛮渡米品種も加え、実地観察に基づく、実状に則した体系を作ろうと試みている。わが国の本草学において高く評価されるもの。

山内料理書〔やまのうちりょうりしょ〕

『群書類従《ぐんしょるいじゅう》』に収録されている室町時代の料理書。明応六年（一四九七）に著された。足利幕府の料理人の山内三郎左衛門に面会した人が書き留めたもの。配膳の図が多く、簡単な説明を加えてある。

俚言集覧〔りげんしゅうらん〕

太田全斎著。二六巻九冊。江戸時代の方言、俗語、俗諺を集め、五十音図の横列の順に並べ、解釈をつけたもの。明治三十三年（一九〇〇）、井上頼圀、近藤瓶城が増訂、通行の五十音順に改編。

料理山海郷〔りょうりさんかいきょう〕

園趣堂主人（博望子）著。寛延三年（一七五〇）刊。諸国の珍味、名物などを挙げ、解説している。全体では一三〇ものの料理の作り方が書かれ、とくに地方の珍しい料理が多い点が特徴。

料理早指南〔りょうりはやしなん〕

醍醐山人（散人）著。初篇、二篇（後篇・花船集）享和元年・一八〇一序、三篇（山家集）享和二年刊、四篇（談合集）文化元年・一八〇四序の全四篇。本膳会席精進等の料理、時節による重詰料理、普茶・蕎麦・卓袱、諸国名産、調味と幅広く料理を解説。蕎麦の項は三篇にある。

料理秘伝抄〔りょうりひでんしょう〕

石井泰次郎著。大正四年（一九一五）、『料理大鑑』付録として著された。著者の父治兵衛は江戸幕府の料理頭の一人で、東京遷都後は宮内省の初代司厨長に就任。歴代宮中の御厨《みくり》子《や》所預に奉仕した高橋家の式典料理に関する古文献をすべて受け継ぎ、次代泰次郎が整理まとめたもの。別に寛文十年（一六七〇）刊の『料理秘伝抄』があり、内容は異なる。

料理物語〔りょうりものがたり〕

著者不明。寛永二十年（一六四三）刊。魚介、野菜、肉、きのこなど部門別に材料とその料理法を解説、また、調味料や各種料理別の料理の作り方など内容は料理全般多岐にわたる。料理専門書としては最も古く、その後の料理書に影響を与え、数多く引用もされている。

和漢三才図会〔わかんさんさいずえ〕

寺島良安編。正徳三年（一七一三）序。わが国最初の図説百科事典。全一〇五巻・八一冊におよぶ大著。中国の明の『三才図会』にならい、和漢古今の種々の事物を部分けし、図入りで説明している。

和訓栞〔わくんのしおり〕

谷川士清《ことすが》編著。国語辞典。通常見られるのは、井上頼圀増補の『増補語林和訓栞』（明治三十一年刊）で、語彙の増補と五十音順に改編されたもの。食に関する語も収録されている。

倭名類聚鈔〔わみょうるいじゅしょう〕

延長八年（九三〇）〜承平五年（九三五）ごろ、源順《したごう》により作られた。略して『和名抄』。わが国最初の分類体の漢和辞書。

あとがき

編者も、今年で八十歳を迎えた。日本麵食史の研究に手を染めるようになってからちょうど五十年の歳月が過ぎたことになる。この間、私が著した麵類に関する著書は十冊ほどを数える。しかし、日本の麵食史という狭い分野に限定して研究を続けることに、果たしてどれほどの意義があるのかと、心許なくなることがある。また、市井の研究者の文章に目を留めてくれる人がどれだけいるだろうかとも思うことがある。

先般、故・司馬遼太郎氏の『街道をゆく』三十三（朝日新聞社）に「ソバと穴」という章があるのに目をとめ、読んでいたところ、私のことにふれておられるのに少なからず驚いた。司馬氏は「日本文化の一側面は物好きの文化であり、そのことが江戸文化を大転換させて、明治の近代化を成功させた最大の要因だ」と指摘して、たかがソバのことにふれ、江戸時代のそばの文献の豊富さと研究の奥深さに言及している。そして、日新舎友蕎子が著した『蕎麦全書』の校註者として私のことを知り、最後に「よき江戸時代人の末裔といっていい」とまで、書いておられるのを見て、私のこれまでの地道な研究が決して無駄ではなかったことを知り、正直心やすまる思いをしたのである。

本事典は、筆者にとっては二冊目の蕎麦事典になる。これまでの蕎麦研究の集約ということで、書き留めておいた資料なども駆使し、編集部の協力を得て大幅に項目数を増やした。私の専門分野は歴史、民俗なので、その他の分野の記述はなるべく私の見れる範囲内にとどめ、現時点での蕎麦事典の決定版を目指すことにした。

本書が、日本の伝統食であるそばのことを正確に、かつ幅広く知る上で役に立てれば、幸いである。

終わりに、出版に際してお世話になった柴田書店の神山泉さん、永田雄一さん、そして現在はフリーライターになっている西脇清美さんとは、柴田書店刊行の別冊『そばうどん』誌（昭和五十年創刊）を通じての長い付き合いである。今回、そのご縁で本事典を刊行することができたのは、誠に慶ばしい限りである。

平成十一年十月

新島　繁

解説

片山虎之介

新島繁さんの『蕎麦の事典』が、講談社の学術文庫として出版されるにあたり、その解説を書かせていただくという、名誉な役目を仰せつかった。

あらためて新島さんの著作を見直すと、そこに注ぎ込まれたエネルギーの膨大さに、今さらながら驚嘆する。

それまでほとんど未開の荒野だった蕎麦の歴史に、新島さんは斧を打ち込んだ。古文書を探し、現場に足を運び、五〇年以上の歳月を研究に費やして、質、量ともに前例のない多くの研究書を遺したのだ。

この情熱は、いったいどこから生じたものなのか。蕎麦が好きだったからとか、好奇心旺盛な人だったからなどと、いくつかの理由を挙げることはできるが、それだけでは、ここまでの熱意の大きさは説明がつかない。

思うに新島さんは、蕎麦というものの持つ魅力というか魔力というか、摩訶不思議な引力に引き寄せられてしまったのではないだろうか。目にこそ見えないが地球の引力は、三八万キロ余り離れた月を繋ぎ止める。それにも似た、抗いようもない強大な引力を蕎麦は持っている。「取り憑かれる」と言い換えられるほどの魅力。この引力は、日本中で蕎麦に魅せられている人々が、一様に感じていることだろう。これこそが、蕎麦がほかの食べ物と大きく異なる点なのだ。

新島さんを夢中にさせた蕎麦の魅力。その源を探り当てることが、何よりも新島さんの仕事を理解するための近道なのかもしれない。

新島さんが蕎麦の世界に足を踏み入れた当時、蕎麦は日本を象徴する料理のひとつでありながら、その詳しい知識は意外に知られていなかった。本格的に蕎麦の歴史を研究した人もほとんどいなかった。蕎麦はあくまでも大衆食という位置付けであり、ことさら研究の対象にするような料理でもないと思われていたのだろう。

しかし、蕎麦は大衆食ではあったが、前述のような特異な魅力を備えていた。江戸の昔から蕎麦に魅せられた人々は数多く存在し、現代の蕎麦好きと同じよう

新島繁氏。昭和 50 年頃
（新島フミエ氏提供）

に、蕎麦屋の食べ歩きをしたり、蕎麦打ちを楽しんだりして、その記録を個人的な日記などに書き残していたのである。

その代表的な人物が、『蕎麦全書』を著した日新舎友蕎子《につしんしやゆうきようし》だ。江戸時代の蕎麦愛好家だが、その人となりについては、未だ解明されていない。

『蕎麦全書』は手書きの稿本で、寛延四年（一七五一）に脱稿している。当時の様々な蕎麦事情を書き残した記録で、江戸時代の蕎麦を知るには、欠くべからざる資料といえる。いわば蕎麦好きの人物が趣味で書き残した私家版の蕎麦本である。

この本は新島さんによって昭和五十年に翻刻されている。それを数ページめくってみよう。

まずは「新蕎麦の事」から話は始まる。その内容は……蕎麦は通常、九月（旧暦）の霜が降りる前に収穫するものだが、新蕎麦が人気があるだけに、通常より早く種を播き、六、七月ころに収穫して出すものがある。こういった蕎麦は実が充実せず、味も良くない。

また、走りと称して七月末に売り出す蕎麦があるが、それは昨年刈り取ったソバを枝ごととっておいたもので、本当の新蕎麦ではない、などと書かれている。

蕎麦愛好家が新蕎麦を待ちこがれていることに目をつけ、前年の蕎麦を新蕎麦だと言って売る商売があったらしい。その怪しげな新蕎麦を、客はうまいうまいと食べていたのだという。

新蕎麦と聞いただけで目尻が下がるのが蕎麦愛好家だ。いやはや、今も昔も少しも変わっていないものだと、我が事のように気恥ずかしさを覚える。そして同時に当時の蕎麦好きの人々に親しみを感じるのである。

新島さんが蕎麦の研究を始めたのは、戦後間もない昭和二十三年のことだった。東京・新宿駅の西口に、蕎麦店「郷土そば・さらしな」を開業。店で蕎麦を作る仕事は、「部屋」と呼ばれる組織から派遣される職人に任せていたので、新島さんは直接手を下す必要はなかった。それでも蕎麦屋を経営する以上は、蕎麦のことを知りたいと、資料を集めて調べ始めた。そこから蕎麦の面白さに引き込まれ、ついには日本各地に足を運んで調査を行うまでになるのである。

こうして調べた事柄を、自費出版の季刊誌『さらしなそば』としてまとめ、刊行を開始したのが昭和三十二年。この冊子は蕎麦好きの客などの間で評判になり、朝日新聞の「季節風」欄で二度にわたって紹介された。蕎麦についての研究、知識が、当時いかに珍しかったかがわかる。

新島さんが興味を持った資料の対象は多岐にわたった。蕎麦の古文書に始まり、蕎麦猪口などの道具類、錦絵、小説、新聞、雑誌など、蕎麦のことが書いてあれば、どんなものでも買った。新島さんは著書『蕎麦の唄』のあとがきに、次のように記している。

「最初のうちこそ営業の必要から蕎麦資料を蒐集してきたのであるが、研究するにつれて、蕎麦史の深奥を極めなければという心境が日増しに強くなった」

ここから新島さんならではの世界が開けていく。昔の蕎麦愛好家が書いた随筆は、勘違いや記憶違いが多く不正確だとし、より正確な情報を求めた。民俗学などの文献も参考にしつつ、独自の観点に立った研究を進めていった。発表する事柄は必ず裏付けをとり、想像では発言しなかった。

こうした土台の上に蓄積されていく研究の成果は、『蕎麦史考』となり、『蕎麦歳時記』、『近世蕎麦随筆集成』、さらに『蕎麦の事典』として実を結んだのである。

新島さんは「日本麵食史研究所」を事務所名にしていた。これからもわかるように、新島さんが生涯の研究テーマとしたのは蕎麦の歴史だった。新島さんは次第に、各地を訪ね歩いての調査よりも、古文書を調べる作業に軸足を移していく。

古文書はまさに、失われた過去の世界からの手紙だ。新島さんは神田の古書店に足しげく通い、貴重な資料を集めて研究した。

基本的に、蕎麦についての記録は、公式の文書の中にはほとんど残されていない。大衆食であった蕎麦は、公式文書に書いて記録するには値しないものだったのだ。

だから、個人の旅日記とか、蕎麦愛好家の私的な食べ歩きの記録とかに残されている記録が重要になる。

また、江戸時代、大衆が愛読した黄表紙と呼ばれる、今でいえば絵本のような書物にも、蕎麦についての記事が残されている。これが大切な情報源となるのだ。

黄表紙などに描かれた挿絵は、一目で当時の習俗が見て取れる。目的の蕎麦だけにとどまらず、人々の服装や、その場の雰囲気、周辺の様子など、文字だけでは把握できない微妙な事柄が明快に伝わってくる。新島さんは、これらの古書を収集し、丹念に調べ、蕎麦の歴史の未開の荒野に分け入っていったのだ。

それでも消えてしまった歴史の彼方の蕎麦食文化を調べるには、断片的に書かれた古文書を見ただけではわからないことも多い。そんなとき、当時はまだ生活の中に生きていた郷土蕎麦を調査した新島さんの知識の蓄えは、見えないものを見るための、大きな力になったのである。

そうやって発掘した知識を整理して、私見を交えず提示することが、新島さんの仕事のスタイルだといえる。「後世の人の資料として役立つように」と、新島さんは口癖のように言っていたという。

綿密な調査と文献の裏付けを重視した新島さんの仕事は、時間が経つほどに輝きを増す。本書『蕎麦の事典』は、その代表作ともいえる一冊である。

この『蕎麦の事典』の読み方だが、必要に応じて意味のわからない単語を引くのも、もちろんいい。だが、もっとお薦めしたいのは、一冊をひとつの物語として、通して読む楽しみ方だ。

蕎麦の用語は一部に、光の具合で色を変える玉虫に似た言葉がある。たとえば「挽きぐるみ」という単語。これは「ソバの実を丸ごと蕎麦粉に挽く」というほどの意味なのだが、この言葉は使う人により、意味が変わる場合がある。

技術的な話だが、黒くて硬い殻に包まれたソバの実を、殻ごと石臼などにかけて挽くのも「挽きぐるみ」。殻をむいてから挽くのも、同じく「挽きぐるみ」という。

殻をむかずに挽いた「挽きぐるみ」の蕎麦粉と、むいてから挽いた「挽きぐるみ」の蕎麦粉、それぞれの蕎麦粉で打った蕎麦切りは、まったく違う仕上がりになる。

さらに挽きぐるみの蕎麦粉を、篩でどのように処理したかでも、蕎麦粉の状態、蕎麦切りの特徴は、複雑に、しかも大きく変化するものなのだ。

本書、二八四ページ「ひきぐるみ」の項をご参照いただきたい。殻を一緒に挽いたものと、殻をむいてから挽いたものが混同されていることが明記されている。しかし、一冊の本の中に多くの項目を入れた事典という性格上、字数が限られ、必要なことを十分に解説するにはスペースが足りない。この項目の解説を読んだだけでは、わからないことがたくさんある。やむを得ないことなのだが、そこがこの本の泣き所だろう。

しかし、見方を変えると、それが長所でもあると言えないこともない。

蕎麦の話では、殻をむくか、むかないかといった条件設定がひとつ変わると、そこから先の工程の意味が、まったく変わってしまうような事例が非常に多い。初心者が蕎麦のことを知りたいと思ったとき、それを詳しくひとつひとつ頭に入れていったら、寄り道ばかりで飽きてしまうかもしれない。

だから、この『蕎麦の事典』を、ひとつの物語として、最初の一ページから最後まで、読み通すことをお薦めするのだ。途中、よくわからないことはあっても、通読すれば蕎麦というものの概要は摑むことができる。全体の輪郭が、なんとなくわかるということは、蕎麦を理解するうえで重要なことである。不明なことは、その後、折に触れ、ひとつずつ知識を深めていけばいい。『蕎麦の事典』を通して読めば、かなりの蕎麦通になれることは間違いない。

初めて手にする一冊の本の全体像を摑むには、まず「もくじ」を一通り見ると、その本の構成から全体の展開、行き着く場所がどこなのか、ある程度見えてくるものだが、『蕎麦の事典』は、いってみれば蕎麦の世界の「もくじ」のようなものかもしれない。

必要に応じて単語を引くもよし、通読するもよし、利用の仕方はどのようであっても、本書『蕎麦の事典』は蕎麦を知るための座標軸になりうる一冊である。

（ネットマガジン「蕎麦Ｗｅｂ」編集長、写真家）

本書の原本は、一九九九年、柴田書店より刊行されました。

新島　繁（にいじま　しげる）

1920年，台湾生まれ。小学校教員を経て，早稲田大学専門部政経科卒業。1948～80年まで，東京・新宿等で「郷土そば・さらしな」を経営。後に，日本麵食史研究所主宰。『蕎麦全書』の校注のほか，編著書に，『新島文庫シリーズ』『蕎麦の唄』『蕎麦今昔集』『蕎麦史考』『蕎麦入門』『新撰蕎麦事典』『蕎麦歳時記』『近世蕎麦随筆集成』『蕎麦の世界』（共編）など。2001年没。

講談社学術文庫

定価はカバーに表示してあります。

蕎麦《そば》の事典《じてん》

新島《にいじま》　繁《しげる》

2011年5月11日　第1刷発行
2021年11月25日　第5刷発行

発行者　鈴木章一
発行所　株式会社講談社
東京都文京区音羽 2-12-21 〒112-8001
電話　編集（03）5395-3512
販売（03）5395-4415
業務（03）5395-3615
装　幀　蟹江征治
印　刷　株式会社広済堂ネクスト
製　本　株式会社国宝社
本文データ制作　講談社デジタル製作

ISBN978-4-06-292050-6

「講談社学術文庫」の刊行に当たって

これは、学術をポケットに入れることをモットーとして生まれた文庫である。学術は少年の心を養い、成年の心を満たす。その学術がポケットにはいる形で、万人のものになることは、生涯教育をうたう現代の理想である。

こうした考え方は、学術を巨大な城のように見る世間の常識に反するかもしれない。また、一部の人たちからは、学術の権威をおとすものと非難されるかもしれない。しかし、それはいずれも学術の新しい在り方を解しないものといわざるをえない。

学術は、まず魔術への挑戦から始まった。やがて、いわゆる常識をつぎつぎに改めていった。学術の権威は、幾百年、幾千年にわたる、苦しい戦いの成果である。こうしてきずきあげられた城が、一見して近づきがたいものにうつるのは、そのためである。しかし、学術の権威を、その形の上だけで判断してはならない。その生成のあとをかえりみれば、その根は常に人々の生活の中にあった。学術が大きな力たりうるのはそのためであって、生活をはなれた学術は、どこにもない。

開かれた社会といわれる現代にとって、これはまったく自明である。生活と学術との間に、もし距離があるとすれば、何をおいてもこれを埋めねばならない。もしこの距離が形の上の迷信からきているとすれば、その迷信をうち破らねばならぬ。

学術文庫は、内外の迷信を打破し、学術のために新しい天地をひらく意図をもって生まれた。文庫という小さい形と、学術という壮大な城とが、完全に両立するためには、なおいくらかの時を必要とするであろう。しかし、学術をポケットにした社会が、人間の生活にとってより豊かな社会であることは、たしかである。そうした社会の実現のために、文庫の世界に新しいジャンルを加えることができれば幸いである。

一九七六年六月

野間省一